JN265417

経営管理
新版

塩次喜代明・高橋伸夫・小林敏男[著]

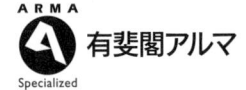

有斐閣アルマ

新版はしがき

　本書の初版が出版された 1999 年は,「失われた 10 年」の閉塞感が強く, 関連する事業分野を総花的に傘下に治めてきた日本企業に行き詰まりがみられた時代であった。海外からは, オペレーション志向の日本企業に戦略はないと問題を提起され, 選択と集中を推し進めてスリムで機動的な経営を構築するべきであると指摘されていた。国内では, 事業の整理・統合や M&A の展開, 成果主義による人事管理の導入, 欧米に調和したガバナンスや会計制度の整備などが次々に取り組まれ, 日本的経営の終焉が意識されていた。

　しかし, その当時にあって, 本書の立場はこのような議論からは少々遠い位置にいた。本書は企業という組織体の中で展開される経営という営みを直接にとらえ, 経営の意味と可能性を原理的に問うことに力点をおいていたのである。そこには経営への大きな期待と楽観が横たわっている。それは, 経済の主体としての企業に社会の豊かさの可能性を求め, そこでの経営のあり方に企業の実体を探るという姿勢である。

　では 21 世紀に入って何が変わったのであろうか, それは本書を書き改めるべき大きな変化であったのであろうか。そのような大きな変化として真っ先にあげられるのは 2008 年秋に始まった世界同時不況であろう。2001 年から 07 年までの 7 年間の経済成長率は合計 10.9 % であった。この成長率は, 昭和 30 年代の高度成長期におけるわずか 1 年分の成長率でしかない。この状況下で, 2008 年 9 月 15 日にアメリカの証券投資会社リーマン・ブラ

ザーズが連邦倒産法の適用申請をしたことを契機に,世界は一挙に同時不況に突入した。1929年の大恐慌は,自由主義経済のもとで,生産し販売するという実体的な経済活動そのものが過熱したことから発生したのに対して,今回の世界不況は金融が実体経済を巻き込んでいる点でこれまでと大きく異なっている。

しかし,いかに大きな変化とはいえ金融や実体経済などマクロ経済をめぐる問題は,経営管理の立場からは直接的にそれを扱うことはできない。そのかぎりではこの変化が新版を必要としているとはいえない。そうであるとはいえ,逆説的だが,だからこそ新版を必要とするともいえるのである。その理由は,金融の担い手も実体経済の担い手も,企業という組織である以上,経済活動の担い手の論理,つまり経営の論理を原理的に理解することを抜きにして経済の実体を語ることはできないと考えられるからである。マクロ経済に照らしながら,企業の現実を直視して,経営の論理を解き明かすことが,これほど強く求められる時代はこれまでになかったのではないだろうか。

もちろん企業がよくなればマクロ経済もよくなり,マクロ経済がよくなれば企業もよくなるほどに,両者は単純な関係ではない。それぞれが独立的であると同時に相互に連動している。このことを念頭において経済を理解し,企業をとらえ,経営を考えなければならない。

このような立場は初版からまったくぶれてはいない。むしろ新版では,経営の論理を強く訴え,経営管理のあり方を考えようとする立場をより明確にしている。とりわけ原理的に考えることにはこだわっている。経営の現実を原理的に考えることができれば,ダイナミックに変化する企業の背後に横たわる論理を見出し,企業の経営とは何かを本質に根ざして分析することができるからで

ある。新版を編むにあたって，さまざまなデータ等を最新の経済や企業のものに改訂しつつも，最も考慮したのはこの点である。

したがってこの新版では，初版から大きく書き改めるというよりは，原理的に誤っていないか，説明は論理的であるかを点検し精査した。それをあえて新版というのは，今の時代を踏まえて，改めて経営管理の意義と重要性を訴えたいとの思いがあるからである。本書の立場を理解していただくべく，併せて初版のはしがきも以下に掲げておきたい。

最後に，新版をまとめるにあたって，有斐閣書籍編集第2部の得地道代さんに並々ならぬ励ましと有意義な助言をいただいたことに心からの謝辞を表したい。新版を新学期に届けることができるのも，万言を費やしても言い表すことのできないほど，辛抱強い支援と配慮の賜物である。

 2009 年 3 月

塩次　喜代明

高橋　伸夫

小林　敏男

はしがき

　20世紀の文明が築き上げた産業社会は、企業を中心に展開されているといっても過言ではない。経済活動の中心的な担い手が企業であること、また企業の活動とその成果が人々の生活の豊かさに結びついていること、そして多くの人々が仕事の満足や社会的生活の充実を企業から得ていることなどは、経済体制や国情とは無関係にすべての国に共通する現実である。それだけに人々の豊かさを社会的に実現しようとする社会科学にとって、企業の経済活動の分析は真正面から取り組むべき最重要な課題である。

　一般に経済学的な分析では、企業を市場での1生産・取引主体として、物理学における質点のごとく取り扱ったり、少し現実感をもたせて、市場における取引費用を極小化する社会的装置と見なしたり、あるいはプリンシパルとエージェントとの間で繰り広げられるゲームの場として取り扱ったりする。これらに共通する企業観は、あくまで無機的なそれにとどまっている。

　これに対して経営学は、このような無機的な企業観に対して、企業の内部で繰り広げられる熱い営みに目を向けるところから出発しようとする。経営学が見据えるのは、企業の内部で社会が必要とする価値が創造されるダイナミズムであり、そのダイナミズムを生み出す組織の活動であり、組織で主体的な活動を繰り広げる人間である。

　このような経営学の課題を一言でいえば、企業の内部における人と資源が織り成す有機的な協働システムの実態を把握し、そこから生み出される企業に固有の独自能力の展開を理解することで

ある。言い換えれば，企業のマネジメントを問うこと，すなわち経営管理とは何かを解明することにほかならない。

実はこのような理解は，20世紀初頭に現れた3人の偉大な先達がはじめて明らかにしたものであった。「管理の主な目的は使用者の最大繁栄とあわせて従業員の最大繁栄をもたらすことにある」とは，テーラーの有名な『科学的管理法』(1911年) の冒頭の言葉である。ファヨールは「経営するとは企業に委ねられているすべての資源からできるだけ多くの利益をあげるよう努力しながら企業の目的を達成するよう事業を推進することである」と述べて，そしてそのためになすべき管理は機関としての組織に働きかけることを意味すると言っている。ウェーバーは，企業における組織的な営みに資本主義の発展の原理を見出し，組織の意義を明らかにしたのであった。

本書ではこの3人の指摘から出発して，バーナードやサイモンによる経営管理の総合的な理解を踏まえたところから，経営管理を考えようとしている。このことが本書に2つの大きな特徴を与えることになっている。

まず指摘すべき特徴は，バーナードやサイモンまでの学説については，それを詳細に解説するよりも，今日の企業にとって何を意味するのかという観点から見直されているということである。つまり，学説の紹介は現代の企業の実態に照らして行われている。大規模化し複雑な現代の産業社会や企業を偉大とはいえ古典理論だけで説明することの是非は語らずとも明らかであろう。われわれは先人たちの偉大な貢献を足場として，さらに豊かで多様な理論が開発されてきていることを重視している。

そのため主要な学説が各章のテーマに即して表現や内容を変えながら，たびたび登場することになった。その場合，説明の重複

を避けているので，読者にとっては有力な学説を再吟味する機会を提供することになるのではないかと期待している。

　もう1つの大きな特徴は，本書が現代の企業を対象に経営管理を考えるという立場を明確にとっていることである。つまり単なる学説の紹介ではなく，いま企業はどのような課題に直面し，それをどのように解決しようとしているのか，という実践的なプロセスを理論的に説明することを意図しているのである。その結果，本書では経営管理論ではまだ目新しい領域や課題が数多く取り上げられている。

　しかし，この場合，注意すべきことがある。課題がいかに今日的であり，また重要であるからといって，テキストとしての説明を逸脱してはならないということである。常識的にはテキストは定説化された内容を取り扱うべきであるし，はじめて経営学や経営管理を学ぶ人たちにはそのことが重要であることは論を待たない。そうはいうものの，定説の解説に終始することが，経営管理論を干からびた中身にしてしまい，勉学意欲にあふれた人々の失望を招きかねないことにも十分に注意しなければならない。

　そこで本書は，これから経営学や経営管理を学ぼうとする人々には，積極的にホットで新鮮な研究成果を取り上げたほうがよいのではないかと考えることにした。もちろん新しい研究成果といえども，多くの支持を集めている確かなものであること，その理論展開が現代の経営管理を理解するうえで有意味なものであることなどに注意していることはいうまでもない。

　その結果，各章はテキストとして各テーマを解説することにもまして，ひとつの独立の読み物としての面白さも確保できているのではないかと思っている。このことは本書で自習しようとする人々のみならず実務家にとっても有意義であるに違いない。

このような特徴をもつ本書の基本メッセージは，経営および経営管理こそ現代の産業社会に不可欠の重要性をもつのだ，という一点にある。本書を繙（ひもと）くことによって，一人でも多くの読者が経営管理に寄せるわれわれの熱い思いに共感を抱き，われわれと同じ視点で経営管理の世界に目を向けてくれるならば望外の喜びである。

　最後に本書をまとめるにあたって，有斐閣書籍編集第2部の伊藤真介氏に並々ならぬ励ましと有意義な助言をいただいたことに心からの謝辞を表したい。多忙を口実になかなか筆の進まぬ著者を暖かく見守りながら，刊行に向けて実に献身的な努力を傾けてくださったことへの感謝は，万言を費やしても言い表すことのできないものであった。

　1999年2月

塩次　喜代明
高橋　伸夫
小林　敏男

著者紹介

➡ 塩次　喜代明（しおつぐ　きよあき）

1947 年生まれ
1970 年，九州大学文学部卒業
1982 年，神戸大学大学院経営学研究科博士課程修了
現在，九州大学名誉教授

主著　『現代経済システムの展望』（共著，九州大学出版会，1997 年），『地域企業のグローバル経営戦略』（編著，九州大学出版会，1998 年），『事業進化の経営』（共著，白桃書房，1998 年）など

執筆分担　序章，第 *2* 章，第 *8* 章，第 *9* 章，第 *11* 章

➡ 高橋　伸夫（たかはし　のぶお）

1957 年生まれ
1980 年，小樽商科大学商学部卒業
1984 年，筑波大学大学院社会工学研究科博士課程修了
現在，東京理科大学経営学部教授，東京大学名誉教授

主著　『組織の中の決定理論』（朝倉書店，1993 年），『未来傾斜原理』（編著，白桃書房，1996 年），『日本企業の意思決定原理』（東京大学出版会，1997 年），『虚妄の成果主義』（日経 BP 社，2004 年），『経営の再生』（第 3 版，有斐閣，2006 年），『経営学で考える』（有斐閣，2015 年）など

執筆分担　第 *1* 章，第 *7* 章，第 *10* 章，第 *12* 章

➡ 小林　敏男（こばやし　としお）

1960 年生まれ
1983 年，大阪大学経済学部卒業
1988 年，大阪大学大学院経済学研究科博士課程修了
現在，関西学院大学国際学部教授，大阪大学名誉教授

主著　『正当性の条件』（有斐閣，1990 年），『日本経済のこれから』（共著，有斐閣，1997 年），『ガバナンス経営』（編著，PHP 研究所，2007 年），『事業創成』（有斐閣，2014 年）など

執筆分担　第 *3* 章，第 *4* 章，第 *5* 章，第 *6* 章

本書を読むにあたって

●**本書とは何か**　本書は，経営管理論をはじめて学ぼうとする大学生や，経営管理論の概要を基礎から独学しようとするビジネスパーソンを対象とした，経営管理論の入門書です。経営管理の基礎理論を踏まえつつ，最新の理論成果と現代企業が直面する主要な活動に焦点を当てて，わかりやすく解説しています。経営学・入門としても最適な内容になっています。

●**本書の構成**　本書は計13章よりなり，各章は「本章のサマリー」「本章で学ぶキーワード」「本文」「*Column*」「演習問題」「参考文献」で構成され，経営管理論の内容が立体的かつ確実に学習できるように工夫されています。

●**サマリー**　各章の冒頭に「本章のサマリー」が付けられています。その章で学ぶ内容の概要や位置づけが的確に理解できるようになっています。

●**キーワード**　重要な概念や用語は，各章の冒頭に「本章で学ぶキーワード」として一覧を示しています。また，本文中ではゴチックで表示されています。

●***Column***　各章にいくつかの「*Column*」が挿入されています。本文の内容に関連した論点や事例が解説され，本文の理解が深められるよう工夫されています。

●**演習問題**　各章末に，その章の内容に関連した「演習問題」が付けられています。より進んだ学習やゼミなどでの討議課題として利用してください。

●**参考文献**　各章末に，本文に関連した「参考文献」がリストアップされています。さらに学習を進めるための必読文献を選択しました。

●**索　引**　巻末には，キーワードを中心に基礎タームや企業・団体名，人名が検索できるよう「索引」が収録されています。学習に有効に役立ててください。

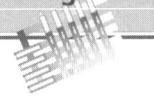

目次

序章 経営の誕生 　1
資本主義経済の発展と経営管理の生成

1 現代の企業社会 　2
　●経済発展の鍵を握る企業の活動

人と経済社会システム（2）　　組織的な経済活動の主体（3）　　公共的な企業の経済活動と利潤（6）

2 企業の発展と経営管理 　7
　●経営管理が実現をめざす基本命題

「見えざる手」からの決別（7）　　経営管理の課題（9）

第I部 管理の生成と発展

第1章 管理の時代 　16
専門経営者の台頭と組織能力

1 近代企業の登場 　17
　●生え抜きの専門経営者の登場

専門経営者（17）　　最初の近代企業——鉄道会社（19）

2 所有と支配の分離 　22
　●自己永続的な存在となった専門経営者

経営者支配（22）　　バーリ＝ミーンズの分析（23）

3 財閥の形成と解体 　24
　●財閥解体で出現した経営者支配

親会社と子会社（24）　　財閥（26）

4 ヨコの企業集団の形成 ……………………………… 29
●系列融資と株式の相互持合い

メインバンク制の始まり（29）　社長会の結成（30）
株式の相互持合い（32）

5 合併・買収ブームの傷跡 ……………………………… 34
●株主の短期志向と組織能力の低下

アメリカの経営者革命の終焉（34）　合併・買収から
事業分割へ（35）　株主の短期志向（36）

第2章　経営管理の発展　42

生産性と創造性の探究理論としての経営管理論

1 資本主義と企業の発展 ……………………………… 43
●工場は経営の苗床

工場と経営体の誕生（43）　経営管理の生成（43）

2 経営管理の系統図 ……………………………… 45
●シンプルなルーツ，豊かな展開

系統図の概観（45）

3 経営管理の諸理論 ……………………………… 48
●実務センスが理論を発掘し，探究心が理論を磨く

科学的管理法と大量生産方式の展開（48）　管理職能
と経営管理の展開（50）　経営管理と経営組織（52）
人の管理（56）　組織のコンティンジェンシー理論
（58）　経営管理論の新展開（60）

第II部　環境適応の管理

第3章　組織のデザイン　64

環境適応へ向けての構造設計

1 機能別組織と管理諸原則 ……………………………… 65
●組織デザインの基本形として

ファヨールの貢献 (65)　　機能別組織の限界 (70)

2　事業部制組織の登場 ……………………………………… 71
　　　●部門管理の標準化をめざして

事業部制組織の設計理念 (72)　　事業部制組織のメリットとデメリット (74)

3　日本型組織デザイン ……………………………………… 76
　　　●その特殊性と普遍性

事業本部制組織 (77)　　カンパニー制組織 (78)

4　組織のヨコの連携 ………………………………………… 80
　　　●競争優位の確立へ向けて

タスクフォースおよびチーム制 (81)　　マトリックス組織 (82)　　ビジネス・プロセス・リエンジニアリング (83)　　マトリックス事業部制組織 (85)

第4章　経 営 戦 略　　　　　　　　　　90
　　　　　　　　　　　　　　　　　企業経営の指針

1　構造は戦略に従う ………………………………………… 91
　　　●戦略と組織の適合性

2　企業ドメインの設定 ……………………………………… 93
　　　●戦略策定の第一歩

成長ベクトル (93)　　「SWOT分析」および「ドライビング・フォース」(95)

3　競 争 戦 略 ………………………………………………… 96
　　　●どの相手といかにして競うか

戦略的事業単位の管理 (97)　　ポーター理論 (102)

4　グローバルな展開 ………………………………………… 108
　　　●国境を越えての戦略策定

グローバル化の諸要因 (108)　　グローバル戦略の基本 (110)

第5章 資源の管理　　115
企業成長のための根幹

1 伝統的な資源管理 ……………………………………… 116
●システム化という発想以前

ペンローズの着想（117）　　資源配分における意思決定プロセス（118）

2 資源管理の新潮流 ……………………………………… 121
●情報資源の蓄積と利用

資源としての両義性（121）　　「コア・コンピタンス」という発想（121）　　「組織能力」への展開（124）

3 組織風土の適性 ………………………………………… 125
●情報資源論の究極

日本型社内ネットワーク（125）　　組織風土と事業戦略とのフィットネス（127）　　組織風土の諸類型（128）

4 学習とイノベーションのジレンマ …………………… 130
●風土としての自己管理

学習と棄却（130）　　イノベーションのジレンマ（132）　　管理の対象（133）

第6章 組織間関係の管理　　138
戦略的提携へ向けての基礎

1 今日的状況と課題 ……………………………………… 139
●グローバルなメガ・コンペティション状況

2 日本におけるこれまでの組織間関係 ………………… 140
●官民一体となった系列化とグループ化

株式相互持合いおよび企業グループ（140）　　系列化（142）

3 資源依存パースペクティブ …………………………… 146
●オープン・システムとしての企業組織

4 戦略的提携のロジック ………………………………… 150
●なぜ組まなければならないのか

組織間取引の諸類型（150）　　戦略的提携の諸形態（152）

5 プラットフォーム・リーダーシップ戦略 ……………… 153
　●標準化へ向けてのグローバル競争

　ネットワーク外部性（154）　プラットフォーム・リーダーシップ戦略（155）

第III部　変革の管理

第7章　モティベーションと組織活性化　164
組織を支える人的要因

1 人間関係論と行動科学 ……………………………………… 165
　●人はどうして働くのか

　人間関係論（165）　人間資源アプローチ（166）

2 動機づけの理論 ……………………………………………… 168
　●打算からチャレンジへ

　期待理論（168）　内発的動機づけ（169）　外的報酬と内発的動機づけ（170）

3 組織活性化 …………………………………………………… 172
　●景気の浮沈を乗り越えて，よい組織状態を維持

　組織開発と組織活性化（172）　一体化と無関心圏（173）　組織活性化のフレームワーク（175）　組織内行動についての仮定（177）

4 バーナード再発見 …………………………………………… 179
　●組織としての機能を失ってしまっている「組織」

　公式組織（179）　活性化（181）

5 蘇る組織均衡論 ……………………………………………… 182
　●企業の境界を越える組織

　組織均衡論（182）　企業の境界を越えたモティベーション（183）

第8章 経営のリーダーシップ　188
活力と創造性の源泉

1 リーダーの資質と役割行動 …………………………… 189
●優れたリーダーを求めて

リーダーの資質（189）　資質論の再展開（190）
マネジャーの役割行動（192）

2 影響力とリーダーシップの理論 ……………………… 193
●パワーを凌駕するリーダーシップの力

構造とパワー（193）　リーダーシップの機能と行動（196）

3 ミドルのリーダーシップ ………………………………… 201
●管理職の発揮する行動と機能

管理職の特殊な状況（201）　マネジャーとしてのリーダーシップ（202）

4 トップのリーダーシップ ………………………………… 203
●創造こそトップの使命

創造のリーダーシップ（203）　制度的なリーダーシップ（204）

第9章 企業文化の創造と変革　208
見えざる秩序と構造の管理論

1 企業文化の意義と機能 …………………………………… 209
●経営に独自性と創造力を生み出す目に見えない秩序

企業文化とは何か（209）　企業文化の類似概念（210）
企業文化の機能（211）

2 企業文化と戦略 …………………………………………… 213
●戦略を導く企業文化

4つの戦略類型（213）　戦略と組織の適応パターン（214）

3 企業の自己革新と企業文化の変革 …………………… 216
●企業文化の逆機能とイノベーション

企業文化の創造（216）　企業文化の強化と逆機能（218）　企業の自己革新と企業文化（221）　変革の

リーダーとエージェント (222)

第IV部　現代の経営管理と展望

第10章　日本の経営管理　　228
変わる評価・変わらぬ体質

1　日本的経営の特殊性 …………………………………… 229
　●前近代的と酷評されていた時代

　終身コミットメント (229)　　家族的だが非生産的 (230)　　日本人による日本的経営論 (232)

2　日本的経営の神秘 …………………………………… 234
　●日本的経営のブーム

　海外からの評価の好転 (234)　　日本国内でのブーム (236)

3　日本的経営の移植 …………………………………… 238
　●モデルとしての日本的経営

　アメリカでのブーム (238)　　注目を集める日本の自動車産業 (240)

4　日本の経営管理を見る目 …………………………………… 242
　●相対評価のもつ危うさ

5　賃金と熟練 …………………………………… 244
　●年功賃金は楽か厳しいか

　年功賃金 (244)　　円高時代にペイする仕事 (245)
　賃金と職位の分離 (247)

6　成果主義ブームの教訓 …………………………………… 248
　●自分の会社を丁寧に観察しないと

　何かがおかしい (248)　　日本型年功制 (250)

第11章　グローバル戦略　　255
日本企業の国際化の論理

1　企業の多国籍化 ……………………………………… 256
　●多国籍企業から出発した国際化

2　日本企業の国際化戦略 ……………………………… 258
　●輸出志向と本国中心主義の海外子会社経営

輸出志向の国際化（258）　　海外直接進出の展開（260）
海外子会社のマネジメント（263）

3　グローバル経営 ……………………………………… 267
　●グローバル化への遠心力と企業統合の求心力

グローバル企業の登場（267）　　グローバル企業のマネジメント（269）　　経済のグローバル化と企業のグローバル化（271）

第12章　育てる経営の管理へ　　275
経営の再生をめざして

1　「経営する」ということ …………………………… 276
　●管理から経営へ

プロフェッショナル・マネジメントへの反省（276）
リーダーシップと企業文化（277）

2　やり過ごしの理由 …………………………………… 279
　●組織的破綻を回避する知恵

やり過ごし現象（279）　　やり過ごしの機能（281）

3　育てる経営 …………………………………………… 282
　●手間隙をかけるOJT

トレーニング・コスト（282）　　尻ぬぐい（283）

4　未来志向 ……………………………………………… 284
　●アリとキリギリス

未来への成果配分と経営者の責任（287）　　「隠された投資」が「仕事を任せられる人」を育てる（289）

事項索引 —————————————————— 293
企業・団体名索引 ————————————— 304
人名索引 —————————————————— 306

Column 一覧

① 日本の会社と会社法 ……………………………… 4
② 挑戦するサラリーマン …………………………… 10
③ 会社法と機関設計 ………………………………… 18
④ ファヨール ………………………………………… 21
⑤ 会社制度 …………………………………………… 28
⑥ 経営統合と3大メガバンク体制 ………………… 31
⑦ 金融商品取引法と内部統制報告書 ……………… 38
⑧ 経営はサイエンスかそれともアートか ………… 49
⑨ テーラーの科学的管理法 ………………………… 67
⑩ ウェルチのベスト・プラクティス ……………… 100
⑪ これまでの日本型昇進システム ………………… 126
⑫ メインバンク制 …………………………………… 147
⑬ コンピュータ産業におけるモジュール化 ……… 159
⑭ サイモン …………………………………………… 176
⑮ バーナード ………………………………………… 180
⑯ カリスマ的リーダー ……………………………… 191
⑰ 日本的経営論のインパクト ……………………… 212
⑱ 品質管理 …………………………………………… 237
⑲ 系列取引 …………………………………………… 241
⑳ アジアの時代と日系企業 ………………………… 265
㉑ ゴミ箱モデル ……………………………………… 280
㉒ 協調行動の進化 …………………………………… 285

本書のコピー，スキャン，デジタル化等の無断複製は著作権法上での例外を除き禁じられています。本書を代行業者等の第三者に依頼してスキャンやデジタル化することは，たとえ個人や家庭内での利用でも著作権法違反です。

序章 経営の誕生

資本主義経済の発展と経営管理の生成

サマリー

　国の経済活動の基本は生産と消費の価値交換過程である。その過程を担うのは，企業に代表される組織的な経済活動単位である。組織的な営みには必ず経営が成立しており，経営管理として展開される経営の差異が，経済成果の差異に結びついている。他方，企業の社会性や公共性が高まるにつれ，経済成果である利潤も社会的意義が重視されるようになった。

　企業が経済に果たす意義が積極的に評価されるまでには，実に長い困難な道のりがあった。産業革命を経て資本主義は本格的に発展し始めたが，企業の私利の追求が社会の豊かさに自然に調和することはなかった。資本家は競争の激化と襲い来る恐慌の恐怖に対峙しなければならず，労働者は過酷な搾取のなかで貧困にさいなまれたのである。マクロな経済政策や社会政策が，神の見えざる手による調整という自由放任主義に代わって展開されるようになってから，まだ1世紀しか経っていない。

　同時期に企業では経営管理が発展し，生産性が飛躍的に向上するようになった。労働の搾取に代わって，組織的な経営力が重視され，その成果が働く人々の豊かさに結びつくようになったのである。

　こうして今日では，経営管理は経済的豊かさを生み出す不可欠なものとして，経済体制を超えて重要性が認識されるようになっている。このことを経済の歴史を通じて理解して，経営管理を学ぶ意義を確認することにしよう。

Key Words

| 事業所 | 会社 | 企業の利潤 | 組織的な経営体 | 経営管理 |

1 現代の企業社会

●経済発展の鍵を握る企業の活動

> 人と経済社会システム

　日本は第二次大戦の灰燼の中から立ち上がり，目覚しい経済発展を遂げ，巨大な経済力をもつにいたった。経済成長率は伸び悩んでいるとはいえ，2000年代を通じて約500兆円の国内総生産額（GDP）は世界第2位の規模であった。しかし，2009年には中国が日本を抜いて世界第2位に躍り出た。GDPは付加価値の合計であるので，世界第3位になったといえども，日本が依然として世界屈指の豊かな国であることに変わりはない。しかし，本当にそのように言い切れるであろうか，そもそも一体この経済力はどこから生まれてくるのだろうか。少し考えてみよう。

　人々の日々の営みが経済の出発点であることに注目すれば，個人の経済活動の集計が国の富になると仮定できる。しかし，この仮定では世界最大の人口をもつ中国が世界最大の経済大国ということになるが，現実はそのようになっていない。

　経済力の源泉が個人の単純な経済活動の量ではなく，労働の質つまり働き方にあるとすれば，日本人の勤勉な仕事ぶりから生み出される付加価値が意味をもちそうである。そこで1人当たりのGDPの国際ランキングをみてみると（国際通貨基金〔IMF〕の2007年調査），最上位にはルクセンブルク，ノルウェー，カタールなどがランクされており，日本はシンガポールに次ぐ22位である。イギリスもフランスも日本より上位にあり，経済大国2位の勤勉な日本人の姿は怪しくなる。

　このように経済を個人の努力に還元して，労働力の量や仕事の

質などで経済力を説明するだけでは、経済力の源泉も日本の豊かさも議論できない。南海の孤島に暮らしたロビンソン・クルーソのような自給自足の経済を一方の極におけば、今日の経済はその対極にある。生活に必要な財・サービスを供給するために、ありとあらゆる分野に膨大な数の経済活動単位が存在する。そこが富の源泉になっている。つまり経済力は、人がそこに参加して織り成す組織的な営みを通じて産出されているのである。したがって大事なことは、付加価値が生産される経済社会システムを理解し、経済活動が展開される仕組みやプロセスを把握し、そのプロセスに立ち入って経済活動の実態を明らかにすることである。

組織的な経済活動の主体

では組織的に展開される経済活動の単位とはどのようなものであろうか。自営の農林水産業などの第1次産業を除いた第2次、第3次産業での経済活動は、基本的に事業所によって担われている。**事業所**とは、単一の経営主体のもとで一定の場所（工場や店舗など）で物の生産や販売、サービスの提供が、従業者と設備を有して、継続的に行われている経済活動の単位である。事業所には、大企業の巨大工場や百貨店やスーパーなどの大型店もあれば、旋盤機械ひとつの小さな町工場や、商店街の八百屋、魚屋、肉屋あるいは飲食店のように家族で営んでいる零細事業所もある。事業所の数は1991年の675万カ所をピークに減少傾向にあるとはいえ、2006年にはおよそ591万カ所である（総務省統計局『事業所・企業統計調査報告 平成18年』）。そこにおよそ5800万人が従業員として働きながら、付加価値の生産に携わっている。

事業所は規模が拡大するにつれて、資本を集中すべく「**会社**」という法人に組織変更する（法人成りと呼ぶ）ようになる。会社は会社法に依拠して法務局に登記することによって設立される。

Column ① 日本の会社と会社法

　資本を持ち寄って会社をつくるという試みは，1865年坂本龍馬が福井藩主・松平春嶽の資金拠出を仰いで長崎に設立した商社「亀山社中」，1869（明治2）年渋沢栄一が静岡に設立した合本制による金融商社「常平倉」や横浜に設立された輸入商社「丸屋商社」（現在の丸善）などが嚆矢とされる。法制度による日本で最初の会社は国立銀行条例制定に基づいて1873年に設立された「国立第一銀行」（現在のみずほ銀行）であった。また日本初の株式会社は，1882年に渋沢栄一が民間出資を募って設立した「大阪紡績株式会社」（現在の東洋紡績）である。この頃の会社設立は政府の許可制であった。法による自由な会社設立を可能とする準則主義が導入されたのは，1899年のドイツ商法を基本にした「商法典」（商法）の公布からであった。

　第二次大戦後，GHQ（連合国軍総司令部）による財閥解体が進むなかで，1947年に独占禁止法によって持株会社が禁止された。やがて1950年にアメリカの会社制度を導入して株主地位や取締役会権限などが強化され商法は大きく改正された。

　1970年代の高度成長期の後半頃から顕著になった不正経理，反社会的な買占めや不祥事等に対処すべく，商法では監査制度の整備や株主の権利保護などが図られた。1990年代には長期不況の克服，経済のグローバル化にともなう会計の国際基準への調和化，経済活動の規制緩和の流れを反映して，1997年純粋持株会社が解禁され，やがて企業再編や会社設立の規制緩和などが矢継ぎ早に展開された。

　2006年5月1日，商法から「会社法」が独立単法化され，有限会社法が廃止された。会社法では株式会社，合名会社，合資会社，合同会社（LLC：limited liability company）の4つの法人が会社とされた。これまでの有限会社は根拠法を失ったので新設はできなくなったが，既存の有限会社は「特例有限会社」としてこれまで通り存続することになった。

会社法ではこれまでの商法改正の内容を継承するとともに，最低資本金制度を廃止し，株式会社には取締役3名以上と監査1名以上が必要という規定も廃止したため，その結果，1円の資本金，1名の取締役でも株式会社の設立が可能になった。他方，資本金5億円以上または負債合計額200億円以上を「大会社」として，重要財産委員会あるいは委員会等設置などを認め，企業のガバナンスと社会的責任を明確にしている。

ちなみに2006年に新たに会社法が独立単法化され，会社の種類と機能は大きく変化した（*Column* ① 参照）。

　現代の経済活動の主役は，法人化されたビジネス活動の単位である会社である。その数は約273万社（2007年財務省調べ）であり，株式会社と有限会社がそれぞれ半数近くを占めている。有限会社の数が多い理由は，1990年の商法ならびに有限会社法の改正で最低資本金制度（株式会社は資本金1000万円以上，有限会社は300万円以上）が設けられ，小規模な株式会社が有限会社に組織変更する例が多くなったことを反映しているからである。このほかの会社形態はきわめて少なく，合資会社は3万社を下回り，合名会社にいたっては6000社ほどしかない。

　これを規模別にみると，資本金1億円以上の企業はわずか3万3000社と，全体の1.2％しかない。そのなかで証券取引所に上場している会社にいたっては4000社ほどである。そして全企業数のおよそ99％が中小企業である。

　日本における企業の特徴のひとつは，中小企業の数が多いことであり，これらの企業が多様かつ多重なネットワーク関係を発展させていることである。大企業と中小企業の縦型の系列ネットワークのみならず，相互に独立な水平的なネットワークを通じて，企業は活発に経済活動を展開しているのである。

> 公共的な企業の経済活動と利潤

　企業の重層的なネットワークは企業の内外に及んでいる。そのネットワークには，出資者の株主や企業に雇用されている管理者や労働者はもとより，資金を貸し付けた金融機関，取引関係にある納品業者や販売業者，さらには消費者や地域コミュニティまでもがかかわっている。そして，それらの関係者が直接にあるいは間接に企業の活動に影響を及ぼしていることがわかる。その様子は，あたかも企業が社会的に開かれた利害調整の場であるかのようであり，企業はさまざまな利害関係者に対して経済活動を通じて責任を果たそうとしているようにみえる。このことを踏まえると企業が顧客の求める商品やサービスを提供しつつ，経済成果としての利潤を生み出す活動は第一義的に社会から要請されていると理解できる。利潤を資本家だけのものであるととらえると，利潤の意義を見失うことになりかねない。

　ドラッカー（P. F. Drucker）はこのような状況を踏まえて，企業が利潤をあげることは第一義的な社会的責任であるという。なぜなら **企業の利潤** には，①企業業績の測定や判定の基準，②企業が直面する不確実性やリスクを補塡するための保険料，③雇用の場の創出につながる事業の創造や拡大のための資本の源泉，④社会の経済的満足やサービスを高めるための社会的費用，などの機能があるからである。

　彼の指摘するように，政府や自治体はその税収を企業や家計に依存しているし，その家計も自営業を除いてその収入を給与に依存している。つまるところ，税金も給与も企業が生み出す付加価値を源泉にしているのである。経済的な豊かさの源泉は企業の利潤と公共性に大きく依存しているのである。

しかし，企業の利潤をその社会性の側面から理解することは，資本主義の原則からみれば論理的に矛盾しているといわねばならない。資本主義は私有財産制度を根拠にして，資本家が利潤獲得を目的に企業という生産手段を所有して経済活動を繰り広げることを認める経済体制である。利潤は生産手段の所有者に帰属することが資本主義の大原則なのである。

なぜ今日では，企業の活動およびその成果である利潤は社会的側面から評価されるようになったのであろうか。重要なことは，私的財産である企業がなぜ社会性をもつようになったのかに注目することである。そのことは資本主義と企業の歴史的な発展プロセスを問うことである。経営管理はその歴史的プロセスのなかから生成し，そのプロセスを促進させてきたのである。

2 企業の発展と経営管理
●経営管理が実現をめざす基本命題

「見えざる手」からの決別

19世紀末から20世紀初頭にかけての資本主義は，企業の生産力を拡大しながら発展を遂げた。その反面では，激化する競争と利潤の低減，周期的に襲ってくる恐慌，深刻化する労働者の反乱，迫り来る共産主義体制への恐怖などの重大な危機を内包していた。ちなみにこの時代に生まれたマルクス主義は，企業の利潤は労働搾取によって生み出されるものであり，資本主義を圧倒的多数を占める労働者に敵対するものとしてとらえている。この立場に立つ労働運動は，貧困にあえぐ労働者を巻き込んで，流血をともなった革命運動へと発展していった。

もはや「神の見えざる手」による調整を信奉する自由放任主

義では,これらの課題の克服が困難であることは明らかであった。かくして,市場に介入して景気の変動を人為的に調整する経済政策が試みられると同時に,他方では富の分配の歪みを是正する社会政策が展開されるようになった。

企業においても変革の試みが展開されていった。企業を単に機械と労働力が投入された利潤産出のための資産として規模の拡大をはかるだけでは,経済の重大な環境変化に対応できなくなってきた。そこで企業は資産を,競争優位な生産性を生み出す経営資源として活用をはかろうとしたのである。やがて企業は **組織的な経営体** としての性格を強め,専門的な知識や経験をもった人々による合理的な経営が追求されるようになった。それにともなって,企業の成果は経営の将来計画に照らしながら,利害関係を調整して配分されるようになった。こうして資本家への利潤の配分は,資産の持ち分(保有株式)に限定されるようになってきた。

振り返ってみれば,産業革命以来およそ200年間にも及ぶこうした変革の道のりは,生産性向上の原理と成果配分の仕組みを「神の見えざる手」から人間の手に取り戻すための壮大な実験であったといえよう。また,1990年前後のソ連の崩壊や中国の社会主義市場経済への転換など社会主義国家の崩壊や変質は,企業の生産性が経済発展の鍵を握っていることをあらためて浮彫りにするものであった。そのことは同時に,企業の経済活動には自由な市場メカニズムと自律的な意思決定が不可欠であることを示唆している。

経済のマクロとミクロの両方から追究された実験は,マクロにおける経済政策の進展とミクロにおける経営管理の発展として繰り広げられたといえよう。重要なことは,経済の豊かさを実現す

るために，資本主義をとるか社会主義をとるかという体制の選択にもまして，企業が主体的に経営を発展させ，生産性を向上させているという事実を直視し，そのような企業活動を推進することにあった。いつの時代も経済的な豊かさを実現するという課題は，経済の活動主体である企業に課せられた命題であり，経営管理はこれに応えるべく発展してきたのである。

> 経営管理の課題

企業は環境の変化にしなやかに適応したり，イノベーションを通じて現状打破を試みるかと思えば，時には無謀な投資に踏み切ったり，採算を無視した価格競争を挑むなど非合理的な行動を展開したりしている。現実の企業は常に合理的な意思決定を繰り広げる均質な「点」ではないし，生産から販売にいたるプロセスを単純に押し広げただけの平板な「面」でもない。むしろ企業はユニークさと非合理性をはらみながら，多面にわたって複雑に経済活動を繰り広げる立体的な「活動体」である。

実際の企業を観察すると，多様な部門の多様な職務の複雑な関係のなかで多くの人々が組織的に仕事に励んでいる姿がみえてくる。それは人が企業の主体的な担い手として振る舞いながら，企業の組織的な活動に生命と活力を与えている姿である。このことを踏まえて，企業の活動の実態を人の組織的な営みととらえるとき，企業を経営するとは組織が付加価値を生み出すべく活動するプロセスであると理解できるようになる。経営管理とはその活動をさしている。

かくして**経営管理**とは，人に働きかけて，協働的な営みを発展させることによって，経営資源の転換効率や環境適応の能力と創造性を高めて，企業の目的を実現しようとする活動である，ととらえることができる。企業の活動の担い手として唯一意思を有

序章 経営の誕生

Column ② 挑戦するサラリーマン

　新入社員すらも口にする「わが社は……」という言葉は，本来オーナーである株主が使うべきものであった。だが戦後の財閥解体を受けて，財閥系大企業には財閥一族も番頭経営者もいなくなった。法人株主化と企業間の株式相互持合いの進展によって，個人株主の声もきわめて弱い。経営の主役はサラリーマンとサラリーマン重役だけであり，実質的にサラリーマンが企業を支配している。

　このサラリーマン（salaried man）という言葉は，戦後の経済民主化政策のもとで，ホワイトカラーとブルーカラーの身分差がなくなるなかで，労働者を包括するものとして広く使われるようになった。かつては，時間給や日当で支払われる賃金（wage）を受け取っていたのがブルーカラーの労働者であり，月給として俸給（salary）を受け取っていたのがホワイトカラーの労働者であった。

　高度成長期にはサラリーマンたちは，海外からはエコノミック・アニマルと冷笑され，国内では会社人間と揶揄されるほどの会社忠誠心と帰属意識を抱いて，勤勉な仕事ぶりを発揮した。それというのも会社の発展が社会の豊かさに結びついているという手応えが，仕事にあったからである。

　しかし，バブル崩壊，さらには2008年秋の世界同時不況で様相は一変しつつある。相次ぐ大企業の倒産やリストラは失業率を高め，人々は会社人間であることに疑問をもつようになった。だが，サラリーマンが会社を支配しているという現実は変わらない。資本家なき資本主義の日本ではサラリーマンが企業の経営と社会的責任を負っているのである。新しい時代にふさわしい経営を自らの手で再構築して，豊かな経済基盤を築くのはサラリーマンをおいていないのである。

する人間は,同時に人格と能力をもつ主体的な存在である。経営管理は,個性的で具体的な人間が組織的な人間として振る舞い,組織の活力や創造性を高めるように働きかけようとする。こうして企業の協働的な営みは組織として展開され,個人の能力の総和以上の生産を実現するのである。

経営管理が主体性をもつ人間に働きかけようとすることは,他のさまざまな管理と本質的に異なる点である。ちなみにヒト,モノ,カネ,情報といった経営資源の合理的な運用を意図した人事労務管理,生産管理,販売管理,財務管理等々のさまざまな領域でも管理が存在する。これらは基本的に経営資源の無機的な機能に目を向けており,経営資源の目的合理的な機能を高める技術に重点を置いているのである。

それだけに経営管理は人と組織をめぐって多面的に展開されることになる。主体性をもつ人間を協働システムとして組織化することが,経営管理の第一義的に重要な課題である。このことは経営組織の中心的な問題をなしており,多くの理論を生み出している。他方,人を活性化することはモティベーションやリーダーシップの理論として展開されている。さらに組織の生産性や創造性を高めながら環境適応的に企業の目的を実現することは,経営戦略論の基本課題として活発に探究されている。

経営管理のこのような目的や課題は,いつの時代でも大きく変わることはない。しかし,他方で企業に課せられる経営の実践課題は時代とともに大きく変質しており,次の章にみるように経営管理の内容を多様化している。

現代の企業は,産業構造の高度化,情報通信技術の進展,さらには経済のグローバル化が急速に進展するなかで,これまでとは異質な経営課題に直面している。高度成長を支えてきた経済シス

テムの限界が明らかになり，企業はいわゆる日本的経営システムの見直しを迫られている。企業は経営の革新をはかり，環境適応能力を創造しなければならない。そのような努力は活発になっており，自己革新する組織の能力や企業の創造性を高める経営に関心が集まっている。

演習問題

1　会社法の定める会社の種類と特徴，その数などを調べて，それぞれの会社の支配の仕組みの意義を検討しつつ，なぜ会社法が独立単法化されたのかを論じてみよう。
2　経済における見えざる手と経営における見える手を比較して，経営の意義を明らかにしてみよう。
3　企業が組織的な経営体として活動している状況について明らかにし，そのときに人がどのような機能を発揮するのか，考えを述べてみよう。
4　日本の巨大企業を取り上げ，株主構成，取締役構成，従業員構成，負債の内容，原材料の購入先，販売先，子会社や関係会社を調べて，企業の利害関係者と経営の主役を明らかにしてみよう（『会社四季報』や『有価証券報告書総覧』を用いるとよい）。

参考文献

P.F. ドラッカー（野田一夫・村上恒夫監訳）［1974］『マネジメント──課題・責任・実践』上・下，ダイヤモンド社。
　　企業の社会性や利潤については，本書が参考になる。原著も翻訳と同じく 1974 年の刊行。
P. クルーグマン（山岡洋一訳）［1997］『クルーグマンの良い経済学悪い経済学』日本経済新聞社。

ソ連崩壊やアジアの経済危機をいち早く予見した経済書。原著の出版は1996年。良い経済学の主役がイノベーションを展開する創造的な企業であることが読み取れよう。そしてイノベーションをする企業のマネジメントは，経済学ではなく，経営学が担っていることもみえてくるであろう。

第 I 部 管理の生成と発展

第 1 章 管理の時代

第 2 章 経営管理の発展

第1章 管理の時代

専門経営者の台頭と組織能力

サマリー

　株式会社の経営者つまり取締役は，株主総会で選任・解任されることになっており，制度上，出資者である株主が企業を支配することになっている。つまり，会社の所有権が支配力の源泉のはずであった。しかし現代の日本の大企業では所有と支配の分離がみられ，多くの大企業では，その企業の株式をほとんど所有しない，生え抜きの専門経営者が経営にあたっている。実は，アメリカでは1840年代から所有と支配の分離が進み，1920年代末までには，このような経営者支配の現象が出現していたのである。しかしアメリカでは，1960年代後半になると，こうした経営者革命は終わってしまい，合併・買収の嵐が吹き荒れるなか，株主反革命が起こる。そして経営者の仕事は「経営」ではなく資産の管理に成り下がってしまったようにみえる。ところが，日本ではこの反革命は起こらなかった。日本では1940年代後半，第二次大戦の敗戦にともなう財閥の解体，持株会社の禁止，財閥同族支配力排除など一連の劇的な制度的変更によってそれまでの経営者が一掃され，経営者革命が一気に進行する。そしてアメリカとは異なり，経営者支配はその後も定着することになるのである。

Key Words

専門経営者　支配力　近代企業　経営者企業　経営者資本主義　経営者支配　所有と支配の分離　タテの系列　ヨコの企業集団　親会社・子会社　持株会社　財閥　財閥解体　系列融資　株式の相互持ち合い　経営者革命　株主反革命　合併・買収ブーム　事業分割　組織能力

1 近代企業の登場

●生え抜きの専門経営者の登場

専門経営者　「経営者＝資本家,オーナー」という図式が成り立たないことは,いまや日本の大企業のほぼ常識である。こうした大企業の経営者は **専門経営者** と呼ばれるいわゆるサラリーマン経営者,雇われ経営者である。今日の日本の多くの大企業では,生え抜きの専門経営者が当たり前になっているのである。つまり,従業員として入社した「会社員」が,係長,課長,部長といったポストを経て昇進した後,従業員としては会社を退職し（当然,退職金ももらって）,今度は取締役という経営者ポストについて会社の経営にあたるのである。したがって経営者は取締役であって従業員ではないし,かといって所有を背景にして経営にあたっているわけでもない。こうした大企業は,そのほとんどが株式会社で,出資者は株主と呼ばれるが,会社法上,経営者に株主であることを求めてはいけないことになっている。株主という資格とは別個に,所有とは独自に経営活動を行うのである。

こうした専門経営者の台頭は実は日本特有のものではなく,アメリカでも,このような所有とはまったく独自に活動を展開する経営者が出現してきた。そして,経営者企業という概念が生まれる。経営者企業とは,創業者の家族や金融機関の代表者がもはやトップ・レベルの意思決定を行わず,そのような意思決定が,その企業の株式をほとんど所有しない専門経営者によって行われる企業である。そして経営者企業が中心となった資本主義経済は経営者資本主義と呼ばれる。第二次大戦後の日本などはその典型と

Column ③　会社法と機関設計

　株式会社の機関である株主総会，取締役会，監査役等についての規定は，これまでは商法の「第2編　会社」にあり，そのため従来は商法「第2編　会社」を便宜的に会社法と呼んでいた。しかし，2006年5月1日に文字どおりの「会社法」が施行された。新しい会社法では，最低資本金制度の廃止や有限会社法の廃止にともなう株式会社制度の利用対象企業の拡大に対応した機関設計の自由化が行われた。具体的にいえば，会社法上の「公開会社」「大会社」以外の株式会社については，より簡略な機関設計ができるようになっている。

　ただし，「公開会社」（「発行する全部又は一部の株式の内容として譲渡による当該株式の取得について株式会社の承認を要する旨の定款の定めを設けていない株式会社」）である「大会社」（「最終事業年度に係る貸借対照表……に資本金として計上した額が5億円以上」，または「負債の部に計上した額の合計額が200億円以上」のいずれかに該当する株式会社）に許されている機関設計としての選択肢は2つのみである。1つは従来の株式会社で一般的にとられていたものと基本的に同じ「監査役会設置会社」で，もう1つは，比較的新しい「委員会設置会社」である。この委員会設置会社は，アメリカの制度をモデルにして，2003年施行の商法特例法改正によって導入された「委員会等設置会社」と基本的に同じ制度である。指名委員会・監査委員会・報酬委員会の各委員会は，取締役のなかから取締役会の決議により選定した委員3人以上で組織され，各委員会の委員の過半数は社外取締役でなければならない。また委員会設置会社は監査委員会があるので，監査役を置いてはならないことになっている。これに対して，監査役会設置会社においては，監査役は3人以上で，そのうち半数以上は社外監査役でなければならない。

いっていいだろう。

それでは，なぜ多くの大企業で，生え抜きの専門経営者が経営にあたっているのであろうか。企業の経営者の任免力（任免権限）を企業の **支配力** というが，本来，企業の支配力は取締役を選出する権限を実際にもっている人々にあるはずである。会社法上，株式会社の経営者つまり取締役は株主総会で選任・解任されることになっている。制度上，出資にともなって支配力が生じるのであるから，会社の所有権が支配力の源泉であるといえる。たとえば，株式の過半数を所有していれば，株主総会を成立させることができ，同時に総会での議決権の過半数を制することもできるようになる。つまり，株主総会で取締役の任免力をもつことになり，この所有者が企業の支配力をもっているのである。

実際，歴史を振り返ってみると，1840年頃まで，アメリカ企業のほとんどすべての企業の最高経営者は企業の所有者，つまりその企業の共同出資者あるいは大株主であった。つまり企業家資本主義，家族資本主義，あるいは金融資本主義の経済だったのである。しかし，第一次大戦の頃までには，アメリカ経済の多くの部門において「近代企業」が支配的な企業となる。ここでいう近代企業とは次の2つの特徴をもった企業であった。

(1) 多数の異なった事業単位から構成されている。
(2) 階層的に組織された専門経営者によって管理されている。

最初の近代企業——鉄道会社

アメリカの鉄道会社は最初の近代企業であった。1830年代と40年代に建設された初期の鉄道は，既存の商業地を結び，既存の水上輸送を補完することを目的としており，50マイルを超えるものはほとんどない，いずれも短距離の路線であった。それが，1830年代後半から40年代初めにかけての長い不況を抜

け出すと，40年代後半から50年代にかけて，アメリカでは全国的に最初の鉄道ブームが起こる。1840年代に6000マイル以上の鉄道が操業を開始し，50年までに総路線距離は9000マイルに達していた。1850年代には2万1000マイル以上が新たに建設され，ミシシッピー川より東の基本的な陸上輸送網が確立した。それまでニューヨーク―シカゴ間は3週間を要していたが，1857年までにはわずか2日間で行けるようになった。しかし鉄道のもつ最大の強みは速度ではなく，綿密に組まれた運行計画に従って天候に左右されずに商品輸送を荷主に保証する高い信頼性にあった。

　これらの鉄道企業がアメリカで最初の近代企業となった。まず鉄道建設に要する資本はそれまでの事業に比べるとはるかに巨額で，単一の企業者や家族や小規模な企業家集団が鉄道会社を所有することは不可能に近かった。そして高い信頼性を確保するための鉄道の管理業務はあまりにも複雑で，特別な技能と訓練を必要としたために，株主やその代表が自分で鉄道を管理することもできなくなったのである。広範な地域に散在している多数の人員や事務所を管理する必要のあった企業は鉄道会社がはじめてだった。そこで，特別な技能をもち，訓練を受けた専門経営者が管理にあたることになり，管理のための階層的組織が作られ，中央本部，地域本部，現業単位の間の責任・権限・伝達を明確に規定した組織構造を作り上げていった。任務は組織の手引書と組織図によって規定された。

　1870年までに営業路線は7万マイルにもなり，500マイル以上の路線をもつ大鉄道会社は数千人の従業員と数千万ドルの資産を調整・管理するために複雑に入り組んだ機構を完成させ，さらに鉄道相互間の接続のための複雑な協定も作り上げていた。

　最初の近代企業となった鉄道会社は，実は他の大企業のお手本

Column ④ ファヨール

　経営管理論の始祖として知られるアンリ・ファヨール（Henri Fayol）は，当時のフランスの大企業である株式会社コマントリ・フルシャンボー，通称，コマンボール社で1888年から1918年まで社長を務めた専門経営者である。コマンボール社はフルシャンボー製鉄所とコマントリ炭鉱を中心とした会社で，1860年，ファヨールはコマントリ炭鉱の技師として入社する。しかしコマンボール社は，1870年代後半，コマントリ炭鉱の枯渇で採炭コストが上昇し，生産設備の老朽化により生産性と品質が低下，巨額の近代化投資は財務内容を悪化させ，さらには長期不況，そして新製鋼技術に適した鉱石を埋蔵するフランス東部地域の鉄鋼業の前に価格競争力が低下するなど危機を迎える。

　そんななかで社長に就任したファヨールは，まず減資をしたうえで，増資，社債発行によって資金を調達し，他の企業を合併・買収し，不採算部門は事業分割して売却し，研究開発による多角化を行った。その結果，新たに炭鉱を買収してコマントリ炭鉱を閉鎖し，フルシャンボー製鉄所の設備と人員の主力をドゥカズヴィユに移転して，創業の地から全面撤退する。こうしてファヨールはコマンボール社を再生し，正式社名も株式会社コマントリ・フルシャンボー・ドゥカズヴィユに変えた。そして社長在任中の1917年，『産業ならびに一般の管理』が経営管理論の最初の書物として出版される。しかし意外なことに，この本は財務，合併・買収，事業分割，多角化ではなく，組織について書かれた書物だったのである。

としても格好の存在であった。鉄道は非常に目立つ存在で，鉄道がいかに運営されているかは一般の企業人が容易に観察できたし，また鉄道で商品を大量に輸送している企業の人は鉄道の管理者と一緒に仕事をしなくてはならないので，自分の仕事をしながら，毎日のように鉄道の運営ぶりを観察することになったからで

ある。とくに、鉄道以外の輸送業や通信業の経営者たちは、自ら管理方式を生み出すよりは、むしろ鉄道の管理方式を採用することが少なくなかった。

2 所有と支配の分離
●自己永続的な存在となった専門経営者

経営者支配

近代企業においては、多くの場合、家族も銀行も管理には関係しなくなった。所有は広範に分散しており、株主たちは経営者として参加するための知識も経験も気持ちももたなかった。それに代わって、専門経営者が短期の企業活動の管理だけではなく、長期の政策をも決定した。こうした企業をチャンドラー（A. D. Chandler, Jr.）は **経営者企業** と呼び、このような企業が支配的な体制を **経営者資本主義** と呼ぶ。つまり、1840年代から1920年代までの間に、アメリカでは所有と経営が分離し、経営者資本主義が家族資本主義や金融資本主義に取って代わったのである。

その1920年代末のデータをもとにしてこうした事実を指摘したバーリ＝ミーンズ（A. A. Berle, Jr. and G. C. Means）は、次のようにそのプロセスを整理している。

(1) まず、企業の大規模化と資本の大規模化が同時に進行する。資本の大規模化は当然、株式増大・株式分散をともなうことになるが、まだ発行済株式の過半数を所有している者が支配している。

(2) さらに進むと、この資本の大規模化と株式の広範な分散は、当該会社の株式の過半数を買い集めることを不可能にする。つまり、持株比率50％以下でも会社を支配できるようになる。

(3) さらに、最大株主の持株比率が極度に小さくなると、企業が危機的状態に陥らないかぎり株主は経営者を解任できないような状態になる。

この最後の(3)を **経営者支配** の状態と呼ぶ。経営者支配の状態では、専門経営者が自分自身の任免の権利を握ることになり（当然、金融資本、債権者の支配も受けない）、専門経営者が自己永続的な存在となるわけである（ただし、企業が危機的状態に陥った場合は別である）。こうした事態の進行を受けて、バーリ゠ミーンズは、アメリカにおいては株式所有の分散にともなって、支配が所有から分離され、多くの会社ではオーナー経営者も支配的所有者ももはや存在しないという新しい事態が出現したと指摘するのである。これがバーリ゠ミーンズが「所有と支配の分離」と呼ぶ状況であり、人によっては「所有と経営の分離」と呼ぶものである。

| バーリ゠ミーンズの分析 |

こうした主張の根拠として、バーリ゠ミーンズは、1930年1月1日現在のアメリカの非金融最大株式会社200社を分類した。ここで注意がいるのは、経営者支配はもともと最大株主（団）の持株比率という数字による機械的な分類ではなく、各社の支配形態を観察したうえで判断された分類だったということである。結果的には、経営者支配に分類された会社の最大株主（団）の持株比率が5％以下だったということがわかったために、最大株主（団）の持株比率が5〜20％の場合には、少数所有者と経営者の共同支配として分類されることになった。さらにこの共同支配のなかで、どちらかというと経営者支配と考えられるものを加えると、この段階で、経営者支配に分類されたものは計65社（200社の32.5％）、資産額では計358億ドル（44.16％）になる。この段階での支配形態は「直接的支配形態」と呼ばれた。

ところが会社によっては,その上にさらに親会社(次節で説明する)のような支配会社が存在していることがある。その場合にはその支配会社の支配形態を調べて,それによって被支配会社の分類も行っており,それを「究極的支配形態」と呼んだ。その結果,究極的支配形態では経営者支配に分類される会社は会社数で 44.25 %,資産額で 58.11 %にのぼることになる。バーリ゠ミーンズは,経営者支配に加えて,法的手段による支配も「所有と支配の分離」のケースに当たるとして(その是非については議論が分かれている),この両者を合わせると,実に会社数では 64.75 %,資産額では 79.78 %が「所有と支配の分離」のケースに該当していたことになる。いずれにせよ,まさに専門経営者の時代が到来しつつあったのである。

3 財閥の形成と解体
●財閥解体で出現した経営者支配

> 親会社と子会社

 こうして,1930 年代のアメリカで経営者支配が進行していたことがわかったが,当時,アメリカだけではなく日本でも専門経営者が急速に進出し始めていた。こうした専門経営者の台頭は戦後いっそう顕著になる。そのことを理解するためには,企業集団の存在を知っておく必要がある。日本の場合,一般にタテの系列とヨコの企業集団と呼ばれるが,「**タテの系列**」とは,業種に関係なく企業が他の企業の株式を一方的に所有,融資,役員派遣して支配している場合をさしている。他方,「**ヨコの企業集団**」とは,こうしたタテの系列化を行っている系列の頂上にある大企業同士が,今度はヨコに株式の相互持合いを軸にして結合している場合をさしている。

図1-1 親会社・子会社関係

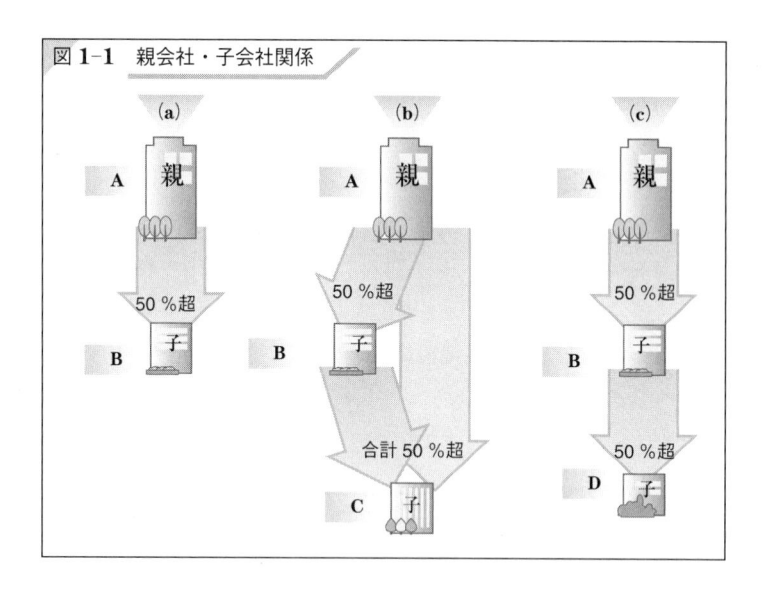

(a) A親 → 50%超 → B子

(b) A親 とその子会社Bで C子を合計50%超所有

(c) A親 → 50%超 → B子 → 50%超 → D子

　このうちタテの系列にみられるような支配・従属関係は，典型的な場合には株式所有に基づいた取締役の任免力の存在を意味している。その例として，まず**親会社・子会社**関係についてみたうえで，ヨコの企業集団における経営者について考えてみよう。

　たとえば，**図1-1 (a)** のように，ある企業A社がB社の発行済株式の総数の過半数（50％超）の株式を所有している場合，A社は親会社と呼ばれ，B社は子会社と呼ばれる。**図1-1 (b)** のように，親会社A社とその子会社B社で他の会社C社の発行済株式の総数の過半数の株式を所有している場合もC社はA社の子会社となる。あるいは**図1-1 (c)** のように，子会社Bが他の会社Dの発行済株式の総数の過半数の株式を所有していて，D社がA社の「孫会社」に当たる場合も，D社はA社の子会社となる。もちろんこうしたケースでは，子会社の株主総会での議決権は親会社が制していることになり，親会社が子会社の取締役を選任で

第1章 管理の時代

きる。現在の会社法施行規則では,さらに広く,実質的に財務および事業の方針の決定を支配している場合も,親会社・子会社の関係にあるとしている。

　親会社・子会社関係の極端な場合では,親会社はもはや自社では事業を行わず,もっぱら株式の所有のみを行うようになる。これが**持株会社**である。持株会社とは,株式を所有することにより,国内の会社の事業活動を支配することを主たる事業とする会社のことである。そして戦後の日本では,独占禁止法（正式には「私的独占の禁止及び公正取引の確保に関する法律」）によって,持株会社はこれを設立してはならないし,外国企業を含めて会社は日本国内において持株会社となってはいけないとされてきた。この先進国で唯一の持株会社の禁止は,独占禁止法が改正になり,1997年12月に持株会社が解禁になるまで半世紀にわたって続いたのである。

　　　　財　閥　　　このように日本では,戦後は持株会社が禁止されてきたが,戦前には日本にも多くの持株会社が存在していた。いわゆる財閥本社がそれである。

　日本の**財閥**は明治維新後に形成されたもので,富豪の家族・同族の封鎖的所有・支配下に成り立つ多角的事業経営体をさしている。明治末期から大正にかけて多くの財閥がコンツェルンを形成し,大規模財閥の例でいえば,財閥本社は三井合名会社,三菱合資会社,住友合資会社といった財閥の家族・同族を出資社員とする合名会社・合資会社形態の持株会社となっていた（終戦までには,株式会社三井本社,株式会社三菱本社,株式会社住友本社とそれぞれ株式会社に改組された）。こうして同族財産を非公開のまま一括して共同所有したうえで,多角化した諸事業を株式会社に編成し,財閥本社が持株会社としてこれら傘下の株式会社の株式を

集中的に保有・統括するとともに，外部資金の導入をはかっていたのである。このように，持株会社を頂点とするピラミッド型の支配・従属関係を作り上げることで，ピラミッドの頂点にある持株会社の所有さえ維持していれば，この比較的少額の出資で，ピラミッド全体の莫大な資産を支配することができたのである。

　最初のコンツェルン形成は三井によるもので，早くも1909～11年にかけて，三井11家の出資による三井合名会社を本社として設立して独立させるとともに，合名会社形態であった銀行・物産・鉱山の主力3事業部門を株式会社に改組した。そして，株式会社化された子会社の株式の一部は，狭い範囲であったが同族外に公開するというかたちで，コンツェルンが形成された。こうして三井のほかにも，三菱，住友，安田といった大規模財閥が形成され，さらには古河，浅野，大倉などの中規模財閥や小規模の地方財閥など，戦前には財閥が50～60も形成されていたといわれる。

　ところが，1945年8月の終戦の後，占領軍は一連の**財閥解体**の措置を政府に要求する。1946年8月に持株会社整理委員会が発足し，財閥本社などの持株会社の解体がはかられ，さらに47年4月にGHQ（連合国軍総司令部）の指示で制定された独占禁止法によって，これ以降は持株会社が禁止されたのである。それを補完する過度経済力集中排除法が1947年12月に公布・施行され，さらに，財閥解体の際に，47年1月の公職追放措置や48年1月の財閥同族支配力排除法によって，それまでの経営者が一掃されることになる。こうして，1948年初頭の旧財閥系企業の経営陣は全面的に刷新され，それぞれの企業における内部昇進によって経営者になった専門経営者が経営陣を占めることになる。しかも，部分的にせよ，形式的にせよ，各企業のトップの地位にい

Column ⑤ 会社制度

　会社は構成員の個人財産から分別された団体財産を作る財産関係分別のための法律的技術であるといわれる。法人格をもつことで、その団体の名において契約、訴訟、不動産登記を行うことができるが、仮に法人でなければこうしたことをいちいち団体構成員の全部または一部の名で行わなければならず、煩雑なうえに危険である。

　また会社が有限責任制をとることで、出資者は出資額を限度として弁済・弁償の責任を負えばよいことになり、自己の全財産を投じて会社の債務の弁済・弁償にあたらねばならない（無限責任）という危険から隔離される。たとえば、合資会社の源といわれるコンメンダは、渡り鳥的海商取引を行う資力なき貧しき商人に、有限責任の貸主が1航海ごとに資本を委託し、営ませていたもので、10世紀、海上商業が発達していた地中海沿岸のイタリアの商業都市ジェノバ、ベネチアで発生した。

　これにやや遅れて、合名会社の源といわれるソキエタスが、イタリアのフィレンツェやシェーナで発生した。たとえば、事業主の家父が死亡した場合、家族内で財産を分割相続しては事業上大きな障害となる。そこで共同相続団体としてソキエタスを形成して事業をそのまま継続したのである。日本でも三井家初代高利の死後に、その9人の実子・養子は遺産を分割相続せず、1710年に大元方（おおもとかた）と呼ばれる機関を三井同族により作った。洋の東西を問わず、会社の寿命を構成員の寿命から隔離することに知恵を絞っていたのである。

　組織がシステムやネットワークの概念であるのに対して、会社・企業は境界の概念であり、内部環境と外部環境を隔離するための制度なのである。

た財閥家族やピラミッド型支配をバックにした財閥本社役員といった所有型経営者が一掃されたのである。ここに至って、ほぼ完

全な正真正銘の経営者支配が,戦後日本の大企業に出現することになる。

4 ヨコの企業集団の形成
●系列融資と株式の相互持合い

> メインバンク制の始まり

ところで,戦後の GHQ の要求はこれだけではなかった。過度経済力集中排除法によって,大企業 11 社が分割され,たとえば,三菱重工業は東日本重工業,中日本重工業,西日本重工業に分割され,現在の三菱重工業に戻ったのはようやく 1964 年になってのことであった。しかし,そうした状況下にあって,銀行は持株会社にも指定されず,集中排除の対象にもならなかったのである。この銀行の存在が,後でヨコの企業集団の形成に際して重要な役割を果たすことになる。

終戦直後のすさまじいインフレは 1949 年の初頭をピークに落ち着き始めていたが,49 年 1〜3 月には,政府の厳しい税金取立てで国庫収支が民間からの大幅な引揚超過になり,民間では資金が不足し始めていた。そんななか,1949 年 2 月にデトロイト銀行の頭取であったドッジ(J. M. Dodge)がトルーマン大統領の特命で,公使の資格で来日し,ドッジ・ラインと呼ばれる緊縮財政・超均衡予算主義に基づいて 1949,50 年度予算が作られてしまったために,民間での資金不足は深刻になった。しかも,1949 年 10 月から 51 年末まで続く株価低迷により,増資による株式市場での資金調達も困難だったのである。さらに,1950 年 6 月に勃発した朝鮮戦争(51 年 7 月から休戦会談開始)による特需は資金需要を増大させ,資金不足に追討ちをかけることになる。

こうした状況のなかで，持株会社にも指定されず，集中排除の対象にもならずに生き残った都市銀行は，日本銀行から資金の借入れをし，それを同系のグループの企業に対して重点的・集中的に貸出を行う，いわゆる **系列融資** を行うようになった。メインバンク制の始まりである。その際に企業集団を形成しておくことは資金確保という点ではメリットがあった。たとえば，グループ内で貸付資金が還流してまた預金となる可能性が高く，資金の歩留り率が高くなる。そして，グループのメンバー企業間の取引は，その銀行の預金口座で決済されるので，それだけ銀行の現金準備が少なくてすむ。あるいは，グループ外の金融機関から融資を受けたメンバー企業がグループ内の都市銀行に預金する可能性が生まれる，等々。実はここでいっているグループこそが，戦後の企業集団なのである。

社長会の結成

　そうしたなかで，1951年9月にサンフランシスコで講和条約が調印され，52年4月に発効するのにともない，同月，「財閥商号の使用禁止等に関する政令」「財閥標章の使用禁止等に関する政令」が廃止される。これを受けて，旧財閥系各社は1952〜54年にかけて三井・三菱・住友という旧商号を相次いで復活させることになる。この商号の管理は企業集団にとっては重要な協議事項なので，社長会の存在が重要になってきたのである。

　まず1951年頃に，住友グループで，次いで，三菱グループは55年頃，三井グループの場合は61年に社長会が結成される。三井，三菱，住友の各企業グループは戦前の旧財閥に属していた企業を中心に設立されたもので，旧財閥系企業集団と呼ばれる。それに対して，芙蓉，三和，第一勧銀といった企業集団は，それぞれ富士銀行，三和銀行，第一勧業銀行といった都市銀行が中心と

Column ⑥ 経営統合と3大メガバンク体制

1997年の持株会社解禁後,日本の都市銀行の間では,共同で持株会社を設立して,その傘下に完全子会社として入る経営統合と呼ばれる方式での再編が急速に進んだ。まず2000年9月に第一勧業銀行・富士銀行・日本興業銀行が経営統合して生まれた持株会社「株式会社みずほホールディングス」は,さらに2003年に設立された「株式会社みずほフィナンシャルグループ」の傘下に入って銀行・証券の中間持株会社となった。1996年に三菱銀行と東京銀行が合併してできた東京三菱銀行は,2001年に三菱信託銀行・日本信託銀行と経営統合して持株会社「株式会社三菱東京フィナンシャル・グループ」を設立したが,三和銀行・東海銀行・東洋信託銀行が01年4月に経営統合してできた持株会社「株式会社UFJホールディングス」が不良債権問題を抱えていたために,05年に合併して「株式会社三菱UFJフィナンシャル・グループ」となった。2001年に住友銀行とさくら銀行(三井銀行と太陽神戸銀行が合併してできた銀行)が合併してできた三井住友銀行も,02年には持株会社「株式会社三井住友フィナンシャルグループ」を設立している。

こうして三菱UFJ,みずほ,三井住友のいわゆる3大メガバンク体制となり,かつて企業集団の核となっていた三菱銀行と三和銀行,第一勧業銀行と富士銀行,住友銀行と三井銀行は合併ないしは統合されたことになるが,これがそのまま6大企業集団から「3大企業集団」への再編につながるかどうかは,金融の分野を除けば未知数である。

なって取引先企業をまとめたもので,銀行系企業集団と呼ばれる。芙蓉,三和グループでは,それぞれ1966,67年に社長会が結成された。第一勧業銀行は,第一銀行と日本勧業銀行が1971年に合併してできたが,両行合併以前から別個に存在し,いまも存続している社長会のメンバーを中心に78年に第一勧銀グループ全

体の社長会が結成されている。このように成立ちは旧財閥系企業集団とは異なるが,これらの銀行系企業集団も,旧財閥系企業集団と共通のヨコの企業集団としての特徴をもっていた。その特徴のひとつが次にあげる株式の相互持合いである。

株式の相互持合い

持株会社整理委員会は1951年7月に解散するが,持株会社整理委員会がした仕事は,前述のものだけではなかった。財閥解体にともなって放出させた株式のうち,閉鎖機関や解散会社の株式のような処分不可能なものを除いて,1947年から51年にかけて,証券処理調整協議会を通じて当該会社の従業員や一般に株式の売却を行ったのである。しかし,このことで大量の株式が一挙に株式市場に供給されることになる。これに金利上昇が重なって,1949年10月には株価が急落し,51年末まで低迷を続けることになる。

これは,財閥直系企業の家族・本社・同系他社といった安定株主が一挙に消失したことを意味していた。しかも当時,独占禁止法などで,旧財閥系企業の株式を同系企業が保有することはほぼ完全に禁止されていた。安定株主が消失したままでの株価の低迷は,第三者による株式の買占め,乗取りの危険性を高めることになる。そして,実際に何社かは株式の買占め事件に遭遇し,この株価の低迷が旧財閥系企業に深刻な問題をもたらしたのである。

したがって,講和条約が発効した1952年4月に,一連の措置が解除されると,すぐさま各グループで金融機関を中心に同系企業の株式保有が進められることになる。社長会はグループ・メンバー企業の買入れ量の調整役を果たした。さらに,1967年の第1次資本自由化措置以来,数次にわたる資本自由化の流れのなかで,外国資本による乗取り防止策として,「安定株主工作」としての**株式の相互持合い**を進めることになる。

図 1-2 戦前の財閥と戦後のヨコの企業集団

財閥家族
持株会社

戦前の財閥
（ピラミッド型）

財閥家族の企業支配力排除
持株会社の解散と禁止

戦後のヨコの企業集団
（サークル型）

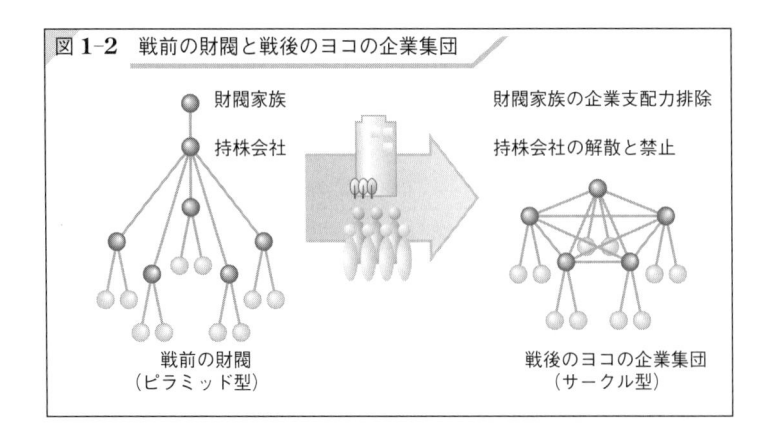

　こうして，図 1-2 の概略図にあるように，独占禁止法による持株会社の禁止といった制限もあって，戦前の財閥のように財閥家族と持株会社である財閥本社によるピラミッド型支配関係ではなく，さまざまな業種で日本を代表するような大企業同士が，株式の相互持合い，役員の派遣などの資本的・人的なサークル型の関係をもったヨコの企業集団が形成された。その結果，こうしたヨコの企業集団に属する企業はもちろん経営者支配だが，その傘下の企業もバーリ＝ミーンズの言い方を借りれば究極的支配形態はすべて経営者支配になったのである。

　このように日本のヨコの企業集団で 1967 年の第 1 次資本自由化措置以来の「安定株主工作」として，外国資本による乗取り防止策としての株式持合いを進めていた頃，つまり**経営者革命**の足場固めが行われていたちょうどその 1960 年代後半，アメリカでは合併・買収ブームが起こり，コングロマリット（合併・買収により広範な産業に多角化した企業）と化した企業による企業乗取りが一般化していったのである。そしてこのことが 1970 年代に入ると，とんでもない方向へのうねりとなって現れる。株主利益

の最大化という企業行動原理を主張することが支配的となり，**株主反革命**の様相を呈してくるのである。

5 合併・買収ブームの傷跡
●株主の短期志向と組織能力の低下

アメリカの経営者革命の終焉

ラーナー（R. J. Larner）はバーリ゠ミーンズの方法を踏襲して，1963年のアメリカの非金融最大200社について研究をしたが，その結果，究極的支配形態でみると，実に169社が経営者支配に分類されることになった。直接的支配形態でみても，経営者支配は160社と，経営者支配が80％に達していたのである。この経営者支配に分類された企業のなかには，5社ほど家族が依然として影響力をもっている会社があったが，それは株主としてではなく，彼らが常勤の専門経営者だったからであった。つまり，究極的支配形態で，1963年のアメリカの非金融最大200社の実に84.5％は経営者支配の会社になっていたのである。かくして，その論文は次の文章で締めくくられる。「要するに，1929年にバーリ゠ミーンズは経営者革命の途上を観察していたらしい。30年後のいま，この革命は少なくとも非金融最大200社の範囲内では終結に近づいているように思える」。

アメリカでは皮肉なことに，このラーナーの論文が発表された1960年代後半になると，経営者革命は本当に終わってしまい，合併・買収（merger and acquisition：M&A）の嵐が吹き荒れるなか，株主反革命が起こるのである。そしてアメリカ企業の競争力は急速に低下する。チャンドラーによれば，これはそれまで歴史上に類をみないこの現象のせいであったという。そのことを簡単に整

理しておこう。

> 合併・買収から事業分割へ

1960年代後半にアメリカで過熱した**合併・買収ブーム**を反映して，合併・買収件数は1965年の2125件から69年には6107件へと急増した後，74年には2861件に戻った。1963〜72年に買収された資産の4分の3近くが，水平的結合や垂直的統合ではない多角化に該当し，しかもその2分の1は関連性のない事業の買収であった。この傾向は合併・買収ブームが去った後も続き，1973〜77年に合併・買収された資産の2分の1は関連性のない事業の買収だったといわれている。

このように，あまりに多くの異なる事業を買収したために，本社の経営者は現業部門の責任者と個人的な接触をもったり，それを維持したりするのに必要な時間をもてなかった。しかも本社の経営者は，買収した部門や子会社の技術・市場についての専門的知識も経験ももっていなかったために，現業部門からの具体的な提案を評価したり，業績をみたりすることもできず，血の通わないデータに頼ることになってしまったのである。こうして本社と現場とのコミュニケーションは崩壊する。

このようにして，本社の経営者は，企業を統一的に維持していく能力を失い始めた。無秩序な多角化のコストが顕在化してくる。こうしたことを背景に，1970年代初頭には**事業分割**による事業の売却が急増する。1965年には合併・買収2125件に対して売却195件（約11対1）だったものが，69年には合併・買収6107件に対して売却801件（約8対1），71年には合併・買収4608件に対して売却1960件（約2対1）にまで売却は急増するのである。1974〜77年は合併・買収2件に対して売却1件のペースになる。こうして，企業の売買それ自体がひとつのビジネスとして成立す

ることになったのである。

> 株主の短期志向

こうした事態の背景には，1960年代までには，企業の大量の株式が年金基金や投資信託のポートフォリオに組み込まれるようになり，ファンドと呼ばれる基金の影響力が巨大なものになったことが大きかった。ファンド・マネジャーはポートフォリオ全体に対する配当などの短期的な投資収益の増大のみを追求し，株式の売買を繰り返した。個々の企業の長期的な健全性や成長には興味がなかったのである。

ニューヨーク証券取引所で1年間に売買される株式の全上場株式数に対する比率は，1960年代初めには12～16％だったものが，合併・買収ブーム時には20％を超え，80年代半ばには50％以上に達したといわれる。こうして大量の株式が日常的に取引されるようになり，その資金を金融機関から簡単に調達できるようになったため，個人，グループ，企業が歴史ある大企業の支配権を単に証券取引所でその株式を買うことで獲得することができるようになったのである。こうしたことが原因で，アメリカでは株主の短期的利益のために，企業の長期的な能力や利益の維持が犠牲にされ，その結果，市場で競争するうえで不可欠な組織能力は破壊された。

しかし，同時期，他の国々では事情は異なっていた。ニューヨークに次ぐ規模のロンドン金融市場をもつイギリスではアメリカの小型版といえるような現象がみられたものの，ドイツをはじめとするヨーロッパ諸国では合併・買収はブームには至らなかった。そして日本ではすでに述べたように，合併・買収の動きをほとんど封じ込めることに成功したのである。したがって日本では，関連性のない分野への多角化も，大規模な事業切捨ても，企業売買のビジネスも，企業支配のための市場もほとんど現れなかった。

日本をはじめとする他の国々がこうした状況にあるなかで，アメリカでは事態がどんどん進行してしまったために，アメリカ経済の成長を牽引してきたアメリカの多くの資本集約型産業は，1960年代の合併・買収ブーム以降，国内・国外市場でのシェアを急速に失っていった。これがチャンドラーの出した結論である。アメリカ企業におけるポートフォリオ概念の流行は，アメリカ企業の組織能力低下を反映した象徴的な出来事だったのである。こうしたアメリカ企業の組織能力低下や競争力低下をもたらす現象が顕在化しつつあった頃，日本では，ヨコの企業集団内での株式の相互持合いによる株主安定化が功を奏して，アメリカでのような現象の発生を抑えることができた。こうして日本企業は1960年代以降，組織能力を維持・強化し，アメリカ企業との比較において競争力を高めたのである。

　ところで，チャンドラーは **組織能力** という言葉を多用するが，それは一体何なのだろうか。組織能力にはミドルおよびトップ・レベルの経営者の技能に加えてロワー・レベルの経営者と現場労働者の技能が含まれ，また生産と流通の設備を含んでいるという。これでは定義があまりに広すぎて，組織能力のイメージの輪郭がはっきりしない。しかしチャンドラーは組織能力という概念に経営することのエッセンスを詰め込んでいると考えられる。そのことをこれからみていくことにしよう。組織能力に「組織」という用語を使用したことも，実は意味深長なのである。

Column ⑦ 金融商品取引法と内部統制報告書

　大和銀行（現・りそな銀行）ニューヨーク支店巨額損失事件いわゆる「大和銀行事件」は，たった1人の行員が，最初は5万ドルの損失隠蔽から始めて，1995年に自ら頭取に告白するまでの12年間に，アメリカ国債の簿外取引で約11億ドル（当時のレートで約960億円）もの損失を出した事件だった。行員には禁固4年，罰金200万ドルの実刑判決，そして大和銀行には，当時のアメリカ刑法犯の罰金としては史上最高額といわれた3億4000万ドル（約350億円）の罰金が科され，アメリカからの撤退を余儀なくされた。そして2000年，大阪地裁は大和銀行の経営者（当時の取締役ニューヨーク支店長）に対しても，取締役は内部統制システム構築義務を負うとしたうえで，5億3000万ドルの損害賠償責任を認めたのである。法律の世界に内部統制の考え方が入ってきた最初の判例といわれる。

　大和銀行事件の舞台となったアメリカでは，2001年には，エンロンがその巨額な不正経理・不正取引の発覚で破綻に追い込まれた。このエンロン事件などで問題になった企業会計の不正に対処するために，アメリカの連邦法として「上場企業会計改革および投資家保護法」が2002年に成立した。これが，法案を提出したサーベンス上院議員・オクスリー下院議員の名前から，「サーベンス・オクスリー法」（Sarbanes–Oxley Act），略して「SOX法」と呼ばれる法律である。

　そして日本でも，金融商品取引法が2006年に提出・成立し（実際に提出されたのは「証券取引法等の一部を改正する法律」およびその整備法），同法は緊急性の高い条項から順次段階的に施行され，2007年9月30日には完全施行となって，「証券取引法」は「金融商品取引法」と改題された。同法は2009年3月期の本決算から，有価証券報告書を提出しなければならない会社のうち金融商品取引所に上場している有価証券の発行者である会社他に，事業年度ごとの内部統制報告書の提出を義務づけたのであ

る。内部統制報告書を偽った場合は，5年以下の懲役または500万円以下の罰金，またはその両方が科せられる。法人に違反行為を問う場合には，5億円以下の罰金となる。このように定めている「金融商品取引法」の一部，アメリカSOX法に倣って新たに義務づけられた内部統制報告書の提出に関する部分は，経済界，監査法人などを中心に「日本版SOX法」(J-SOX法) とも呼ばれている。

演習問題

1 1990年代のバブル崩壊後，証券バブルの立て役者であったはずの証券会社系のシンクタンクが，責任転嫁をはかって，バブルの責任は企業が株主を無視して勝手なことをしたためだと，コーポレート・ガバナンス（企業統治）を槍玉にあげ，そのことをきっかけにして，コーポレート・ガバナンスの問題が高まりをみせることになったという指摘がある。このことの真偽について論じ，1980年代後半からの日本経済でのバブル出現と崩壊の責任についても論じてみよう。

2 企業は株主のもので，株主のことさえ考えていれば，あとは市場が機能して，企業を正しい方向に導いてくれるはずだという，ナイーブな主張の功罪について論じてみよう。

3 1960年代後半以降のアメリカの株式市場が狂ったのだという主張や，合併・買収ブームは資本家が他の株主をだましたことから出現したのだという主張がある。このことを踏まえて，まともな株式市場のあり方について論じるとともに，日本の株式市場の現状について論じてみよう。

4 企業は株主のために経営すべきか，従業員のために経営すべきか論じてみよう。

5 日本の財界の一部には，持株会社解禁を求めた際に，持株会社にすることで，経営者は個々の事業にとらわれず，距離

をおいて効率的に経営ができるようになると主張した人がいた。これとまったく同じことが，1960年代の米英のコングロマリットでも，経営コンサルタントによって説かれていた。こうして，そのコングロマリットは没落し，それに取って代わったのが日本企業だったのである。このことを踏まえて，この主張の正否について論じてみよう。

6 企業が情報公開を徹底すれば，投資家や株主はきちんとした評価ができるはずだという主張について論じてみよう。とくに，合併・買収ブームのとき，なぜ本社の経営者が被買収現業部門からの具体的提案を評価することも，業績をみることもできずに，本社と現場のコミュニケーションが崩壊してしまったのかを念頭におき，企業のなかで解決できなかったこうした問題を市場でどのようにして解決できるのかを具体的に論じてみよう。

参考文献 *Bibliography*

A. A. バーリ, Jr. = G. C. ミーンズ（北島忠男訳）[1958]『近代株式会社と私有財産』文雅堂書店。

　大企業では所有と支配の分離がみられることを1920年代末のアメリカのデータを用いて明確なかたちで指摘し，経営者支配論を展開したのが，法学者バーリと経済学者ミーンズによるこの文献。原著は1932年に出版されており，当時，アメリカで議論を巻き起こした。ただし，本書も含めよく言及する部分（book 1）は実際にはミーンズが単著で発表した論文をまとめたものなので，正確にはミーンズの研究といったほうが正しい。

R. J. Larner [1966] "Ownership and control in the 200 largest non financial corporations, 1929 and 1963," *American Economic Review*, Vol. 56, pp. 777–787.

　その後の経営者支配の進捗を調べようと，1963年段階でバ

ーリ゠ミーンズの方法を踏襲して行われた研究。いま振り返ると，偶然にも合併・買収ブーム直前，アメリカで経営者革命が最も進んでいた時期の調査になっている。本文中でも取り上げた論文の締め括りの文章のとおり，経営者革命が本当に終結してしまうのも運命のいたずらか。

A. D. チャンドラー，Jr.（鳥羽欽一郎・小林袈裟治訳）［1979］『経営者の時代――アメリカ産業における近代企業の成立』上・下，東洋経済新報社。

それでは，経営者支配はいつ頃からどのようにしてアメリカでみられるようになったのであろうか。経営史家チャンドラーはバーリ゠ミーンズの調べた1920年代末までの時期に焦点を当てて，1840年代から叙述している。原著の出版は1977年。原題 *The Visible Hand* は言い得て妙。

A. D. チャンドラー，Jr.（安部悦生・川辺信雄・工藤章・西牟田祐二・日高千景・山口一臣訳）［1993］『スケール・アンド・スコープ――経営力発展の国際比較』有斐閣。

前作（前掲文献）が出た1977年当時，すでにアメリカでは株主反革命の真っ只中だった。にもかかわらず，アメリカでは経営者資本主義が取って代わったのだと呑気なことをいっていたわけだが，1990年出版のこの本では，今度は，アメリカでは歴史上類をみない現象が起きていると最後の章で警告。

高橋伸夫［2006］『経営の再生――戦略の時代・組織の時代』第3版，有斐閣。

こうして経営もしくは経営学をひとつの流れとしてみせることを意図して書かれた本。この章のもとになっているアイディアは，この本から生まれている。単なる経営の知識の羅列ではなく，経営学における経営の再生こそが筆者の願いである。

第2章 経営管理の発展

生産性と創造性の探究理論としての経営管理論

サマリー

　工場の誕生が組織的な経営を必然化したが，そこで展開された管理は経験と勘に基づくものでしかなく，合理的な経営管理の模索が続いた。ようやく20世紀初頭にテーラーの科学的管理法が生み出されて生産性は著しく改善され，大量生産・大量消費の物質的豊かさが実現されるようになった。大規模化した企業の全体管理はファヨールによってはじめて打ち立てられた。こうして経営管理の時代の幕が開いたのである。

　管理の本質に新たな視点から挑んだのは，バーナードによる主体的に行動する人間を中心においた経営管理論であった。サイモンらはそれを意思決定論的な経営管理論として展開している。

　経営管理は企業の実践を通じて生成し，企業の発展を促している。企業が規模を拡大し，その内部プロセスが複雑になるにつれ，経営管理の課題領域も拡大し，多くの理論が生まれている。経営管理の理論は企業活動を網羅していて，多様かつ多彩である。そのことが経営管理の理解を妨げているようである。

　しかし，企業の発展過程に沿って経営管理の理論展開を系統的に把握するとき，複雑にみえた経営管理の理論は案外に容易に見通せるものである。そこで，本章ではこのことに留意して，経営管理論の系統図を描いて，経営管理論の全体像を把握してみることにしよう。

Key Words

分業　近代的な工場　移動組立ライン　統制の幅　ライン・アンド・スタッフ組織　協働システム　組織の均衡　道徳的リーダーシップ　問題解決のプロセス　限定された合理性　ホーソン実験　機械的組織　有機的組織　コンティンジェンシー理論　コンティンジェンシー

1 資本主義と企業の発展

●工場は経営の苗床

工場と経営体の誕生

アダム・スミス（Adam Smith）は『諸国民の富（国富論）』（*An Inquiry into the Nature and Causes of the Wealth of Nations*, 1776）のなかで，分業によって作業の専門化と単純化をはかり，それを組み合わせただけで，飛躍的な生産量を実現できるということを，ピンを生産する工場の見学体験として驚きをもって描いている。すべての工程を1人でこなす職人が10人かかって1日にせいぜい200個も作ることができれば上出来なのに，各工程を専門化して生産にあたるとなんと4万8000個もできたのである，と。

近代的な工場が誕生したのもこの頃のことである。ウェーバー（M. Weber）によれば近代的な工場の決定的な指標は，仕事場，道具，動力源，原料が企業者の手中に専有されることである。その結果，工場では営利的な計算のもとで，作業場での労働の工程別分業が行われ，しかもそれら分業が異質結合的に協業化された組織として編成されることになる。こうして工場においてはじめて組織的な経営体が成立したのである。

そのような工場がはじめて誕生したのは，1719年にイギリス中心部のダーウェイト川流域に水車を動力源にした絹糸紡績工場が設立されたときであった。それから半世紀後，産業革命はこれに革新的な機械と蒸気による動力を付け加えた。こうして工場は，資本主義の発展の中核的な役割を果たすところとなった。

経営管理の生成

産業革命はヨーロッパに本格的な企業を生み出しながら，アメリカに波及してい

った。南北戦争後のアメリカではニューイングランドを中心に機械工業が発展した。とくに機械が機械を作るという新しいタイプの産業の発展は，産業の機械化を推し進め，経済は急拡大していった。いわゆる第2次産業革命である。

　しかし，早くも1873年には本格的な経済恐慌に直面した。その後は10年ごとに恐慌に襲われたが，企業は生産力を集中させ，競争を強めていった。やがて企業では膨れ上がったヒト，モノ，カネの効率的な運用をはかることが急務になった。

　こうして経営資源の転換効率を高める技術論として，経営管理論は19世紀から20世紀初頭の欧米の経営の現場から経験に基づいて発生することになる。次々に登場する管理技術は，実践に供されていった。それらのうち有効なものは管理技術としていっそうの磨きがかけられたが，役に立たないとわかるとたちまち破棄された。やがて経験則である管理技術を合理性をもつ管理の理論として構築する試みが行われるようになった。

　1910年頃を境にして，今日の経営管理論の土台をなす理論的成果が一挙に噴出してきた。その最初の産声は資本主義の先進国であったイギリスからではなく，20世紀初頭のほぼ同時期にアメリカのテーラー（F. W. Taylor）とフランスのファヨール（H. Fayol）という2人の実務家からあがった。テーラーは科学的管理法による大量生産システムに道を開き，ファヨールは大規模企業における経営と管理の重要性を明らかにしたのであった。この2人の提案する管理論によって，企業経営は経験と勘の世界から科学的考察に基づいた論理と実践の世界に歩みを進めることになった。

　また企業が組織的な経営体として発展するにつれて，その実体をどのように理解し，管理を考えるかが問題になってきた。ドイ

ツの経済社会学者のウェーバーは、前述したように、産業資本における組織体の成立意義を明らかにし、その管理構造として官僚制組織を提唱し、この問題への切り口を示したのであった。

2 経営管理の系統図
●シンプルなルーツ，豊かな展開

系統図の概観

これらの理論から出発した経営管理論は幾多の理論を発展させてきた。今日振り返ってみると、その多様な理論の展開はまるでジャングルのように煩雑であり、全容をもれなく描くことは容易なことではない。しかし、重要なことは、それを余すところなく知ることではなく、現代の経営管理の本質と課題領域を考える際に必要な理論を理解することである。その見通しを得るために、主要な理論とその論者に沿って経営管理論の発展過程を系統図として描いてみることにしよう（図2-1）。

出発点にテーラー、ファヨール、ウェーバーをおいている。テーラーの科学的管理法はフォーディズムとして発展し、工学的な技術と融合して、IE（インダストリアル・エンジニアリング）や他方ではトヨタのジャスト・イン・タイム・システム（JIT）が編み出されている。

科学的管理法からは、それと対照的な人間モデルに立つ人間関係論が誕生した。戦後、グループ・ダイナミクスの研究から行動科学と呼ばれる研究が発展し、集団におけるリーダーシップやモティベーションなどに膨大な実証研究を蓄積している。現在では、個と集団と組織とを統合的に把握すべく、人的資源管理論や組織文化論などに新しい領域を広げつつある。

図2-1 経営管理論の系統図

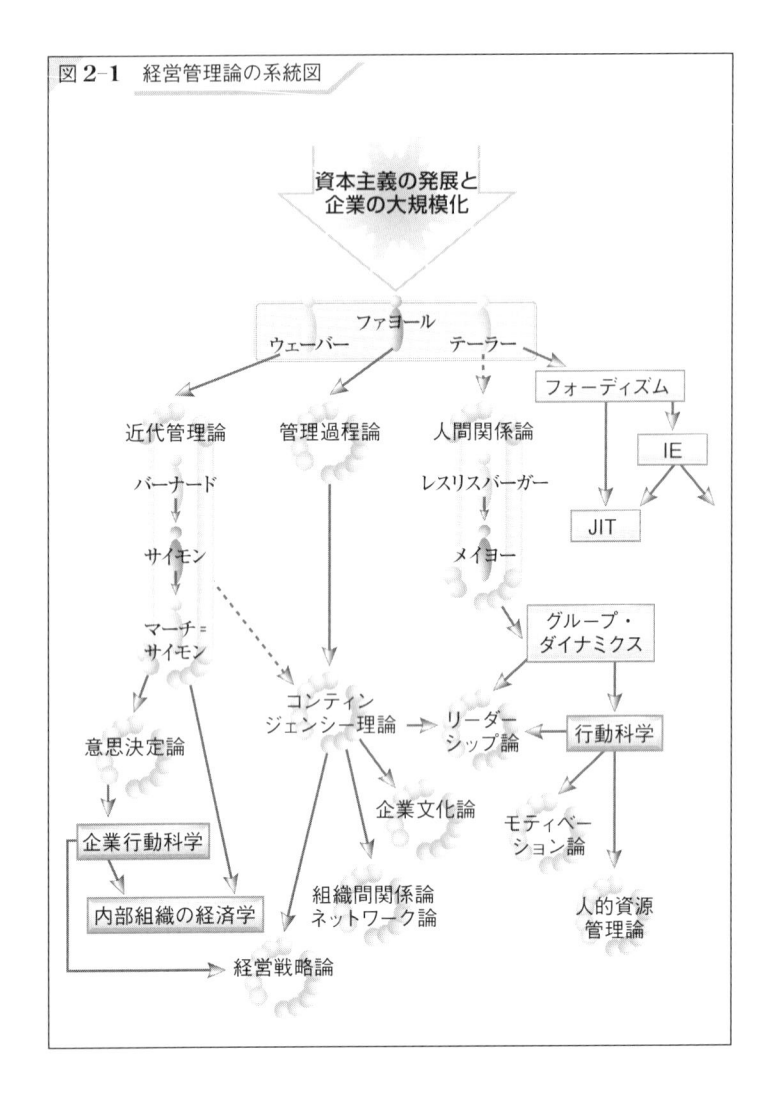

資本主義の発展と企業の大規模化

ファヨール
ウェーバー
テーラー

近代管理論
管理過程論
人間関係論
フォーディズム
IE
JIT

バーナード
↓
サイモン
↓
マーチ＝サイモン

レスリスバーガー
↓
メイヨー

グループ・ダイナミクス

意思決定論

コンティンジェンシー理論 → リーダーシップ論 ← 行動科学

企業文化論

企業行動科学

モティベーション論

内部組織の経済学

組織間関係論
ネットワーク論

人的資源管理論

経営戦略論

　ファヨールの管理論はアメリカで管理過程論として発展し，経営管理論の基本潮流になった。ビジネス・スクールの実践的な管理への志向に応えながら，管理過程論は多彩な知識や理論を付け

加えてきた。

　ウェーバーは経営管理に直接の影響を与えたわけではないが，その経営体の理解は，経営組織に骨組みを与えるものであった。これに生命を吹き込んで，壮大な理論として展開したのがバーナード（C. I. Barnard）であった。

　バーナード理論はサイモン（H. A. Simon）の意思決定論として継承され，近代管理論として発展した。制約された合理性の人間が行う意思決定をさらに解きほぐしたのが，マーチ（J. G. March）＝サイモンの『オーガニゼーションズ』（*Organizations*, 1958）であった。彼らの経営管理論は企業行動科学，アンゾフ（H. I. Ansoff）を嚆矢とする経営戦略論，さらに今日では内部組織の経済学などに継承されている。

　1960年代に入ると，一般システム論が経営管理論に大きな影響を与えた。システム論の相対的なアプローチに沿って，組織と環境との相互関係を実証的に探る研究からコンティンジェンシー理論が登場してきた。

　しかし，コンティンジェンシー理論の限界はすぐに明らかになった。環境からの影響を重視する静態的な理論であったからである。この点を克服すべく，経営主体の自律的な行動原理を問い直す研究展開が始まった。企業の主体的な環境適応行動の分析からは，経営戦略論，組織間関係論，ネットワーク論などが発展し，経営組織の主体的で独自な行動の分析からは，組織の活性化論やリーダーシップ論，企業文化論などが注目を集めているところである。

3 経営管理の諸理論
●実務センスが理論を発掘し,探究心が理論を磨く

科学的管理法と大量生産方式の展開

テーラーは,ノルマを切り上げ,労働強化をはかる資本家と組織的怠業を続ける労働者をみて,この悪循環を断ち切るべく,経営管理の命題を「高い賃金と低い工賃を同時に実現すること」においた。一見すると矛盾する命題を,同じ原材料・設備を用いながら実現するには,投入される労働力の質を高めて,同時に設備稼働率を上げて単位当たり原価を切り下げることが必要である。すなわち,単位当たりの生産性を高めることである。彼はそのために次の4つの原理からなる管理技法を科学的管理法として提唱したのであった。

(1) 課業の明確な割当て(大いなる1日の課業という仕事量)
(2) 課業の標準条件の設定(仕事の標準化,単純化,専門化)
(3) 率を異にする出来高払い制度(頑張れば報われるインセンティブ・システム)
(4) 課業遂行の水準設定(技能的に高度である仕事の質)

課業の量的基準と作業の標準条件を客観的に計測した結果に基づいて定めて(彼はこれを動作時間研究と呼んだ),それを賃金にリンクさせるという課業管理の方式は,格別に新規なアイディアではなかった。彼の独創は断片的な技法を体系的なひとつの管理技法にまとめたことにある。いみじくも科学とは組織された知識をさすと彼はいっている。

科学的管理法はあらゆる産業のあらゆる生産現場に導入され,成果をあげ,生産性革命とでも呼ぶべき産業発展を引き起こした。

Column ⑧ 経営はサイエンスかそれともアートか

　もし経営管理を知識として修得しただけで企業を経営できるならば、経営学者は最も望ましい経営者であろう。もちろんMBA（ビジネス・スクールの経営学修士）は、経営者をめざす人には必須の資格である。

　ところが現実はそうではない。経営学者が名経営者になった例は日本にはほとんどない。また松下幸之助、本田宗一郎、盛田昭夫などがビジネス・スクールで学んだということは聞かない。学歴無用論は盛田昭夫の持論であった。

　では、経営学を学ぶことは無意味なのであろうか。そうではない。日本ではよい会社といわれる企業ほど、教育に熱心であり、経営管理もその際の重要な科目になっている。企業は現場で身につける実践的な知識や熟練とあわせて、教育訓練の場で学習する専門的な経営の知識が必要であることを理解している。

　人間の大脳が論理的で知的な活動（サイエンス）をつかさどる左半球と、直感やセンスといった非論理的で情緒的な活動（アート）をつかさどる右半球から成り立っているように、経営にもこの2つが不可欠である。現場で学んで身につけた経営のセンスと、習って身につけた専門的な知識による合理的な思考が、現代の経営に要請されている。経営はサイエンスでもありアートでもある。経営学および経営管理論はその一翼を担うものなのである。

とくに自動車産業では顕著な成果をあげた。

　フォード社の創業者ヘンリー・フォード（Henry Ford）は生産工程の専門化、標準化、単純化をはかり、そこに**移動組立ライン**と呼ぶベルト・コンベアを導入して、今日の大量生産・大量消費の時代を切り開いたのであった。

　だが、科学的管理法は負の遺産も後世に残した。テーラーは課業を単純な肉体的な作業とその作業を計画し監督する側面とに二

分し,工場の管理組織を機能別職長制として編成することを提唱した。このことは現場の労働者から頭脳を奪い去り,人間を機械の一部のように扱うことを意味する。ベルト・コンベアのスピードに追い立てられて単純作業を繰り返す労働は,著しく人間性を疎外するものであることはいうまでもない。

また,機能別職長制は計画と監督を機能別に細分し,それぞれの専門的立場から作業を管理する方式であり,多元的な指揮命令系統が前提になる。これはあまりに複雑な管理であり,しかも命令一元化を阻害するものであった。

> 管理職能と経営管理の展開

管理とは何かをはじめて正面から問い質したのは,ファヨールであった。彼は従業員1万人を超える鉱山業や製鋼業を営む大規模会社のコマントリ・フルシャンボー鉱業会社(通称コマンボール社)の社長をおよそ31年間にわたって務め,採鉱技術の改革,高性能工場への集中,従業員の養成などの革新的経営で同社を立て直し,大いに発展させた名経営者であった(第1章の *Column* ④ 参照)。

彼はまず管理職能は他の本質的5職能(技術的,商業的,財務的,保全的,会計的な各職能)から明確に区別されるべき第6番目の本質的な職能であり,組織体のトップと構成員間で分担されるべき職能であるとして,管理職能の独自性を指摘する。管理職能の独自性は,他の職能が原料や機械あるいは資金の流れなど物理的対象に働きかけるのに対して,管理職能は主体的な人だけを対象にすることにある。

彼は管理(administration)するとは,計画し,組織し,命令し,調整し,統制するプロセスであると定義している。さらに管理を実行するのに必要な原則として,分業,権威と責任,規律,命令

の一元性，指揮の一元性，個人的利害の一般的利害への服従，公正な報酬，権限集中，階層組織，秩序，公正，従業員の安定，イニシアティブ，従業員の団結，の合計 14 からなる管理原則を列挙している。

ところで，彼のいう組織するとは，原材料，設備，資金，従業員など事業の運営に有用なあらゆるものを企業に備えることであり，ヒト，モノ，カネといった経営資源からなる物的有機体を構成することである。けっしてヒトだけの組織化ではないことに注意が必要である。しかし，彼はヒトの組織の重要性を認識しており，次のような編成原理を考慮すべきことを提案している。

まず，①1人の上司が直接に管理できる部下の人数には限りがあることに注意して，組織の階層化をはかること（後にアメリカで **統制の幅**〔span of control〕として概念化された），次に，②階層が多くなると垂直方向の情報伝達が非効率になるので，ラインを超えた水平方向の情報交換を認める臨時の渡り板を設けること，そして，③事業活動に不可欠な第一義的な職能を担うライン部門（生産や販売）とそれに専門的な知識を活かして助言したり支援するスタッフ部門（財務，総務，研究開発など）を区別し，ライン部門にのみ現業活動への指揮命令権限を認めること，などである。

このような編成原理でできあがる組織は，ピラミッド型の権限階層の **ライン・アンド・スタッフ組織** であり，企業の組織デザインの基本型ともいうべき機能別組織にほかならない。

ファヨールの管理論は実務経験に裏づけられたものだけに，説得的であり，現実によく合致している。実践志向の強いアメリカで彼の本が第二次大戦後に翻訳されて紹介されるや，多くの経営学者を引きつけ，いわゆる管理過程学派が形成されたのであった。

しかし，管理過程論では管理の統一概念を欠いたまま，管理プ

ロセスのサイクルをうまく回すための技法の集積が進んでしまった。このことはサイモンによって，管理過程論は矛盾した経験則の寄せ集めであると批判されるところとなった。

経営管理と経営組織 〈経営主体としての組織〉　アメリカは黄金の1920年代を通じて世界最大の経済大国にのし上がった。大規模化した企業は，激しい競争のなかで発展を持続するために，主体的な経営活動をどのように構築すべきかという課題に直面していた。

　実はドイツのウェーバーは，企業における経営主体としての組織の意義にいち早く気づいていた。前述したように，彼は工場における労働組織に，組織体としての経営機能を認めていた。そして，経営を営む組織体の合理的な管理構造として，プロシャの官僚機能を手本にした官僚制を構想して，産業組織が官僚制を発展させていく姿に資本主義の発展をとらえたのである。しかし，経済社会学者であったウェーバーは，経営の内実や経営管理の実体について立ち入ることはほとんどなかった。

　同じ頃，アメリカでは制度学派と称される左派経済学者のヴェブレン（T. B. Veblen），および彼の理論をさらに社会学的に推し進めたコモンズ（J. R. Commons）などが登場した。しかし，コモンズは永続事業体（going concern）という言葉を使って企業活動の実体概念を組織に認めるものの，経営の内実について管理的な観点から語ることは少なかった。

　この課題に本格的に取り組んだのは，アメリカの社会哲学者フォレット（M. P. Follett）であった。彼女は管理者と部下のパートナーシップに注目して，両者は組織の一員として共通の目的を共有しており，互いの活動と機能の相互依存関係のあり方が経営にとって重要であると考えた。したがって，管理者が部下を導くリ

ーダーシップは権限から生じるのではなく，リーダーの知識と能力の優位性から生じることを指摘し，共同体としての組織に経営の主体的な姿を見出そうとしたのであった。

〈バーナードの管理論〉　企業に内在する独自な行動原理を組織体に求め，組織の管理論をあますところなく展開したのがバーナードであった。彼はニュージャージー・ベル電信電話会社の社長としての自分の体験や，当時の先進的な研究者たちとの交流を基礎にして理論的な考察を推し進めた。

彼は，組織は人の生理的・認知的条件を克服するべく編成されるとして，それを2人以上の人々の意識的に調整された活動や諸力の体系としてとらえている。そのような組織では人々の**協働システム**（cooperative system）が成立しており，それが組織の主体的な活動の体系であり，経営の実体部分であるというのである。したがって経営管理の課題は，まず組織を成立させること，そして今度はそれが協働システムとして持続的に機能するように働きかけることになる。

このような組織が成立するには，共通の目的（組織参加者に共有される目的），協働への意欲（個人的な行為を組織の目的に沿う非人格的行為に変換し，組織の目的に貢献しようとする積極的な参加意欲），コミュニケーション・システム（指揮命令や情報が伝達される合理的な仕組み）の3つの条件が同時に成立しなければならない。

また組織が存続していくためには，この3条件に加えて，有効性と能率が確保されなければならない。有効性とは組織の目的を遂行する能力であり，能率とは組織の均衡を維持する誘因の提供能力である。また能率によって維持される**組織の均衡**とは，組織参加者（従業員はもとより組織外部の利害関係者も含む）が自分が組織に果たした貢献（contribution）よりも組織が提供する誘因

(inducement) のほうが大きいか等しいと感じるときに成立する誘因と貢献のバランス（I≧C）をさしている。

さらにバーナードは，組織の存続はそれを支配している道徳性の高さに比例するとして，協働システムに働きかける経営者に**道徳的リーダーシップ**（moral leadership）を求めている。道徳とは個人に内在する一般的・安定的な性向であり，とくに社会的に正当な信念や価値観に基礎をおく人格的諸側面のことである。

経営者は高潔な道徳に基づいた目的を掲げて，その目的に沿った信念を作り出すことによって，協働を促進する個人的意思決定を鼓舞するように人々に働きかけなければならない。経営者がこのような道徳的リーダーシップを発揮することによって，従業員は目的の意味を理解し，意思決定の主観的側面に一貫性をもつようになり，協働に必要な強い凝集力を生み出す個人的確信を抱くようになるのである。こうして協働システムは主体的に機能するようになる。

〈サイモンの意思決定論〉　バーナードの理論を継承し，さらに発展させたのがサイモンであった。彼は，管理とは物事をなさしめること（getting things done）であるが，その対象は人の意思決定にあることを明確にする。なぜならば管理活動は集団活動であり，集団の課業に対して組織的な努力を適用する技術が管理過程であり，その本質は意思決定のプロセスにほかならないからである。

管理者がとるべき行動は，組織の意思決定の機能を配分し，意思決定プロセスに働きかけて，それが組織的な意思決定として目的合理的に展開されるように影響力を行使することである。具体的には，意思決定権限の領域を明確にしたり，情報の伝達の仕組みや規則・手続き，さらにはインセンティブ・システムなどを通じて，人々の内面に形成される情報の蓄積である意思決定の前提

に働きかけることなどである。このことによって、人々の意思決定は組織目的に沿った組織的意思決定になり、組織は、あたかも意思をもった主体として経営活動を繰り広げることになるのである。

ちなみに、意思決定は**問題解決のプロセス**をさしている。まず、客観的な事実情報からなる事実前提と主観的な価値観を含む価値前提の両者に導かれて、問題が発見される。続いてその解決策である代替案を探求し、複数の代替案のなかから欲求水準を満たす最適な案を選択するというプロセスである。もっとも、ここで最適というのは、意思決定者の主観的な評価においてであって、客観的に最適なのではない。しかし、**限定された合理性**しかもたない人にとっては、最も望ましい選択であり、サイモンはこれを満足化の原則として重視する。

また1958年にサイモンはマーチと共著の『オーガニゼーションズ』で、組織の活動を意思決定という観点から包括的に論じることを試みている。とくにコンフリクトをはらみながら複雑に展開される組織の意思決定と、そこから生まれる組織のイノベーションを仮説の体系として整理している点は重要である。

意思決定論はその後の経営管理論の展開にも大きな影響を与えている。まず人間の制約された合理性に基づく意思決定モデルを企業レベルに適用した企業行動科学が、マネジリアル・エコノミクスの限界を克服するものとして提唱された。近年では制度派経済学を基礎に発展してきた内部組織の経済学が、この人間モデルを用いて市場での取引の失敗とそれに代わる制度としての組織の説明を試みている。また、組織を合理的な意思決定が行われるように編成される情報処理構造として把握する基礎理論として、コンティンジェンシー理論の展開の拠り所にもなっている。他方、

アンゾフはこの意思決定モデルを企業の環境適応にかかわる問題領域に適用して、経営戦略論の地平を切り開いている。

> 人の管理

〈人間関係論の展開〉　人間関係論の出発点になったのは **ホーソン実験** であった。これはハーバード大学のレスリスバーガー（F. J. Roethlisberger）やメイヨー（G. E. Mayo）らを中心にウエスタン・エレクトリック社のホーソン工場で、1924年から32年の長期間にわたって取り組まれた生産性と作業条件の関係を探る実験であった。

　科学的管理法の考え方によれば、作業条件の改善は作業能率の向上に結びつくはずであった。ところが作業室に集められた被実験者たちは、作業条件の変化とは無関係に作業能率を向上させてしまったのである。被実験者たちは自分たちが選ばれて実験に携わっていること、マネジャーをはじめ皆が注目していること、しかもこの実験が自分たちの処遇を改善するものであることなどを意識して（これらをホーソン効果あるいはハロー効果と呼ぶ）、作業集団に独特の人間関係を発展させていた。彼らの作業能率は、作業条件の変化という外的条件よりも、作業集団の人間関係に強い影響を受けていたのである。

　メイヨーはこの実験成果に基づいて、集団の人間関係という非公式組織のもつ側面がモラール（士気）に影響を与え、それが生産性に作用すると考えて、職場の良好な人間関係の発展を意図した管理を唱えた。彼の管理は科学的管理法に欠けていた人間的な管理であるとして広く歓迎され、数々の人間関係施策を発展させた。日本ではそれが手厚い福利厚生施策に結びついている。

　だが、人間関係論の問題点は明らかであった。最大の問題は、公式組織よりも非公式組織を重視し、従業員にあまりに人間的な配慮をすることが、本当の管理なのか疑わしいということであ

る。さらにメイヨーの主張は実証的にも疑いをもたれるようになった。非公式組織の人間関係がよいこととモラールの高さが一致するとは限らないこと,またモラールは測定が難しく,生産性に結びつくことが客観的に確認しにくいことなどが指摘されたのである。こうしてメイヨーの主張は砂糖のように甘い管理（sugar management）であると批判されるところとなった。

〈行動科学の展開〉　ドイツからアメリカに渡ってきたゲシュタルト心理学者レヴィン（K. Lewin）を中心に創設されたマサチューセッツ工科大学（MIT）の集団力学研究所は,厳密な科学的手続きによる実証研究を展開しながら,多くの行動科学者を巻き込んでいった。行動科学は急進展し,パーソナリティ,集団の特性,モティベーション,心理に影響を与える状況要因,上司と部下の関係,リーダーシップ特性などおよそ計量化しうる要因はことごとく測定され,それら要因間の関係についても順次明らかにされていった。

このなかでまず注目されるのは,オハイオ州立大学ビジネス研究所でのリーダーシップの2次元モデルやそれを発展させたマネジリアル・グリッド,あるいは日本における三隅二不二のPM理論,そしてリッカート（R. Likert）を中心にしたミシガン大学の参加的・民主的なマネジメント・スタイルの研究などである。

このほかにも,欲求の5段階理論を説いたマズロー（A. H. Maslow）,それを発展させたハーバード大学のマグレガー（D. M. McGregor）のX理論・Y理論,不満の原因ではあるがその解消が動機づけに結びつかない衛生要因と,その充足が動機づけになる要因とを区別したハーズバーグ（F. Herzberg）のモティベーションの2要因理論,個人の主体的な全体目標への関与とそれを支える集団のあり方を考えたアージリス（C. Argyris）など多彩な研究

が，1970年代まで続いたのである。

　近年はモティベーション理論やリーダーシップ理論を中心に，多数の要因の関係を探る精緻な研究が展開されている。フィードラー（F. E. Fiedler）のLPC尺度（最も苦手とする仕事仲間〔least preferred coworker〕への好意度）を用いたリーダーシップ・スタイルの条件適合理論，ヴルーム（V. H. Vroom）が切り開いたモティベーションのプロセス理論などが，その出発点に位置づけられるであろう。

　1980年代に入ると，行動科学の成果を活かしながら，人の動機的側面ばかりでなく総合的な能力を人的資源としてとらえ直すという，人的資源管理論が台頭してきた。近年では，人的資源の管理や展開を全社的な戦略展開に関連づけようとする戦略的人的資源管理論も試みられている。

> 組織のコンティンジェンシー理論

　1960年代には一般システム論が学問の方法論として，広範囲に大きな影響を与えた。その影響のもと，イギリスでは技術システムが組織の社会システムに影響を与えるという社会―技術システム論が台頭した。またバーンズ゠ストーカー（T. Burns and G. M. Stalker）は，エレクトロニクス部品分野に事業転換をはかって成功しているスコットランドの伝統的な織物業者を調べ，技術変化が速い場合には **機械的組織**（いわゆるピラミッド型の官僚制組織）よりも **有機的組織**（水平的に協働関係が発展した柔軟な構造）が有効であることを発見した。1970年代になると，アストン大学でウェーバーの官僚制概念を計量的に把握して，それをさまざまな外部条件に沿って類型化するという実証研究が展開された。

　他方，アメリカでも機能主義に立つ社会学者を中心に，システ

ム論的な組織の構造と機能をめぐる研究が相次いだ。経営学分野では伝統的な管理過程論が依然として優勢であったが、管理の仕組みを外部の条件に即して相対化し、条件適合的な管理システムを探るという試みが始まった。

ハーバード大学のローレンス=ローシュ（P. R. Lawrence and J. W. Lorsch）は、生産、販売、研究開発の3つの部門の組織特性と管理のあり方の適合関係について研究するなかから、組織が分化すればするほど、それを調整し統合する役割が管理の有効性を決めることを発見した。彼らは組織が直面する条件によって適合的な管理は変わるという考え方を明確化し、これを **コンティンジェンシー理論** と名づけたのであった。

コンティンジェンシー（contingency）とは、もともと偶発的な外部要因のことであるが、ここでは組織に影響を与える条件をさす用語として用いられている。日本でコンティンジェンシー理論を条件適合理論と呼ぶことがあるのはこのためである。

コンティンジェンシー理論の特徴は、「唯一最善の組織（あるいは管理システム）は存在しない」という経営管理の一般理論の否定と、「組織の有効性は環境条件との適合性に依存する」という条件性を明確にした個別理論の主張にある。

コンティンジェンシー理論は1970年代に入って急進展した。しかし、多様な環境条件が取り上げられ、管理や組織の仕組みも多様に分析されればされるほど、その限界と問題点が明らかになってきた。

最大の疑問は、経営組織は環境に受動的に適合するという、環境決定論にあった。実際の企業は、経営組織や管理システムの変革に時間をかけながら、環境条件にも働きかけて能動的に環境に適応しようとしていることを、コンティンジェンシー理論はう

まく説明できていないのである。この疑問に応えるかのように，1980年代になるとポスト・コンティンジェンシー理論と呼ばれる，組織の主体的な環境適応プロセスに焦点を当てた実証研究が展開されるようになった。

経営管理論の新展開　ポスト・コンティンジェンシー理論の展開とともに，経営管理をめぐる議論は新しい段階に入った。その基本的なテーマは，経営主体は環境適応的なダイナミズムをどのようにして生み出しているのか，またそれをどのようにマネジメントできるのかである。

新しい経営管理のテーマを解きほぐすには，人の主体的な行為，それらの集合的な営みが生み出す目に見えないソフトな構造などの理解が必要であるし，経営の主体的な環境適応を把握する分析枠組みを新たに開発しなければならない。

かくして，隣接する諸科学へと探求の領域を広げながら，経営管理論は新たな展開を開始した。環境適応の仕組みである経営戦略は，企業の中核能力の観点から再構築され，企業間関係やネットワーク関係を視野におさめるようになった。経営体としての経営組織については，企業文化論，組織の活性化論やリーダーシップ論，組織の進化論，経営組織の学習理論，さらには社会学的な自己組織論などが，自律的に環境行動を展開しようとする主体の論理を解き明かそうとしている。

演習問題

1 資本主義の発展と経営の展開にとって，工場が重要であった理由を述べてみよう。

2 ファヨールとバーナードの経営管理に対する考え方はどの

ように違っているのかを論じてみよう。
3 行動科学の特徴を整理して，経営管理に貢献した点を指摘してみよう。
4 コンティンジェンシー理論が生成してきた理由，理論的な特徴を論じてみよう。あわせてその限界を指摘してみよう。
5 意思をもって主体的に行動しようとする現代人にとって，望ましいマネジメントはどのようなものになるであろうか。望ましくないマネジメントと対比して，望ましいマネジメントがどのような特徴や条件を備えるべきか考えてみよう。また望ましいマネジメントを展開していると思われる企業を取り上げて，そのマネジメントの実態を調べてみよう。

参考文献 Bibliography

経営管理論の系統図に沿って読むべき本を取り上げれば，あまりに多くなる。そこでとくに重視すべき論者の代表書のみを紹介しよう。

F. W. テーラー（上野陽一訳編）［1957］『科学的管理法』産業能率短期大学出版部。

H. ファイヨール（山本安次郎訳）［1985］『産業ならびに一般の管理』ダイヤモンド社。

この2冊は，時代の息吹と経営管理の生々しさに溢れた必読の古典である。原著の出版は，前者が1911年，後者が1917年である。

C. I. バーナード（山本安次郎・田杉競・飯野春樹訳）［1968］『新訳 経営者の役割』ダイヤモンド社。

バーナーディアンと呼ばれるバーナード研究者は日本には多い。抽象的で難解ではあるが，それが百人百様のバーナード解釈を生み出している。彼の理論は1938年出版の本書にすべて集約されている。

H. A. サイモン（松田武彦・高柳暁・二村敏子訳）［1989］『経

営行動──経営組織における意思決定プロセスの研究』新版，ダイヤモンド社。

　サイモンは著作が多いが，バーナード後継者としての面目躍如なのは本書である。原著第3版の翻訳をあげる。なお，原著の初版は1947年，第3版は1976年に出版された。

J. G. マーチ = H. A. サイモン（土屋守章訳）［1977］『オーガニゼーションズ』ダイヤモンド社。

　本書は，組織の仕組みを理論的に解き明かしていて，展開されている仮説の1つひとつは未だに重みをもっている。前掲文献と同じく歯ごたえ十分であり，安易には読めない。原著は翻訳されている初版が1958年に出版され，その後1993年に第2版が出ている。

今井賢一・伊丹敬之・小池和男［1982］『内部組織の経済学』東洋経済新報社。

　経営管理論と企業経済学の中間領域を知るのに便利な，タイトル通りの好著である。

E. メイヨー（村本栄一訳）［1951］『産業文明における人間問題』日本能率協会。

　人間関係論の主張が語り尽くされている名著である。原著の出版は1933年。

三隅二不二［1984］『リーダーシップ行動の科学』改訂版，有斐閣。

　行動科学の展開は多彩で文献の量も多い。日本の行動科学者によるレビューを手がかりにこの分野に足を踏み入れることが混乱の少ない方法であるかもしれない。その手がかりとして本書が薦められる。

J. R. ガルブレイス = D. A. ネサンソン（岸田民樹訳）［1989］『経営戦略と組織デザイン』白桃書房。

　コンティンジェンシー理論は多様をきわめるが，本書はうまく整理されている。原著の出版は1978年。

野中郁次郎［1974］『組織と市場──市場志向の経営組織論』千倉書房。

　本書の前半では，コンティンジェンシー理論が依拠する先行研究や理論的立場が明解に述べられている。

第II部

環境適応の管理

第3章 組織のデザイン

第4章 経営戦略

第5章 資源の管理

第6章 組織間関係の管理

第**3**章 組織のデザイン

環境適応へ向けての構造設計

サマリー

　組織をデザインするとは，戦略を構想し，それに適した組織をかたどることである。したがって組織のデザインは，戦略的要素を多分に含むとともに，経営管理の大枠を定めることになる。そしてその大枠とは，まず組織の構造であり，次に役職とそれに付随する権限であり，第3に管理のプロセスである。

　このうち本章では，組織構造を中心に説明を行う。まず組織デザインの基本形として「機能別組織」が紹介され，設計のための諸原則とそれらによって引き起こされる問題点を明らかにする。次に，機能別組織に代わる組織として「事業部制組織」が紹介され，その長所・短所が吟味される。事業部制組織では，分権化が過度に進むと事業部間競争が激化し，そのことが企業全体としての統合度に支障をきたすことになる。他面，過度の集権化は，各事業部の自律性を損ないかねない。事業部制組織は，分権化と集権化の狭間で揺れ動くことになる。こうした問題に，日本企業としてはどのように取り組んでいるのか。日本企業の事業部制運営のあり方についても触れる。

　分権化されながらも，全体としての統合度を失わない組織をいかにすれば設計することができるのか。このことについては，「組織のヨコの連携」という観点からいくつかの方法論が紹介される。このヨコの連携こそ，いま，流動化著しい市場環境に適応するための組織デザインにほかならない。

Key Words

機能別組織　階層組織における「架け橋」　統制の幅　組織の垣根　事業部制組織　インベストメント・センター　プロフィット・センター　投資収益率（ROI）　「事業本部制」組織　「カンパニー制」組織　集権と分権　タスクフォース　マトリックス組織　マトリックス事業部制組織

1 機能別組織と管理諸原則
●組織デザインの基本形として

　組織とは、一般に、複数の人々の意識的に調整された活動体系である、といわれる。「意識的な調整」とは、平たくいえば、役割分担を定めることである。定められた複数の役割が各々確実にこなされてはじめてひとつの目的が達成される社会的状況が、組織であると言い換えても差し支えない。そしてこのとき組織全体の観点に立って、各々の役割は、「機能」(function) とも呼び換えられる。

　複数の人々が共通目的を効率的に達成しようとするとき、人々は自然と役割分担を定め、分業によって対処しようとする。こうした状況を経営管理理論および組織論では、「機能別」に組織化された活動と呼ぶ。あるいはまた「**機能別組織**」(functional organization) ともいう。

> ファヨールの貢献

　事業を営むために設立された企業とて、その初期状況においては、必ず機能別にデザインされる。この機能別組織が企業に適用されるとき、そのデザインの共通性を定式化した研究者としてファヨール (H. Fayol) の名をあげることができる。後に「アメリカ経営学の真の父」とも称せられ、アメリカの実業界ならびに学界に与えた影響は大きい。事実、彼の学説は後に学界において「管理過程学派」を形成し、アメリカにおける経営管理論のスタンダードなテキストには必ず取り上げられている。

　もともとフランスの炭鉱会社、コマントリ・フルシャンボー・ドゥカズヴィユの取締役社長であったファヨールは、1908 年に

開かれた鉱業協会50周年記念大会において,自らの30年に及ぶ経営者の体験を理論的に整理した内容の講演をした。そのときの講演内容が1916年に『産業ならびに一般の管理』という表題で協会の会報に掲載され,17年に同名の単行本として出版された。これが1949年に英訳されアメリカに紹介されると,経営実践に理論的な枠組みを与える書物として注目されるようになった。

ファヨールによれば,いかなる企業活動も,①技術活動,②商業活動,③財務活動,④保全活動,⑤会計活動,および,⑥管理活動といった6つの機能活動から成り立ち,それらが十全に機能するには,次の14にも及ぶ管理原則が必要となる。すなわち,ⓐ分業,ⓑ権威と責任,ⓒ規律,ⓓ命令の一元性,ⓔ指揮の一元性,ⓕ個人利益の全体利益への服従,ⓖ公正な報酬,ⓗ権限の集中,ⓘ階層組織,ⓙ秩序,ⓚ公正,ⓛ従業員の安定,ⓜイニシアティブ,および,ⓝ従業員の団結が,それらである。

これらのうち機能別組織のデザインにとりわけ密接に関連するのが,分業,命令の一元性,指揮の一元性,権限の集中,および階層組織の諸原則である。

分業というのは,研究開発(R&D),製造,購買,営業・販売,財務,人事・労務管理などの大枠の分割に始まり,現場作業レベルにおける役割分担に至るまで,要するに仕事の割振りのことである。ただ近代経営管理論発祥の地アメリカにおいては,ファヨールが念頭においていた分業よりも,熟練労働力が稀少であったという事由から,作業現場においてはエンジニアリング的色彩が強まり(*Column* ⑨「テーラーの科学的管理法」を参照),分業というよりも「課業の専門化」として理解されている。

命令の一元性の原則とは,ある活動の担当者は,1人の責任者からの命令のみを受け取らなければならない,という原則である。

Column ⑨ テーラーの科学的管理法

　南北戦争の終結とともに、アメリカ東部では急速な工業化が進展し、各企業は競って生産規模を拡大、巨大化していった。ところがヨーロッパからの移民の国アメリカにおいては、熟練労働力が稀少であり、このような状況での規模拡大は、企業にとって未熟練労働者を内部に大量に抱える結果となった。いきおい企業経営にとっては、業務管理の合理化を進めることが急務となった。

　そうした最中、業務管理の合理化にイノベーションをもたらしたのが、経営学の父と後に称されるテーラー（F. W. Taylor）であった。テーラーは、労働者たちが経営者の目を盗んでは職場ぐるみで怠ける「組織的怠業」の現実を目の当たりにし、その原因解明に努めた。調査から得たテーラーの結論は、労働者と経営者との間で、賃率についての客観的な基準が存在していない、ということであった。そこで彼は仕事の量と内容を客観的に規定する方法の開発に勤しみ、これを「課業管理」と名づけた。

　テーラーが課業管理においてまず手がけたことは、第一級の熟練労働者の作業を観察し、その作業はどのような単位動作から成り立ち、各動作にはどれくらいの時間を要するかを調べあげることであった。いわゆる「動作研究」と「時間研究」である。単位動作が特定され、それに要する標準時間が明らかになると、その動作を1日の労働時間内に反復した場合、1日の標準的な仕事量、すなわち課業が特定できることになる。そしてこのような課業は比較的単純な動作の反復となるため、熟練度はさほど問題とならず、未熟練労働者であっても操業可能となる。それゆえ課業を達成できない者は、要するに怠け者であり、そのような者が職場に現れないようにするために、テーラーは信賞必罰の意味合いを込めて、課業の達成度に応じ賃率が異なる「格差賃率出来高給」を導入した。

図3-1 階層組織

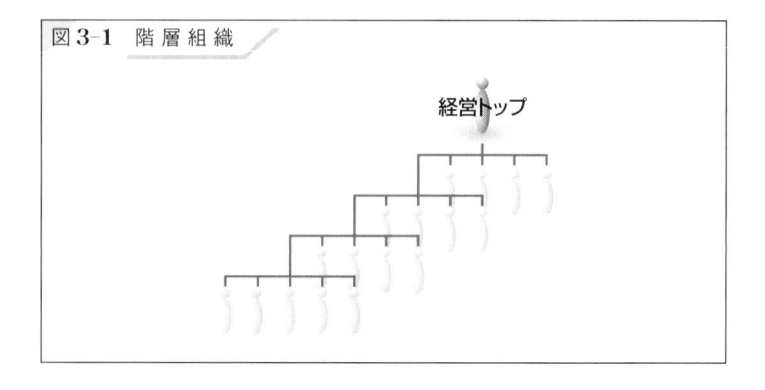

経営トップ

これを維持するには,おのずと命令・伝達経路を一元化する軍隊式の階層組織が必要となる（図3-1参照）。

次に指揮の一元性の原則であるが,これは命令の一元性の原則と明確に区別しておかなければならない。すなわち,指揮の一元性とは「同一の目的をめざす諸活動の全体について唯一の責任者と唯一の計画が存在する」（H. ファヨール〔佐々木恒男訳〕『産業ならびに一般の管理』未来社,1972年,50ページ）という内容の原則であり,経営組織にあって,ひとつの事業を実行しようとするとき,責任者は1人でなければならない,すなわち双頭の状況は避けなければならない,ということを強調するための原則である。

この指揮者が最終的な責任をすべて負うわけであるが,組織の規模が拡大するにつれ,下位者に意思決定権限を委譲していかなければ,彼（彼女）はやがて行動麻痺に陥ってしまう。権限を委譲するとき,問題になるのは,どこまで任せられるか,あるいは任せることができない臨界点はどこか,を明確にすることである。このような集権および分権の程度を見極めること,あるいは役職に応じてどの程度権限を委譲するかを定めること,が権限の集中に関する原則である。

図3-2 ファヨールの「架け橋」

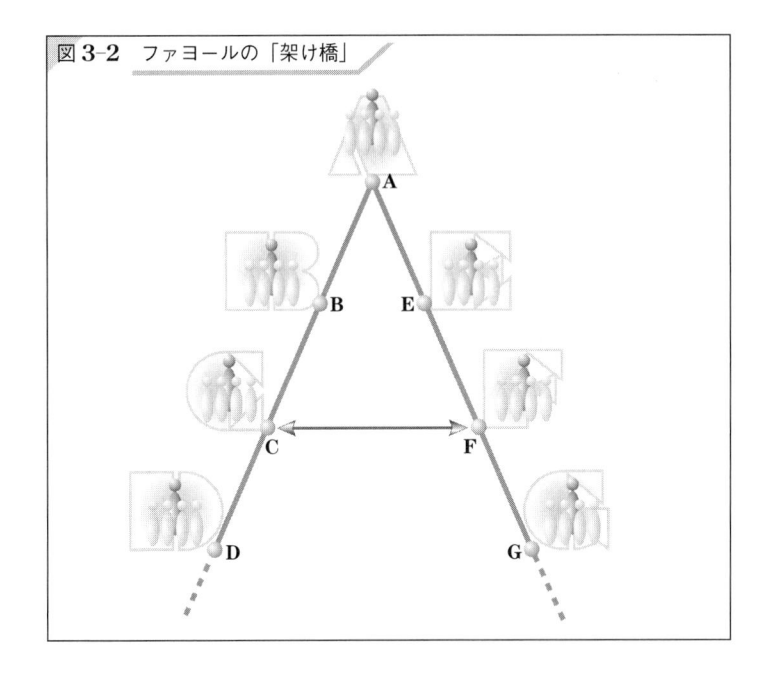

　分業ないしは課業の専門化を通じて組織は、タテ割りに構成され、指揮の一元性のもと命令の一元性を保守するため、組織は階層化され、階層ごとに権限が付与されていく。このようにして構成される階層組織において、情報伝達の効率性を高めるには、いわゆるヨコのつながりが重要である、とファヨールは主張する。このヨコの連絡を彼は**階層組織における「架け橋」**（**図3-2**参照）と呼び、階層組織の原則として強調する。

　最後に、ファヨールの諸原則のなかには明示されていないが、命令の一元性の原則を補強するために、アメリカの管理論においては、「**統制の幅**」（span of control）の原則が明示される。この原則は、組織において1人の上司が直接指示する部下の数を限定する原則である。すなわち、人間の注意の範囲の限界から、1人の

第3章　組織のデザイン　69

個人が統制できる人間の数は、課業内容に応じて異なるが、経験則から5人ないし6人であるといわれている。この経験則を組織のデザインに適用したのが、統制の幅の原則である。ところがこの原則のために、組織の規模が拡大するとき、機能別組織はその柔軟性が奪われることになってしまうのである。

機能別組織の限界　統制の幅の原則は、たとえば1000人からなる集団が存在した場合、集団としての意思決定を迅速化するには、1000人が個々バラバラに意見を述べあうよりは、10人ごとに1グループを構成して代表者に意見を集約させ、さらにその代表者10名からなる代表者会議において、調整役としての議長を設け意見を調整したほうが効率的になる、という経験則にも立脚している。すなわちこの原則は、部下の統制効率と組織全体の意思決定効率の両面にまたがる原則である。

ところが、統制効率の観点から部下の人数に制限が設けられるため、この原則に従う組織がその規模を拡大しようとするとき、階層数を増加させざるをえなくなる。階層数の増加は、単一の製品・サービスを大量に製造し販売しているときのように、組織を流れる情報が比較的定型的で単純な場合はさほど問題にならないが、複数の製品・サービスを提供したり、あるいは複数の地域にまたがって製造・販売を展開するようになると、情報の複雑性が増し、組織全体として「コミュニケーション・ロス」を招くことになる。

たとえ「架け橋」によってヨコの連携をとろうとしても、階層数が増加すれば架け橋の数も増加し、どのレベルで調整された情報であるのかが組織にとって不明瞭となり、結局、組織全体が混乱しかねない。要するに階層数の増加は、組織の情報処理能力を

低下させてしまうのである。

　それだけではない。トップ・マネジメントにとってこうした状況を避ける手だては2つしかなく、それはトップ・マネジメントが中枢としての役割を一部放棄して自ら情報収集に奔走するか、あるいは下位者に対して権限委譲を進めるか、のどちらかである。もちろん前者には限界があり、多かれ少なかれ、権限委譲は進むことになる。そうなった場合、トップ・マネジメントは各機能部の内実に疎くなり、それを逆手にとって、各機能部は自らの利益を優先しだす。すなわち「**組織の垣根**」が顕在化しかねないのである。

　機能別組織がその規模を拡大するにもかかわらず、これまで通りの原則に従って運営していけば、組織としての情報処理能力を低下させることになり、その結果、トップ・マネジメントの機能低下および／あるいは部門間対立を惹起しやすくなる。こうした状況を抑制するには、新たな組織のデザインが必要となる。そこで導入されるようになった組織形態が、事業部制組織にほかならない。

2 事業部制組織の登場
　　　　　　　　　　　　●部門管理の標準化をめざして

　チャンドラー（A. D. Chandler, Jr.）の事例研究からも明らかなように、たとえば火薬・爆薬メーカーであったデュポン社は、第一次大戦後、火薬・爆薬の需要減を予想し、化学製品の多角化をめざした。工場が複数の地域にまたがり、また流通経路も複雑になるにつれ、機能別組織では対応しきれなくなり、**事業部制組織**を導入することになった。事業規模および範囲の拡大は、企業に

事業部制組織への移行を促すことになる。

> 事業部制組織の設計理念

　　　　　　　　　　　事業部制組織をデザインする際の理念型は、まず事業部と本社ないしは本部が区別される。事業部は、製品・サービス、地域、顧客、あるいは市場ごとに利益責任をもたされ、その内部は製造や営業などの機能別に下位組織が編成される。そして以下では、説明の簡便化のために、製品事業部を念頭において話を進めていく。

　本社が、どの程度権限を事業部に委譲しているかは、スタッフ部門の事業部への配置によって窺い知ることができる。スタッフ部門は、製品の製造・販売に直接関係するライン部門を後方支援する機能を担っており、研究・開発 (R&D)、財務、人事・労務、企画等によって構成される。これらスタッフ機能の種類および範囲において本社から委譲される程度が多ければ多いほど、権限委譲が進んだ事業部制だといえる。

　図 3-3 にあるように、R&D のみならず、経営企画に至るまでほぼすべてのスタッフ機能を有している事業部は、資本面での制約はあるもののほぼ自主的に事業を営むことができ、本社からみれば、一種の「投資先」のように映り、**インベストメント・センター**とも呼ばれる。それはあたかも内部で資本金が割り当てられた子会社のように扱われる。

　他方、本社に権限が集中する事業部制では、事業部にスタッフ機能はあまり設置されず、各事業部は製造・販売に特化することになる。さらに製造における合理化の観点から、複数の事業部の製造を 1 つの工場に集約して、事業部とは別にコスト・センターを配置することもある。この場合、各事業部は製品企画および販売に重点をおく**プロフィット・センター**として機能し、その実

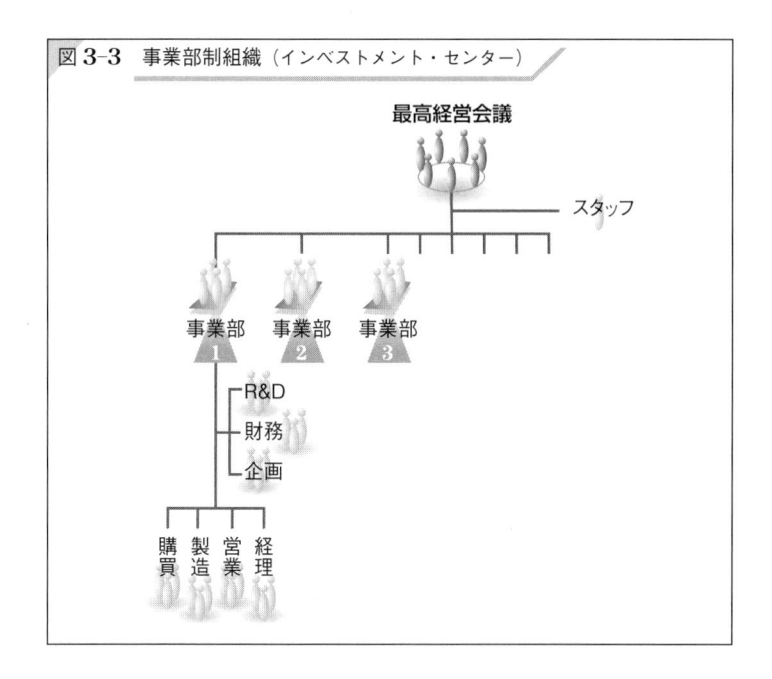

図3-3 事業部制組織（インベストメント・センター）

績に応じて予算が配分される。

　事業部制組織の運営の基本は，それがインベストメント・センターであれ，プロフィット・センターであれ，各事業部に配分した資金がどれだけ利益を生み出しているかを示す**投資収益率（ROI）**によって各事業部が評価されることである。もちろんインベストメント・センターの場合，株主資本利益率（ROE）によって評価されることもあるが，基本はROIである。

　最高経営会議はマーケティング・データとアカウンティング・データをもとに各事業部の事業内容を評価し，優先順位に応じて資金を各事業部に配分していく。したがって，最高経営会議は投資収益率といった標準化された評価尺度を用いることによって意思決定を迅速にこなしていけることになり，同時に組織の規模

第3章　組織のデザイン

を拡大するときも階層数を増加させることなく，組織（この場合，事業部）を水平的に追加していけることになる。

> 事業部制組織のメリットとデメリット

事業部制組織のメリットとしては，上でも述べたように，ROIを意思決定基準に採用することによって，トップ・マネジメントの意思決定が迅速になることと，組織の規模拡大に対しても階層数を増加させることなく，水平的な拡張で対応することが可能となることがあげられる。前者について簡単に説明を付け加えれば，トップ・マネジメントの意思決定様式がROIによって標準化されれば，ちょうど数学の客観テストから順位づけを行うのと同じように，事業部数が多少増えたとしても，予算配分の順位づけに手間取ることはない。

　事業部制組織のメリットとしては，次に予算配分をめぐる事業部組織間での競争促進をあげることができる。すなわち，ROI基準に応じてトップ・マネジメントは，各事業部に予算を配分していくわけであるから，当然のことながら，事業部間での予算獲得競争は促進され，採算性の高い事業を各事業部は計画するようになる。金融面からみた経営の効率化が進むのである。

　そして分権化が進んだ事業部制組織では，継続的に好業績をあげているインベストメント・センターを分社化し，その株式を公開することによって「創業者利得」を享受することも可能となる。あるいはまた，新規市場に参入するために別会社を傘下に加えることも，また業績の芳しくない事業部を売却することも容易になる。要するに，分権化が進んだ事業部制組織では，各事業部の独立性が高まることによって，本社としてはあたかも信託銀行のように金融面から事業部をコントロールするようになる。その最も進化した形態が，いわゆる「純粋持株会社」にほかならない。

しかし，本社が金融機関的な色彩をあまり強く打ち出すようになると，次章の「経営戦略」のところでも詳しく説明するが，ROIにこだわるあまり，長期的な視点に立った経営を展開できなくなる。つまり，企業としての将来ビジョンよりも目先の利益を優先するようになるのである。そしてこうした傾向は，事業部への権限委譲が進みかつ事業部数が増加するに従って顕著になり始める。それゆえ管理会計の領域では，こうした問題に対処するために，ROIに代わる尺度を模索する動きがある。

　次に，分権化が進んだ事業部制組織のデメリットとしては，各事業部の独立性が高まるあまり，事業部組織間で組織の垣根が顕在化し始めることをあげなければならない。たとえば，ある事業部で開発されたR&Dの成果を他の事業部が利用したくてもできないとか，あるいは逆に同じようなR&Dを複数の事業部が行い，本社からみれば重複投資になるとか，さらには事業部間で製品開発や顧客の取合いを演じるとか，組織の垣根に関する例は事欠かない。

　では分権化を進めていない事業部制ならば，デメリットはさほどないかといえば，そうでもない。まず集権的な事業部制は，トップ・マネジメントの事業部への関与も多いだけに，機能別組織と同様，組織の規模拡大に制約が加わる。

　それよりも問題なのは，R&D部門の維持費をはじめ共通費として各事業部が本社に支払っている「全社共通費」（overhead cost）の取扱いである。集権的な事業部制であれば，それだけ全社共通費は膨らむことになる。しかしこれらを明確な基準で各事業部に分担させられないところに問題がある。R&Dの成果ひとつをとってみても，ある成果が現在ある事業部に利用され高収益を上げていたとしても，その成果が出るまでの間にかかった

R&D費用をこの事業部だけで負担してきたということはありえない。

　もちろん，事業部が本社のR&D部門に委託研究費を支払って特定の研究を進める場合は，こうした問題はある程度緩和される。しかしR&D費用がすべて委託研究費で賄えることはありえず，あるいは全社的なビジョンから特定の研究を推し進めていく場合でも，どうしても全社共通費として事業部頭割りで負担せざるをえなくなる。そうしたときに負担以上に恩恵にあずかる事業部が出てくれば，そうでない事業部も出てくる。そのとき恩恵にあずかれない事業部のモラール低下は必至となる。

3 日本型組織デザイン
●その特殊性と普遍性

　1933年に松下電器（現・パナソニック）が事業部制を導入して以来，日本の大企業はこぞって事業部制に移行し始めた。ただ日本企業の事業部制は，アメリカ企業のそれと比較すると集権的なものであり，かつ機能別組織の面影を残しているところにその特徴がある。つまりアメリカ企業の事業部制がほとんどインベストメント・センター制であるのに対して，日本企業の場合は，製造事業部あるいは営業事業部といったように以前の機能部をそのまま事業部と呼び代えた組織を本社に直属させ，コスト・センターあるいはプロフィット・センターとして機能させている例が少なからずある。

　日本企業がこうした組織デザインを選ぶのは，アメリカの企業と比べて，生産量が少なく営業エリアが小さかったことと，企業成長のパターンがM&Aを中心に垂直的ないしは水平的な統合に

よるのではなく，自社の経営資源の多角的利用によるいわゆる「関連事業多角化型」であることが大きい。つまり利益責任を明確化するために事業部を区切ったとしても，特定の機能部を分散させずに集約しておいたほうが，「規模の経済」が得られたのである。

事業本部制組織　関連事業多角化による成長を遂げている場合，ある事業部の規模が拡大し始めると，全社的なバランスからその事業部を複数の事業部に分割する措置がとられやすい。もともと1つの事業部であったこれら複数の関連事業部は，仕事の進め方だけに限らず，顧客，サプライヤーなどを共有していることが多く，同質的な競争に陥りやすい。社内における同質化競争の問題点は，それが熾烈を極めるだけでなく，協働のメリットを著しく低下させることにある。

それに加えて特定の事業領域が拡大し始めると，その領域だけに関連するR&D費用とそれ以外のR&D費用との区分が容易になる。それにもかかわらず，すべてのR&D費用を全社共通で負担することは，利益責任の明確化をめざす事業部制の理念と反することになる。

そこで上記2つの問題点をクリアするために，日本の企業ではしばしば**「事業本部制」組織**が導入される。事業本部は密接に関連する複数事業組織を統括するだけでなく，それらの事業に関連が深いR&Dを事業本部下に置く。そうすることによって，全社共通で負担しなければならないR&D費用は，全社的に関連する，あるいは将来必要になると考えられる基礎研究領域の費用だけとなり，それ以外の個別事業領域に関連する応用研究開発費については，各事業本部が負担することになる。

事業本部長は，ROI基準とは別の観点から，すなわち事業本部

組織全体の観点から，管轄事業部間の分業調整を行う。そのため事業本部下にある事業部は，ROI 基準だけで運営されるときよりも，集権的にコントロールされることになる。

こうした事業本部長による集権的なコントロールによって，その本部下の事業部間での同質化競争は避けられることになる。しかし，ここにまた別の新たな問題を引き起こす蓋然性も否めない。つまり事業本部制組織を導入することは，最高経営会議の構成メンバーと事業部長との間に事業本部長という役職を設けることになり，この職の位置づけが微妙になる。

分権化が進んだ事業部制組織では，最高経営会議が戦略策定をはじめ投資額の決定など，いわゆる経営における頭脳として機能し，他方，事業部長が現場での最高指揮官としてその任務にあたる。つまり，両者の間では役割分担が明確である。ところが，これらの役職の間に「事業本部長」という職が介在してくると，通常この職は最高経営会議のメンバーの誰かによって兼務されるため，彼（彼女）はどちらのスタンスで意思決定を行えばよいのかが，問題となってくる。

最高経営会議のスタンスで意思決定を行えば，事業本部長としての機能は，統括事業部間の事業計画に関連する部分だけの調整にとどまり，事業本部長を設置した本来の意味合いは薄れる。他方，事業本部長が事業部側に立って意思決定を行うようになれば，統括事業部間での意思統一は進むが，最高経営会議における彼（彼女）のスタンスは，所属事業本部の利益代表者のようになり，最高経営会議の ROI に基づく意思決定様式に歪みを与えかねない。そして後者の側に傾くのが，一般的である。

> カンパニー制組織

事業本部制の問題点は，集権的な事業部制組織がその規模を拡大しようとすると

き，結局，事業本部長という役職を設けることによって階層数を1つ増やしてしまい，事業部制の本来のメリットが損なわれてしまうところにある。このような状況に対応するために考え出された組織デザインが，「カンパニー制」組織にほかならない。

　カンパニー制という名称は，もともとはソニーが1994年4月から導入した組織体制に付けたそれである。しかしカンパニー制は，アメリカ企業の事業部制に多くみられる，分権化が進んだインベストメント・センターと変わりがない。ただソニーの導入後，三菱化学，旭硝子をはじめ，三菱商事，住友商事，それに日立製作所などが，擬似的ながらもカンパニー制を導入しつつあり，日本のリーディング・カンパニーに与えた影響は大きい。それゆえ，以下で簡単に紹介することにしよう。

　ソニーは1983年に採用した事業本部制が細分化されすぎ（事業本部19，開発本部8，営業本部11），最新の市場動向を把握できず商品開発力の弱体化を招いている状況に対処するため，市場別に事業単位をコンスーマーAVカンパニー，コンポーネントカンパニーなど8つの「カンパニー」に再編した。各カンパニーにはそれぞれ内部資本金が割り当てられ，その長たる「プレジデント」の決裁権は，事業本部長時代の5億円から一挙に10億円にまで引き上げられた。一言でいえば，社内カンパニー制の特徴は，市場別の事業組織，内部資本金の設定，加えてプレジデントに対する大幅な権限委譲である。

　各カンパニーに権限委譲することによって，トップ・マネジメントは戦略策定と役員人事だけに専念でき，各カンパニーの評価もROEをもとにROIやキャッシュ・フローを中心に行われる。まさにアメリカ型のインベストメント・センター方式にほかならない。

ところが,このカンパニー制が1996年4月にまた再編された。その概要は8つのカンパニーを10に細分化・再編し直したこと,商品開発および営業部門を各カンパニーから分離し本社に統括したこと,および特定領域のR&D部門を新設し本社に配属したことである。要するに,動きの激しい市場動向への対応と,今後続くであろう業容の再編を容易に進め商品開発力を向上させるために,本社の集権度を上げたのである。

　事業部制はカンパニー制に限らず,常に**集権と分権**との間で揺れ動く。松下電器にしても,1972年に事業本部制は事業部制に転換され,75年にまた事業本部制,78年に事業部制,84年に事業本部制,そして94年にまた事業部制へと行き来している。要は分権化による組織の垣根の顕在化とそれを回避するための集権化,逆に集権化による意思決定の遅延とそれに対応するための分権化,この2つの異なるベクトルの間で事業部制組織のデザインは揺れ動くのである。

4 組織のヨコの連携
●競争優位の確立へ向けて

　分権化することによって発生する組織の垣根を低くするために集権化することは,問題解決の本質から外れている。組織の垣根を低くするには,それこそファヨールが主張していたように,本来なら,「架け橋」によってヨコの連携を密にとるようにすることが肝要である。そして,ヨコの連携を密にとるような組織デザインがなかったわけではない。以下では,それらを簡単に紹介しよう。

| タスクフォースおよび
| チーム制

タスクフォース，すなわち特命部隊は，5ないし6，あるいはそれ以上の機能部門間にまたがる共通問題を解決するために組織される。タスクフォースは，影響のある部門それぞれから選出された代表者によって構成され，彼（彼女）らはフルタイムでタスクフォースに属する者もいれば，パートタイムで属する者もいる。そして彼（彼女）らは任務が完了した時点で，元の部門に戻される。

　タスクフォースがうまく機能すればするほど，階層上層部が日常業務にかかわる煩雑な諸問題から解放され，戦略的決定に専念できるようになる。もちろん機能部門間のヨコの連携も強まる。ただ専門家集団であるタスクフォースは，ややもすれば費用を度外視した解決策を選びがちになり，その正否は「統合職」(integrator) の個人的力量に依存せざるをえない不安定さは否めない。

　さらに，タスクフォース人員と母体機能部との関係も常にうまくいくとは限らない。すなわち，余剰人員を抱えていない部門がタスクフォースに人員をとられれば，日常業務に支障をきたすことになるであろうし，またひとたびその人員がいない状態で日常業務が回り出すと，今度は逆に，彼（彼女）がタスクフォースの任務を終えた後に戻るところがなくなりかねない。そしてこうした傾向は，業績が芳しくないときにより顕著となる。

　チーム制とタスクフォースとの違いは，本質的にはほとんどない。環境の不確実性が増し，組織横断的な問題が増加するにつれ，小規模で一時的なタスクフォースでは手に負えなくなる。そのとき規模を拡大させ，より長期間にわたるチーム制組織が求められることになる。したがって，チーム統合職の権限のほうがタスク

図3-4 マトリックス組織

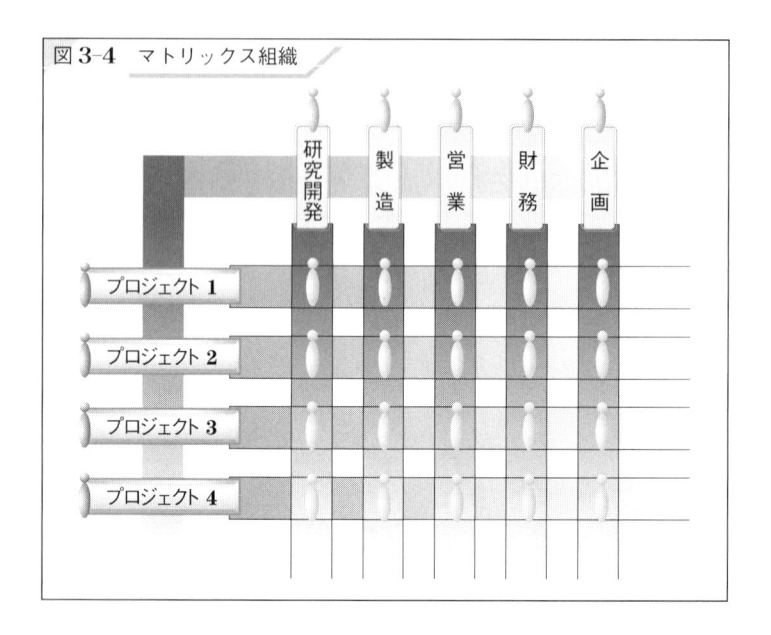

[図：縦軸にプロジェクト1〜4、横軸に研究開発・製造・営業・財務・企画の機能部門を配したマトリックス組織図]

フォースのそれよりも大きく、職位の高い者がつくことが多い。

マトリックス組織

全社的なプロジェクト・チームがいくつか同時に走り出すと、機能別組織は**マトリックス組織**へと変化することになる。チーム制組織をトップ・マネジメントに直属させ、部門間にヨコ串を通すために開発された組織デザインがマトリックス組織である、と言い換えてもよい。

図3-4に示されるように、各機能部からメンバーが集められ、1つのプロジェクト・チームが形成される。統合職にはトップ・マネジメントが張り付き、チームメンバーを統制し、彼（彼女）らに業務遂行の報告義務を課す。ただ彼（彼女）らは、元の所属部門の経営資源を利用するため、その部門の上司に対しても、業務遂行の報告義務を負うことになる。つまり彼（彼女）らは2人

のボスに仕えることになる。

　このことは第1節で述べた「指揮の一元性」の原則から逸脱することを意味する。そのことよりもこの組織の最大の弱点は、チームメンバーが結局誰に評価されるのかが、不明瞭な点にある。つまりいくらプロジェクトに貢献しても、プロジェクト・マネジャーの評価が、やがて戻ることになる元の所属部門のマネジャーの評価につながらないと、チームメンバーの貢献意欲は低下せざるをえない。

　この組織の問題点は、端的にいって、機能部間にフォーマルなヨコ串を通すには、マネジャー間のヨコの連携が必要である、といった自家撞着に陥っていることである。こうした問題を回避するために、最近、考案された方法としては、「内部振替価格制」がある。つまりプロジェクト・マネジャーがチームメンバーを各部門から集める際に、あらかじめその個人の使用単価を部門マネジャーとの間で定めておく、という方式である。しかしこれにしても、プロジェクトがすぐに収益を上げられるような例を除いて、さほど有効には機能していない。

ビジネス・プロセス・リエンジニアリング

　ビジネス・プロセス・リエンジニアリング（BPR）は、提唱者であるハマー=チャンピー（M. Hammer and J. Champy）によれば、原価削減、品質・サービスなどの向上をはかるべく、業務体系を根本的に見直し再設計することである。そしてその方法としては、企業内LANあるいはイントラネットを活用し、事業部内の機能組織間の連携を密にすることである。

　具体的に例をあげて説明しよう。あるメーカーはこれまで需要予測を立て、見込み生産を行っていた。在庫を抱えることもあれば、逆に品切れになることもあった。それでは在庫コストや機会

損失を被らざるをえなかった。需要予測が営業の経験と勘に頼っていたためである。そこで営業活動の情報がすぐさま工場に流れるような情報システムが構築された。こうすればある期間に売れた量だけ追加生産でき，在庫コストと機会損失は減少することになる。

　BPRを可能にしたのが情報技術の進歩であることはいうまでもない。ファヨールの「架け橋」を情報ネットワークが担うのである。情報技術の進歩は単にBPRを生み出しただけではない。組織デザインのあり方さえも変えようとしている。正確にいえば，情報技術の進展によって，組織デザインが変わり，そのひとつとしてBPRが開発されたといっても過言ではない。

　企業内LANないしイントラネットは，その上を走るグループウエアというソフト開発により，これまで5人ないし6人といわれてきた統制人数をかなりの人数にまで拡大させた。統制可能人数が増えれば，当然のことながら，組織階層はフラット化し，意思決定が迅速に行われるようになる。それに加えて，BPRで行われているように，LANないしはイントラネット上で部門間共有のデータベースを構築すれば，ヨコの連携もおのずと密になる。その意味において情報システムは，集権化による組織の硬直化と分権化による部門分裂を解消してくれるようにもみえる。しかし問題がないわけでもない。

　それは第1に，情報システムはあくまで機械的なシステムであるため，ひとたび構築してしまうとなかなか容易に変更できない，という問題点を抱えている。環境の流動化が著しい今日，それに合わせてシステムを対応させていくにはかなりのコストを払う必要に迫られる。コストは単に金銭的なものだけではない。そのシステムに習熟するまでに要した労働投入量をも考慮に入れておか

なければならない。

　第2に，情報技術がいくら進んでも，それを用いて意思決定をするのは人間であるという事実に注目しなければならない。情報技術はたしかに組織内外の情報伝達を効率的にし，そのことによって企業にとっては，これまでほどの人員を必要としなくなり，コスト削減につながった。最近の情報技術では，パーソナル・コンピュータと通信回線さえあれば，いつでもどこでも情報処理・意思決定ができるようになってきてはいるが，そのことが逆に個人が処理しなければならない情報量を膨大にさせているのも事実である。人員の数が減りかつ彼（彼女）らの処理能力の限界まで情報が増えた瞬間，企業にとって誤った意思決定が行われる蓋然性は高まらざるをえない。

マトリックス事業部制組織

　最後に，情報システムといった通信ツールに依存するのではなく，デザインの面からこれまでの事業部制組織の限界を超克しようとしている組織タイプを紹介しよう。「**マトリックス事業部制組織**」（matrix divisional organization）と呼びうるデザインがそれである。

　もともとは重電や建設プラントなどを手がける，スウェーデンに本社があるアセア・ブラウン・ボベリ（ABB）によって導入された組織ではあるが，運営面において若干異なるものの，日本では三菱重工業が同様の組織をABB以前から敷いている。

　ABBのマトリックス事業部制では，**図3-5**からわかるように，製品別事業部群と地域別事業部群が縦・横の2軸を構成し，さらにその各クロスセクションは利益責任をもって独立会社のように行動する。製品別事業部は製品開発を統合的に手がけ，地域別事業部は顧客開拓・管理を担当する。

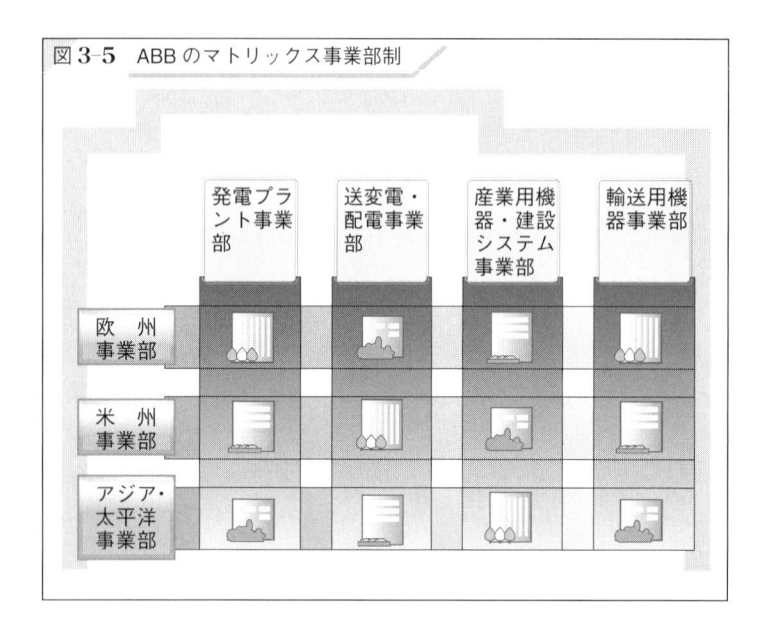

図3-5 ABBのマトリックス事業部制

	発電プラント事業部	送変電・配電事業部	産業用機器・建設システム事業部	輸送用機器事業部
欧州事業部				
米州事業部				
アジア・太平洋事業部				

　この組織デザインの要点は，これまでの製品別，地域別，あるいは市場別といった一元的な括りではなく，製品別と地域別との二元的な括りにすることによって，いやがうえでも事業部間にヨコ串を通してしまうところにある。もちろんクロスセクションは，2人のボスに従うことになり，いきおい「指揮の一元性」の原則は，無視されているかのようにみえる。事実，2人のボスの間で意見の食い違うこともしばしばある。しかしそのような場合は，最高経営責任者，いわゆるCEOが最終的に調整することになり，その意味において指揮の一元性の原則は崩れていない。

　こうした若干のデメリット以上に，この組織デザインのメリットとしては，事業部組織間にヨコ串を通しうることはもちろんのこと，今後予想されるグローバルな市場展開に適していることがあげられる。すなわち製品開発については，グローバルに統合的

に押し進め，顧客開拓・管理ではローカルに動く。このような行動を可能にする組織がマトリックス事業部制にほかならない。

演習問題

1 機能別組織と事業部制組織のそれぞれの特色を整理してみよう。

2 組織の垣根がどのような状況のときに発生してくるのか，そしてそれを抑制するには，どのようなデザインが必要になるかを考えてみよう。

3 日本企業の組織デザインを検討し，今後どのような方向に進むかを議論してみよう。

4 日米のビジネス界において話題の書となった『知識創造企業』(野中郁次郎・竹内弘高，東洋経済新報社，1996年）によれば，ビュロクラシーとタスクフォースを統合しうる組織デザインが，いま最も求められている。そこでのビュロクラシーとは，階層化された組織構造全般をさし，機能別組織も事業部制組織も含まれている。他方，タスクフォースは，本文中でも説明したとおり，複数の部門間にかかわる共通問題を解決するために，テンポラリーに組織される専門家集団のことである。

「ビュロクラシーの逆機能として，組織内部の抵抗，繁文縟礼(レッド・テープ)，緊張，責任回避，手段の目的化，所属部署中心主義(セクショナリズム)などを挙げることができる。……タスクフォースは，まさしくそのようなビュロクラシーの弱点に対処するために作られた組織構造である。それは，柔軟で適応力があり，ダイナミックで参加志向である。……しかし，タスクフォースにも弱みがある。その時限性から，タスクフォース・チームで創られた新たな知識は，プロジェクト完了後ばらばらになり，ほかの組織成員へは容易に伝わらない。したがってそれは，知識を

組織全体に幅広く伝えながら連続的に利用するのには不向きである。多数の小規模なタスクフォースだけで構成された企業組織は，企業全体のゴールやビジョンを設定し達成する能力がないのである。」(前掲書，242-243 ページ)

そこで野中・竹内は，「ハイパーテキスト型組織」を提唱する。ビュロクラシーとタスクフォースを互いに排除するというよりも相互補完的とみなし，コンピュータ・サイエンスの用語である「ハイパーテキスト」を引合いに出し，そう名づけたのである。ウインドウズやマックのコンピュータを使用している人ならわかるように，1 つの画面上に表計算やワープロ，電子メールといった複数のテキスト（タスク）が共存し，それぞれを独立にもあるいは補完的にも処理できる状況をさしての命名である。

特定領域における知識の深耕および伝承には，ビュロクラシーが必要であり，他面，組織としての柔軟性と迅速性を確保するには，タスクフォースが不可欠であり，それらをハイパーテキスト上でリンクさせることによって，これら 2 つの組織構造は相互補完的になる，と彼らは考えているようである。では組織におけるハイパーテキストとは，具体的に何であり，それはどのようにすれば構築できるのであろうか。

参考文献

北野利信編 [1977]『経営学説入門』有斐閣。

　　経営諸学説が誕生した時代的背景を含め，コンパクトに解説されたきわめて良質の入門書。

M. ハマー = J. チャンピー（野中郁次郎監訳）[1993]『リエンジニアリング革命——企業を根本から変える業務革新』日本経済新聞社。

　　情報化投資によって競争力を回復させたアメリカ企業経営の本質に迫るケーススタディ。原著も 1993 年の出版である。

O. E. ウィリアムソン（浅沼萬里・岩崎晃訳）［1980］『市場と企業組織』日本評論社。

　「取引費用」を鍵概念に，階層組織の管理問題をも指摘する経済学理論書。原著は1975年に刊行されており，経済学的組織分析を行う人たちの必読書。

J. R. ガルブレイス（梅津祐良訳）［1980］『横断組織の設計――マトリックス組織の調整機能と効果的運用』ダイヤモンド社。

　大組織に潜む「組織の壁」をいかにすれば取り除けるか。この課題に取り組んだ理論書で，原著出版は1973年。

第4章 経営戦略

企業経営の指針

サマリー

　情報・通信技術の進展は，企業間競争を激化させている。それゆえ経営戦略および競争戦略の重要性は，日増しに高まるばかりである。本章では，企業が成長し多角化を進めていた1960，70年代に考え出された経営戦略の概論がまず紹介される。そこではアンゾフ，ルメルトといった研究者たちの学説が主に取り上げられ，「企業ドメイン」「SWOT分析」および「ドライビング・フォース」という考え方が紹介される。

　続いて多角化した複数事業をいかに管理し，さらに事業進出した市場においてどのような競争戦略をとるべきかについて，研究されてきた成果を紹介する。PPM分析，GEグリッド，およびポーターの競争戦略論などがそれらである。そのうえでアップ・ツー・デートな話題として，グローバルな競争展開を取り上げ，基本的な考え方を考察する。

　経営戦略の策定の流れは，企業としての社会的存在意義を示す経営理念をまず確立し，そのもとで長期的な目標（ビジョン）を掲げ，次に企業ドメインを定め，経営資源のポートフォリオを練り，事業戦略と競争戦略を構築する，ということになる。その際，事業戦略は，どの市場においてどのような製品・サービスをいつ投入するのかについての指針であり，競争戦略は，その市場において競合他社といかに競争していくかの指針である。それゆえ，事業部制を敷く大企業においては，子会社・関連会社を含め企業全体にかかわる戦略が経営戦略と呼ばれ，そして進出した市場に応じて構築される事業戦略と競争戦略とは一般に区別される。

Key Words

垂直的統合　企業ドメイン　多角化　SWOT分析　ドライビング・フォース　戦略的事業単位（SBU）　PPM分析　経験曲線　GEグリッド　参入障壁　規模の経済性　範囲の経済性　コスト・リーダーシップ　差別化　集中　グローバル戦略

1 構造は戦略に従う

●戦略と組織の適合性

　産業発展による市場化が進展するにつれ，企業にとって戦略策定はその重要度を増す。それというのも，市場化の進展は企業間競争を激しくするからである。戦略策定の基本は，まず将来ビジョンを構想し，それにかなった組織をデザインすることである。そしてその場合の将来ビジョンとは，市場環境を見極め，自社の経営資源を把握したうえで，進むべき「企業ドメイン」を定めることである。

　前章でも簡単に紹介したデュポン社は，第一次大戦後，爆薬の需要減を予想し，化学製品への多角化を進めた。その具体的な進出形態は，①以前から進出していた人造皮革とパイロキシリンの生産拡大，②大戦後最も不足した染料の生産，そして，③ペイント，ワニスといった新製品の開発・生産，であった。

　ところが，扱う製品数が急増したことによって，本社は各機能部門の目標設定と資源配分に，とりわけ生産の異なる多数の工場，営業所，購買事務所，研究所などの調整・評価に手こずりだした。そこでこうした事態を打開するためにデュポン社が採用した組織デザインが，事業部制組織であった。

　アメリカ自動車メーカーのビッグ・スリーのひとつGM（ゼネラル・モーターズ）も，その市場戦略の帰趨から事業部制組織を採用せざるをえなくなった。1920年に事業部制を採用するまでのGMの成長パターンは，いわゆる垂直的統合と水平的統合によるものであった。**垂直的統合** とは，この場合，原材料・部品メーカーを買収するいわゆる川上統合であり（一時，流通ディーラ

第**4**章　経営戦略　　91

ーをも買収しようとしたが,独占禁止法に抵触することを懸念して中止),水平的統合とは,競争相手の自動車メーカーの買収のことである。

当時,成長著しい自動車市場においてGMがなぜこのような買収戦略に出たかといえば,アッセンブリー(組立て)・メーカーであった自動車会社にしてみれば,まず自社に部品を安定的に供給してくれる部品メーカーを確保することが先決であった。このことを翻せば,部品メーカーを囲い込んでおけば,他の自動車メーカーに対して生産面で優位に立て,それをもとに競争力の落ちたメーカーを買収すれば,販路を拡大することが可能となったのである。

このような買収戦略によって,GMはアメリカ最大手の自動車部品・原材料メーカーになるとともに,企業連合体のような構造をもつことになった。これを機能別組織でコントロールするには無理が生じ,事業部制組織へとその組織デザインを変更していった。その際,各事業部の対象顧客を明確にし,自動車市場のセグメント化をねらった。キャデラック,ビュイック,オークランド,オールズ,ポンティアック,およびシボレーといった各事業部が作り出す製品群は,所得階層に対応したものであった。

デュポンやGMなどの事例を取り上げて,チャンドラー(A. D. Chandler, Jr.)は「構造は戦略に従う」という命題を打ち出した。すなわち,戦略に応じて組織のデザインは変更される,という内容を示す命題である。しかし彼からは,では戦略策定の出発点である市場動向をどのようにしてつかむのか,そしてそれをもとにどのような行動を起こせばよいのかについての指針は聞かれなかった。

2　企業ドメインの設定

●戦略策定の第一歩

「市場動向をつかむ」と一言でいっても，何かを基準にしなければまさに雲をつかむような話になってしまう。この場合，トップ・マネジメントにとっての基準とは，自社の有する経営資源にほかならない。経営資源に関する詳論は次章「資源の管理」に委ね，ここでは既存の資源をどのように活かして市場展開をはかっていくかを，すなわちどのようにして**企業ドメイン**を設定していくかについて検討してみよう。

成長ベクトル

チャンドラーの議論の後，本格的な戦略論が展開されるようになったのは，アンゾフ（H. I. Ansoff）の『企業戦略論』（*Corporate Strategy*, 1965）からであった。彼は企業（とりわけ彼が念頭においていたのは製造業）の成長パターンを図 4-1 のように要約する。図のなかで示されている「ミッション」とは，製品の社会に対する使命を意味し，平たくいえば，どのような人たち（顧客）に，どのようなかたちで受け入れられているか（機能あるいはベネフィット）を示す指標のことである。

セル1に示されている「市場浸透」（market penetration）とは，現在の顧客が製品を購入する頻度および量を増大させる，競争相手の顧客を奪う，あるいは現在購入していない人たちを顧客に引き入れる，ということをめざす。同様にセル2の「市場開発」（market development）は，既存製品をこれまで販売していなかった地域に販路を拡大する，あるいは既存製品の仕様を多少変えてこれまでとは違う市場セグメントに参入することをめざす。

第4章　経営戦略

図4-1 成長ベクトル

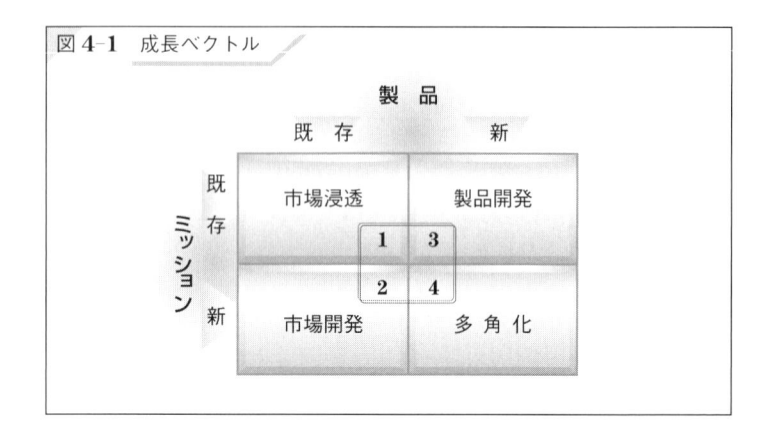

		製　品	
		既　存	新
ミッション	既存	市場浸透	製品開発
		1	3
		2	4
	新	市場開発	多角化

　そしてセル3の「製品開発」(product development) とは，現在の市場に新製品を導入し，成長をはかることである。新製品開発には，既存技術の改良型と新規技術の導入型の2つがあり，いずれの場合も，外見上の変化はもとより，機能向上および／あるいは低価格化をめざす。

　セル4の「**多角化**」(diversification) は，新製品をこれまで参入していなかった市場セグメントに導入すること，あるいは新製品をもとに新市場を開拓することを意味する。要は事業領域の拡大を意味する。

　多角化には一般に大きく分けて，「関連事業多角化」と「非関連事業多角化」の2タイプがあり，また前者の多角化をルメルト (R. P. Rumelt) は，「制約」(constrained) 型と「連関」(linked) 型とに分けてとらえる（図4-2参照）。関連事業多角化とは，企業がこれまで蓄積してきた製品開発技術，生産技術，流通チャネル，あるいは管理ノウハウをもとに新規事業を構築することであり，その際，制約型とは事業分野間の関連が密接で経営資源の共有度合いが高いタイプをさし，他方，連関型は，新規事業への進出が

図4-2 多角化のパターン

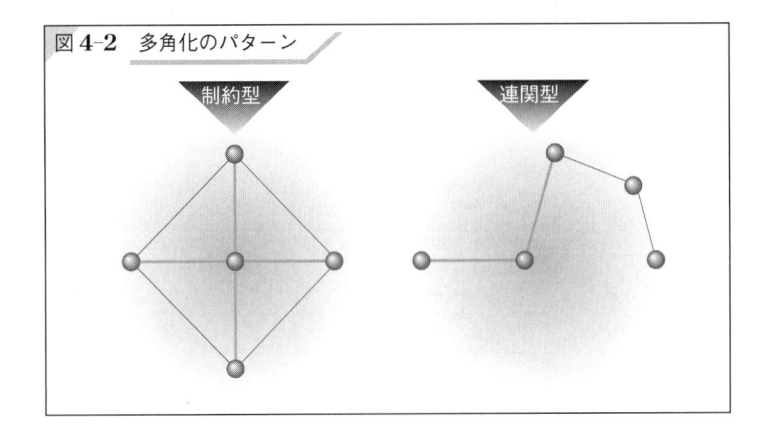

制約型　　　　　　連関型

また新たな新規事業の呼び水となって展開していく多角化パターンである。そして非関連事業多角化は、余剰資金があってその期待投資収益率が高い場合に他企業の買収というかたちで行われる。

「SWOT分析」および
「ドライビング・フォース」

以上の一般化された事業展開の枠組みが、企業全般の戦略パターンを理解するのに役立つとすれば、個別企業が何に注目して行動するかに関する議論も必要になってくる。すなわち個別企業はそれぞれ、保有している経営資源、参入している市場の特性、およびその市場での位置取り（ポジション）によって、めざすべきものが違ってくる。

SWOT分析という手法があり、自社の強み（strengths）と弱み（weaknesses）、外部環境におけるチャンス（opportunities）と脅威（threats）を図4-3のように構成し、各セルの中身を検討したうえで実行計画を練る、という分析手法である。外部環境の分析については、各企業ごとに異なるが、自社の強み・弱みの分析においてよく利用されるのが、**ドライビング・フォース**という概念である。トリゴー゠ジマーマン（B. Tregoe and J. Zimmerman〔大谷

図4-3 SWOT分析

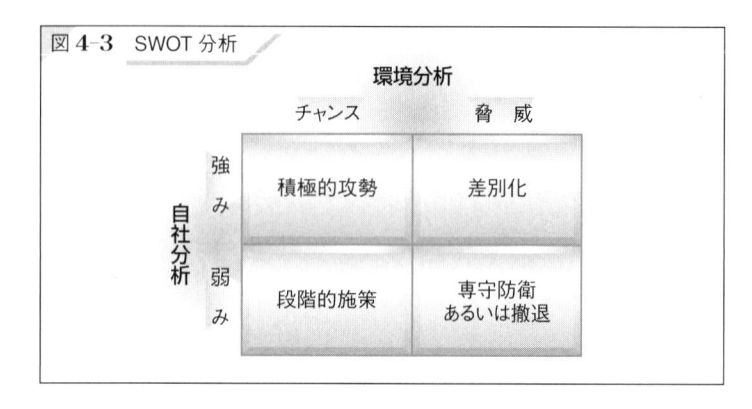

	環境分析	
	チャンス	脅威
自社分析 強み	積極的攻勢	差別化
自社分析 弱み	段階的施策	専守防衛あるいは撤退

毅訳〕『戦略経営への挑戦』日本経済新聞社，1982年）によれば，①製品，②市場ニーズ，③技術，④生産能力，⑤販売手段，⑥流通チャネル，⑦天然資源，⑧規模・成長，および，⑨売上げ・利益がそれらである。

3 競争戦略
●どの相手といかにして競うか

　ここまでの話は，主に企業全体のいわゆる「経営戦略」について，その取組み方を説明してきた。ところが企業が事業の多角化を進めるにつれ，進出する市場の数も増えるようになる。そうしたときに，進出した市場における個別事業の成功・失敗は，企業全体の経営戦略に大きな影響を与える。

　市場進出に成功したことによって，現在のマーケット・ポジションを維持・拡大するための事業戦略だけにとどまらず，その成功をてこに相乗効果を期待できる市場を模索するという動きも活発化しようし，あるいは逆に事業の業績が芳しくないときには，追加投資かあるいは撤退かの判断を迫られるだけではなく，当該

事業に関連する他の事業戦略，さらには全社的な経営戦略の再構築をも余儀なくされる。

したがって今日多角化を進めた大企業にとって，個別事業の当該市場における戦略，すなわち競争戦略は，全社的な経営戦略と表裏一体の関係にあり，個別の競争戦略をどのように推進していくべきか，そしてそれらを全社的にどのように評価・管理しなければならないのか，についてその枠組みが求められることになる。

戦略的事業単位の管理 1970年代，アメリカ企業の多くは多角化を押し進めた。そこで重要性を増してきたのが，多角化した個別事業をいかに評価し，経営資源（主に資金）をどのように個別事業に振り分けていくか，という問題であった。

前章でも述べたように，アメリカの事業部組織はインベストメント・センターとも呼ばれ，本社からみれば資金投資の対象として扱われる。各事業部はそれぞれ独立色が強く，個別のミッションをもたされている。こうした事業部を本社は「**戦略的事業単位**」(strategic business unit：**SBU**) とも称し，その組合せによって全社的なドメインを定めていく。それゆえ各SBUの評価とそれに基づく資源配分は，多角化した企業のトップ・マネジメントにとっては最重要課題となる。そしてこの問題に最初に最も体系的に取り組んだのが，ゼネラル・エレクトリック（GE）社であった。

〈**PPM分析**〉　GEはボストン・コンサルティング・グループ（BCG）およびマッキンゼーといったコンサルティング会社と協力して，個別事業の評価に関する手法を開発した。とりわけBCGのアイディアを多く取り入れて最初に開発したのが，プロダクト・ポートフォリオ・マネジメント（**PPM**）**分析**といわれる手法であり，それをマッキンゼー社と共同で改良したのが，GE

グリッドと呼ばれる手法である。

　PPM の名前の由来は，トップ・マネジメントがコントロールする製品（プロダクト）事業部群を，投資顧問会社が資産運用のために選定する金融商品群（ポートフォリオ）のようにみなし，個別事業部の実績を「市場成長率」と「相対的マーケット・シェア」の2軸によって構成されるマトリックスをもとに分析するところからきている。ここで市場成長率とは，市場規模が拡大する可能性ないしは見込みを示す指標であり，他方，相対的マーケット・シェアとは，競争相手と比較してどの程度のマーケット・シェアを有しているかを示す指標である。

　マーケット・シェアが選び出された背景としては，「**経験曲線**」（experience curve）の概念があった。すなわち，ある製品の累積生産量が増大するにつれ，平均費用のみならず限界費用さえも逓減する，という命題がそれであり，これを実証したのが BCG であった。この命題に則れば，累積生産量が多い，すなわちマーケット・シェアが高い企業は，そうでない企業と比べて，費用面でみて競争優位に立てることになる。

　図 **4-4** に示されているように，各セルには「花形」「金のなる木」「問題児」「負け犬」といった名前が付けられている。要は自社の個別事業がいまどのセルに位置するかが問題となる。市場成長率が高くマーケット・シェアも高い花形事業であれば，投資を「拡大」すればよく，また現時点でのマーケット・シェアは高いが将来的には市場成長が見込めない，あるいは予測が困難な金のなる木事業の場合，とりあえず「現状維持」するか，あるいは短期資金を大量に投入し利益を確定する，すなわち「収穫」する，といった方法が妥当となろう。

　しかし市場成長率が高いにもかかわらず相対的シェアが低い問

図4-4 PPM分析

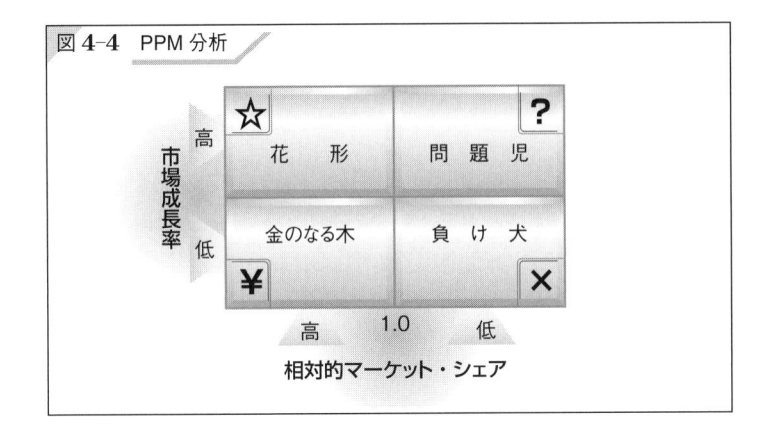

	☆ 花　形	？ 問　題　児
市場成長率 高 低	¥ 金のなる木	✕ 負　け　犬

　　　　　高　　1.0　　低
　　　　相対的マーケット・シェア

題児事業の場合，その判断は分かれるところである。すなわち状況によっては，短期的には多少損失を被ることはあっても投資を拡大したほうがよい場合もあれば，逆に全社的な判断から「撤退」したほうが得策のときもある。あるいは，投資利回りは多少悪くとも収穫したほうがよいときもある。最後に，市場成長率，マーケット・シェアともに低い負け犬事業の場合，残された道は「撤退」しかない。

〈GEグリッド〉　PPM分析には使用の段階からいくつかの批判がなされていた。その主要なものは，まず第1に，軸を高低の2分割にするだけでは単純すぎ，中段階を入れて3分割にすべきである，といった批判である。第2に，市場成長率および相対的マーケット・シェアという軸自体が不適切ではないのか，といった批判である。2番目の批判の内容をもう少し詳しく述べよう。

　市場成長率という軸はあくまで製品需要の伸びを示すにすぎない。仮に製品需要の伸び以上に市場供給が進めば，販売価格は下降し，企業にとってそうした市場は魅力あるものといえなくなる。次に相対的マーケット・シェアであるが，製品の多属性化が進み

Column ⑩　ウェルチのベスト・プラクティス

　1981年にジャック・ウェルチ（J. F. "Jack" Welch, Jr.）が会長に就任する以前のGEは，その利益が年率でGNPとほぼ同水準でしか成長できなくなっていたことから「GNP企業」として認識されていた。しかしウェルチの会長就任後，GNP成長率のほぼ2倍に相当する年率10％以上の利益成長を10年間以上続けた。

　ウェルチがまず推し進めたのは，GEの事業のうち，参入している市場において，シェアが1位あるいは2位でない事業については，「再建」「撤退」あるいは「売却」を徹底したことである。採鉱，半導体，テレビ事業など140億ドルにのぼる事業を売却する一方，投資銀行キダー・ピーボディ，エンプロイヤーズ・リインシュランス，RCAなどの新事業に210億ドルを投じている。

　このような大がかりなリストラクチャリングに加えて，ウェルチが徹底したのは，「ベスト・プラクティス」（best practices）というプログラムであった。1988年，成功している「他社から学ぶ」ために，事業開発部のメンバーを中心とする10人でチームを編成し，各社を順次訪れ，そこに1週間から2週間滞在し，成功の秘訣に関する具体的なプラクティス（実践）に関するデータを収集し，それらの共通項をレポートしてまとめた。ウェルチはこのレポートを，すぐさま社内における正式な教育研修プログラムに取り入れ，組織全体に広めた。「他社から学べ」「絶えざるプロセス改善を試みよ」「プロセスのオーナーたれ」がこのプログラムでの合い言葉になっている。

　ウェルチの経営方針の基本は，バウンダリレスネス（組織内に組織の壁を作らないこと），スピード，およびストレッチ（一見無理な目標で社員の能力を引き伸ばすこと）に集約できる。グローバルに展開する巨大企業でありながらも，ベンチャー・ビジネスのように俊敏であり続けるには，絶えざるプロセス改善が必要であり，そのためには組織の壁は百害あって一利なく，重要なのは，社員の創造的な活動である，と彼は考えているようである。

図4-5 GEグリッド

- 青信号（投資/成長）高い全体魅力度
- 黄信号（選別/維持）中程度の全体魅力度
- 赤信号（収穫/分離）低い全体魅力度

相対的マーケット・シェア
価格競争力
製品の質
顧客/市場の知識
販売効率
地理的カバリッジ

事業強度：強い　平均　弱い

市場規模
市場成長率
利益マージン
競争度
循環的変動制
季節性
規模の経済性
学習曲線

産業魅力度：高・中・低

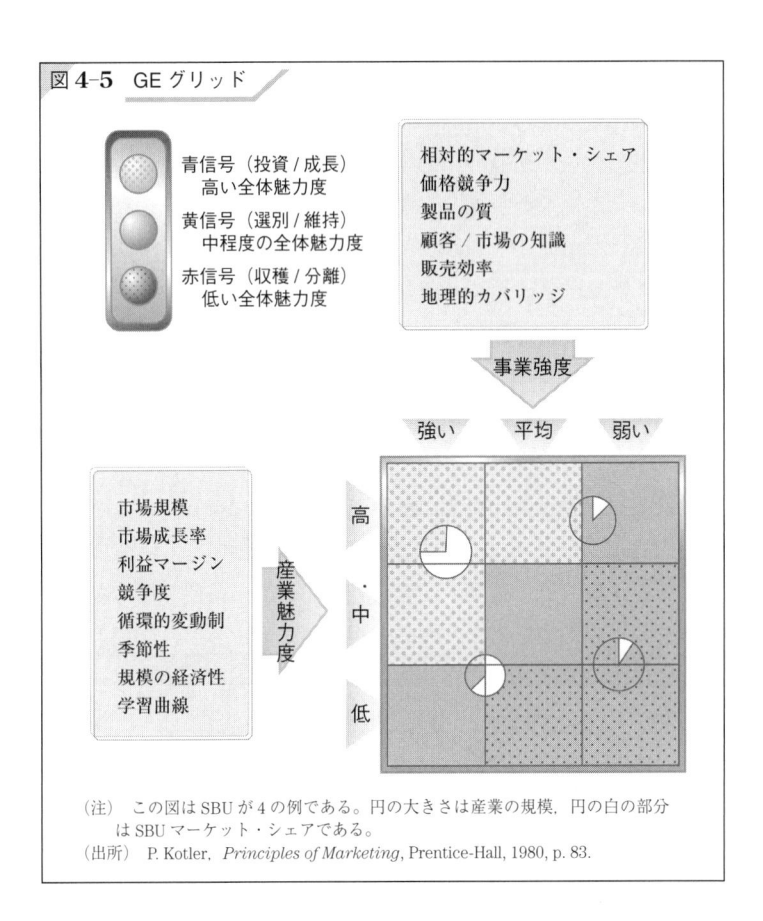

（注）この図はSBUが4の例である。円の大きさは産業の規模，円の白の部分はSBUマーケット・シェアである。
（出所）P. Kotler, *Principles of Marketing*, Prentice-Hall, 1980, p. 83.

代替品のジャンルが増えるにつれ，固定的なマーケットを念頭におくことが不適切になってきた。たとえば高級車を販売している企業にとっての競争相手は，同業者もさることながら，ヨット・メーカーも含まれる，といった具合である。

こうした問題点を考慮に入れて，GEとマッキンゼー社は，市場成長率に代えて「産業魅力度」を，また相対的マーケット・シェアに代えて「事業強度」をそれぞれの評価軸として採用し，さ

らに各軸を3段階に分割した「GEグリッド」を構成した。

図**4-5**をみてわかるように，GEグリッドになって大きく変わった点は，やはり相対的マーケット・シェアに代わって事業強度が採用された点であろう。たしかに，市場成長率は産業魅力度を構成する一指標になり，「競争度」および「規模の経済性」などの競争状況を示す諸指標と並列的に扱われているが，本質的には，「市場」あるいは「産業」といった企業の外部環境を示す指標である点では変わりはない。ところが，相対的マーケット・シェアが事業強度に代わることは，単に外部環境における適応実績といった意味合いを超えて，内部組織の充実度までをも含むことになり，事業部評価という点では一歩進んだ内容になっている。

ただ次章でも述べるように，PPM分析にしてもGEグリッドにしても，あくまで資金の投資対象としての事業部評価であり，その意味において，こうした分析手法に拘泥することは，市場動向を見据え，内部に蓄積した技術・ノウハウなどの経営資源を見極めたうえでドメインを設定していく本来の経営とは，いささか異なったものになりかねない。

ポーター理論　　GEグリッドが産業魅力度と事業強度を軸とした資金配分のための分析手法であるとすれば，ポーター（M. E. Porter）が1980年に提起した『競争の戦略』（*Competitive Strategy*）は，産業魅力度および事業強度（ポーター自身はこのような用語を用いていないが，コンセプト自体はほぼ同じ）が明らかになったとして，当該産業，ないしは業界においてどのような戦略行動のパターンが存在しうるのかの一般論を展開した。

〈業界の競争要因〉　ポーター理論の出発点は，業界の競争要因を図**4-6**のように理解しているところにある。ここで「新規参

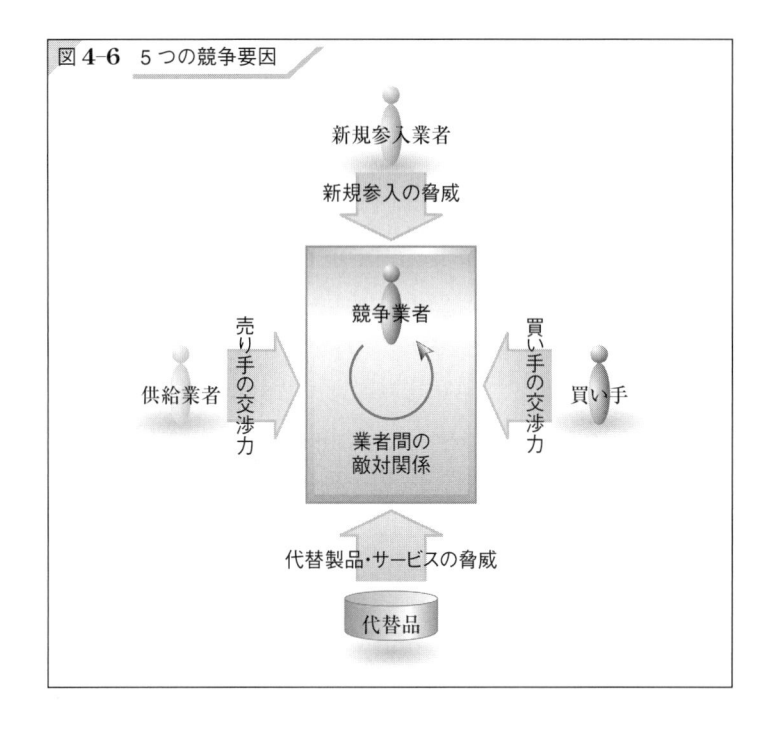

図4-6 5つの競争要因

- 新規参入業者
- 新規参入の脅威
- 供給業者 / 売り手の交渉力
- 競争業者 / 業者間の敵対関係
- 買い手 / 買い手の交渉力
- 代替品 / 代替製品・サービスの脅威

入の脅威」というのは、「**参入障壁**」の高さとして理解されるべきである。すなわち参入障壁が高ければ、新規参入業者は減り、逆の場合は増えるからである。ポーターによれば、参入障壁の主なものは7つあって、①規模の経済性、②製品差別化、③巨額の投資、④仕入先を変えるコスト、⑤流通チャネルの確保、⑥規模とは無関係なコスト面での不利、および、⑦政府の政策である。

「**規模の経済性**」とは、一定期間内の絶対生産量が増えるほど製品の単位当たりのコストが低下する、という経済現象を示す。したがって規模の経済性は、先ほど説明した経験曲線とも密接に関連している。その違いは、経験曲線が共通の経営資源をもとに複数の製品を扱う状況にも、すなわち**範囲の経済性**にも適用さ

れる点である。

「製品差別化」とは，過去からの実績で既存企業のブランド認知度が高く，顧客の忠誠度をかちえていることをいう。また「巨額の投資」とは，新業界に参入するために必要となる資金量のことをいい，「仕入先を変えるコスト」とは，新業界に参入すると，これまでの仕入れ業者を使えなくなるために生じる機会損失を意味する。

そして「流通チャネルの確保」とは，既存の業者が流通経路を掌握しているために，それを確保することが困難となることを示し，「規模とは無関係なコスト面での不利」とは，特許やパテント，あるいはノウハウ面での既存の業者との格差が参入障壁となることをいう。そして最後に「政府の政策」とは，政府による業界参入規制である。

業界の競争要因の2番目となる「業者間の敵対関係」は，①似通った規模の会社がひしめいている，②市場の成長が遅い，③固定費あるいは在庫コストが高い，④製品差別化がないか買い手を変えるのにコストがかからない，⑤生産キャパシティを小刻みに増やしえない，⑥競争業者がそれぞれ異質な戦略をもつ，⑦戦略がよければ成果が大きい，あるいは，⑧撤退障壁が大きい，といった状況によって激しさを増すことになる（本章の演習問題2も参照）。

第3の要因である「代替製品・サービスの脅威」とは，現在の製品と同じ機能を果たしうる他の製品の出現を意味し，その際，注意を要するのは，①現在の製品よりも価格対性能比がよくなる傾向をもつ製品，および，②高収益を上げている業界によって生産されている製品である。①は当然のこととして，なぜ②を注意しなければならないかといえば，高収益を上げている業界で生産

された製品は，価格競争力をもっているからである。

「買い手の交渉力」および「売り手の交渉力」といった第4および第5の要因は，「交渉力」として一般化したほうが理解が容易になる。業界からみて，買い手あるいは売り手が最も交渉力をもつのは，いわゆる「買い手独占」あるいは「売り手独占」の状況のときである。このような極端なケースは別にしても，交渉力は一方の他方に対する依存度によって決まる。すなわち依存度が高くなればなるほど，交渉力は弱まるのである。

そして依存度は，一般に取引される財・サービスの稀少性，取引相手の数，および取引相手の特性によって変わる。財・サービスの稀少性が高まれば，それを保有していない側の保有者に対する依存度は高まり，同様に取引相手の数が少なくなれば，多い側の依存度が高まることになる。

また取引相手の特性には，取引相手の保有資源（たとえば資金量），情報収集力，および機会主義者かどうかといった行動特性が含まれる。すなわち保有資源も多く，情報収集力もあり，また機会主義的な行動をとるような取引相手であれば，かなりの交渉力を覚悟しなければならない。

以上5つの要因を眺めてみて，先のGEグリッドにあった「産業魅力度」がポーターのいう「新規参入業者」と「競争業者」とを合わせたものとオーバーラップする部分が多く，他方「事業強度」が他の3要因と近似的であることが理解できよう。では，このような業界の競争要因を知ったうえで，企業はどのように行動すればよいのか，すなわち競争行動の基本にはどのようなものがあるのかを次に紹介しよう。

〈基本戦略〉　ポーターによれば，競争戦略の基本形は，①コスト・リーダーシップ，②差別化，および，③集中，に集約さ

れる。これら3つの基本戦略を業界環境と自社の経営資源に応じて，時には単独で，場合によっては組み合わせて競争戦略を練ることになる。

コスト・リーダーシップとはその名のとおり，コスト面で業界において最優位に立つことを基本目的とし，そのために，高い市場シェアとコントロールできるあらゆるコスト（R&D費，対顧客サービス費，宣伝・広告費，および間接諸経費など）の削減をめざすことになる。とりわけ前者を達成するには，効率のよい規模の生産設備を積極的に建設するだけにとどまらず，製造しやすい設計に変更するとか，あるいは製品群の設計・部品の共通化を進める，といったさまざまな努力が必要になる。

要するに，経験効果を最大限に引き出せる状況を作り出すのである。このため，コスト・リーダーシップ戦略は，プロダクト・ライフ・サイクル（PLC）の観点と重ね合わせると，「成長期」においてその準備にかかり，「成熟期」において実践される戦略である。

次に**差別化**は，業界において自社の製品・サービスが特別なものであると思わせる何かを作り出す戦略である。PLCの観点からすれば，差別化戦略は，「導入期」において練り始め，「成長期」にて開花すべき戦略である。市場が形成され始める導入期において，当該市場が成長しそうな場合，何に注力すべきかを考慮しなければならない。

差別化戦略にはいろいろな種類が考えられ，製品差別化，サービス差別化，およびブランド差別化などが主である。論者によっては，これらに加えて価格差別化をあげるものもいるが，ポーター理論では価格差別化はコスト・リーダーシップ戦略のなかに含まれていると考えるほうが妥当である。

図4-7 3つの競争戦略

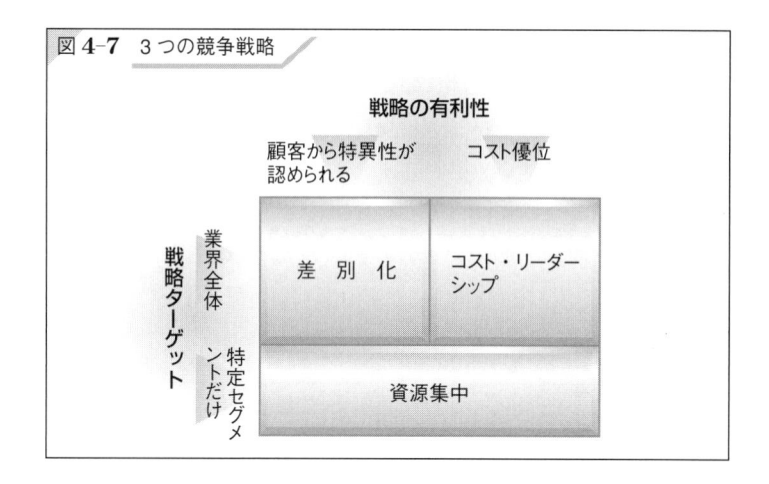

	戦略の有利性	
	顧客から特異性が認められる	コスト優位
戦略ターゲット 業界全体	差別化	コスト・リーダーシップ
特定セグメントだけ	資源集中	

　こうした差別化オプションの理解を深めるために一例を引けば，メルセデス・ベンツ社製の自動車は，業界におけるブランド製品である，と一般にいわれている。こうしたイメージがひとたび確立されれば，それを他社が覆すことは容易でなくなる。もちろん，こうしたイメージを作り出すために，メルセデス社は他社が模倣しにくい技術を開発し，製品作りを心がけてきた（技術・製品差別化）。さらには顧客サービスにも努めてきた（サービス差別化）。

　ただ常にこの順序かといえば，そうでもない。ファーストリテイリングのユニクロは，製品差別化と価格政策を抱き合わせてブランド作りを行っている。その方法は多種多様であり，むしろターゲットにしている市場に応じて差別化オプションの組合せは考慮されるべきものであろう。

　基本戦略の最後は，特定の買い手グループ，製品・サービスの種類，あるいは特定の地域に経営資源を **集中** する戦略である。すなわち特定セグメントへの資源集中戦略である。PLCの観点からすれば，「導入期」において実践されるべき戦略である。

成長性の見込みがある市場に製品投入し,いわゆる「先発者の優位」を獲得すべき導入期においては,いわゆるニッチな特定セグメントを見つけ出し,彼(彼女)たちのニーズに適した製品を開発し市場投入していくことが求められる。それゆえ持てる経営資源を総動員し,市場の成長が可能になるように集中的な努力が必要になる(図4-7参照)。

4　グローバルな展開
　　　　　　　　　　　●国境を越えての戦略策定

　昨今,競争のグローバル化は激しさを増してきている。競争優位に立つために巨額なR&Dおよび設備投資を強いられ,そうした固定費を賄うだけの売上げを一国内の市場だけでは期待できないために,新たな市場を求めてグローバルに展開をしていく企業もあれば,あるいは強いコスト削減要求から,原材料・部品調達はもちろんのこと,組立工場を海外に分散化する企業が増大してきている。そこで本節では,グローバル化を促進させている諸要因を取り上げ,グローバル戦略を構築していくうえでの基礎を考えていきたい。

　グローバル化の諸要因　一般にグローバル化は,グローバルな戦略的統合の必要性とグローバルな地域分散の活発化によって促進される。

　〈グローバルな戦略的統合〉　戦略的統合の必要性は,①同質的な市場と普及製品,②グローバルな顧客と競争相手,および,③高い固定費割合によって強化されることになる。たとえばヒューレット・パッカード(HP)社は,スペクトラム・シリーズ(RISC構造のコンピュータ製品)を開発するにあたって,4億ドルの

R&D費用と，同じく4億ドルの設備投資，合計8億ドルをつぎ込んだ。このような巨額の固定費をアメリカ市場だけの売上げで回収するのは不可能であり，そのためフランスのソフトウエアが走ることが可能で，かつ日本語の漢字変換システムも搭載できるようなシステム設計を余儀なくされた。

なぜHP社がこのようなグローバルな統合戦略を選んだかといえば，コンピュータといった製品が標準財として世界各国に普及しているために，市場が同質的になり，いきおい顧客もグローバルであれば，競争相手もグローバルになっており，他社に先駆けた製品開発を行うには巨額投資が必要不可欠であったからである。要するに，標準財を扱う同質的な市場がグローバルに拡大すれば，おのずと競争はグローバル化し，それにともないグローバルな市場を念頭においた統合戦略が要求されるようになるのである。

〈グローバルな地域分散〉　地域分散は，①途上国政府による活発な企業誘致，および，②企業内分業の適所化，によって促進される。前者については，優遇税制や地代割引に始まり，電気・ガス・水道などのインフラ整備，さらには国内市場のアクセス権を与えることに至るまで，さまざまなかたちで企業にメリットを与え，その進出を促し，国内生産による付加価値を高めようとするものである。先進国の企業にしてみれば，自国市場は成熟期にあり，売上げが伸び悩むなか，新たな市場の創造とそこへのアクセス権は，グローバル化を推し進める好材料といわざるをえない。

他方，企業内分業の適所化は，通信技術の進歩によって促進されることになる。企業にしてみれば，競争度合いが激しさを増す市場環境において生き延びるには，ますます製品開発力とコスト削減努力が求められることになる。

こうした状況で通信技術の進歩により，地域性を意識しなくて

もよくなれば，おのずと生産拠点は安価な労働力が使用できる途上国に移転し，効率的な知識集約が求められるR&D部門は，最先端の研究所が集中する地域に，さらに本社さえも国籍を問わず，最も強力な競争相手と洗練された顧客がいる地域へと移動することが常識となるのである。事実，日本の半導体メーカーのいくつかは，すでに研究所の機能の一部をシリコンバレーへと移管し始めている。また製薬会社のなかにも同様の動きを示す企業が現れている。

グローバル戦略の基本

図 **4-8** が グローバル戦略 の位置づけを示すことになる。生鮮食料品の小売業に象徴されるような「ローカル型」は，地域密着を戦略の要とする。

「輸出型」は戦略的統合度をグローバルに高めながらも，1つの地域に製造，製品開発，およびR&Dを集中する企業が選択しがちな戦略である。海外での活動は主に販売，流通，およびアフターサービスである。

こうした戦略をとる企業の多くは，これまで主に自動車や工作機械に代表されるいわゆる高度組立型産業に属していた。その理由としては，新製品開発の際のR&D，製品開発，購買，および製造部門の機能連関が密接であったためであるように思われる。ただ最近，このような業界もコスト削減圧力などの理由で，開発が終了した製品の一部を海外工場で生産する形態を導入し始めている。そして部品調達および生産の現地化は今後ますます進むことになろう。

「多国籍型」は，子会社が国ないしは地域に分散していながらも，それらを統合する戦略を要しない企業がとる戦略である。コカ・コーラやネスレといった企業がその代表格に当たる。これらの企業は製品ブランドと基本的な生産方法が同じなだけで，あと

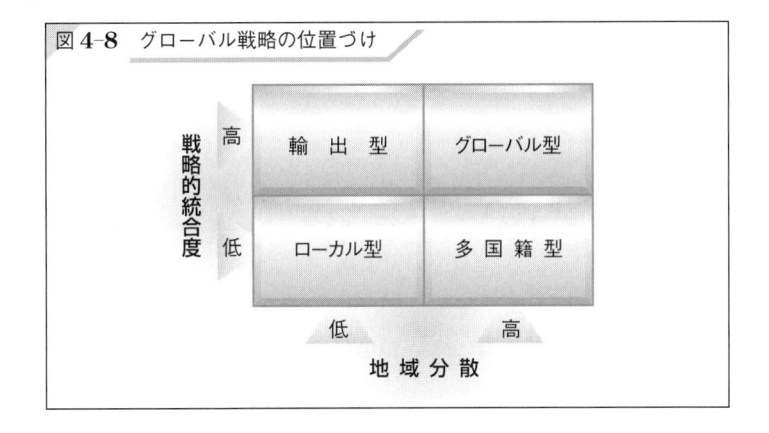

図4-8 グローバル戦略の位置づけ

	地域分散 低	地域分散 高
戦略的統合度 高	輸出型	グローバル型
戦略的統合度 低	ローカル型	多国籍型

は現地の好みを考慮に入れた生産,流通・販売,および宣伝・広告を実施している。要はコアの部分以上に周辺部分に地域性が反映され,それが売上げに大きな影響を与えるいわゆるパッケージ・グッズにほかならない。

　戦略的統合度も高くかつ地域分散も進めている企業がとる戦略が,「グローバル型」の戦略である。コンピュータおよび通信に携わる企業の戦略がこの典型である。R&D,教育訓練,およびソフトウエア開発には巨額の資金を要し,たとえば次世代の光ファイバーおよびデジタル通信スイッチの開発には,数十億ドル規模の開発費がかかる。このため各企業は全世界への供給を前提としながらも北米,ヨーロッパ,およびアジアなど地域ごとに修正を迫られ,かつ,各地域の子会社間では,密接に連携をとりあって製品開発を進めなければならない。

　加えて,このような通信スイッチは,国有企業によってそのほとんどが購入されるため,購入条件として子会社の現地化を要求してくる。そのため,通信会社は地域ごとに,販売,アフターサービス,ソフトウエア・エンジニアリング,製造,および製品開

発に多くの人員を派遣せざるをえなくなる。それゆえグローバル型は，企業から実質的な国籍を奪うことになるのである。

演習問題

1 PPM分析をもとに，経営戦略の好循環パターンと悪循環パターンをそれぞれ検討してみよう。

2 本章第3節の「ポーター理論」の紹介箇所で，「業者間の敵対関係」が高まる諸状況が列挙されているが，なぜそれらの状況のとき敵対関係が強くなるのかを考えてみよう。

3 「グローバル戦略」が今後激しくなるとして，経営戦略の主課題はどのようなものになるかを議論してみよう。

4 1960年，ハーバード大学でマーケティングの教授であったレーヴィット（T. Levitt）は，『マーケティング近視眼』（*Marketing Myopia*）という，当時のビジネスパーソンならたとえ読んでなくてもタイトルくらいは誰でも知っている著名な本を出した。その骨子は，企業が自らの企業ドメインを定める際には，製品や技術になぞらえた，幅の狭い用語にとらわれず，潜在的で普遍的なニーズにかなった，幅広い業界を志向する用語で定義しなければならない，というものであった。レーヴィットのお気に入りの例をあげれば，鉄道会社は，自社を輸送事業会社として位置づけることが可能であるし，石油精製業者は，自社をエネルギー事業会社として位置づけることが可能である。

多くの企業は，この考えに飛びつき，こぞって美辞麗句で自社のドメインを再定義した。たとえば，ボールベアリングの会社は「摩擦削減」事業会社のように。またレーヴィトのこの考えは，ビジネス・スクールにとってもありがたかった。養鶏会社はヒューマン・エネルギー提供会社として，清掃業者は美化活動事業会社として生まれ変わり，学生たちをわくわくさせた。しかしそれはあまりに見せかけだけの，現

実から乖離した知的遊戯にすぎなかった。なぜならそれは，あまりに際限がなく，少なくとも何にでも当てはめることができたからである。

たとえば「馬車用鞭」のメーカーの場合，なかには輸送車の「自動スターター」として自社事業を位置づける企業も存在しよう。部品供給もなければ，技術もない，生産工程も存在しなければ，販売チャネルもない，そんな自動スターター・メーカーが，存続しようはずがないことは，誰の目にも明らかである。レーヴィットの例に戻って，鉄道会社にしても，輸送会社であるなら，なぜ飛行機をとばさないのか，なぜタクシーを走らせないのか，といった問題が出てくる（以上，Henry Mintzberg et al., *Strategy Safari: A Guided Tour through the Wilds of Strategic Management*, The Free Press, 1998, pp. 39-40 を参照）。

さて，以上のようなレーヴィットに対する批判を踏まえて，どのようにすれば，より現実的なドメイン定義が可能になるかを考えてみよう。

参考文献 Bibliography

H. I. アンゾフ（中村元一・黒田哲彦訳）［1990］『最新・戦略経営——戦略作成・実行の展開とプロセス』産能大学出版部。

　企業経営にとっての戦略について，その基本形と構築の方法を明確にした入門書。原著は 1988 年の刊行である。

石井淳蔵・奥村昭博・加護野忠男・野中郁次郎［1996］『経営戦略論』新版，有斐閣。

　日本企業の事例を取り混ぜながら，経営戦略論の理論展開を紹介した概説書。

M. E. ポーター（土岐坤・中辻萬治・服部照夫訳）［1982］『競争の戦略』ダイヤモンド社。

　多数のケーススタディをもとに，事業戦略の基本形を定式

化した必読理論書。原著の出版は 1980 年。
R. P. ルメルト（鳥羽欽一郎ほか訳）[1977]『多角化戦略と経済成果』東洋経済新報社。
　原著は 1974 年の出版であり，多角化戦略の類型とその類型からもたらされる経済効果を測定した研究書。
H. ミンツバーグほか（齋藤嘉則監訳）[1999]『戦略サファリ——戦略マネジメント・ガイドブック』東洋経済新報社。
　戦略論を体系的に分類した研究書。この日本語版は抄訳である。SWOT 分析は，その中で取り上げられている「ポジショニング学派」の中心的枠組み。

第5章 資源の管理

企業成長のための根幹

サマリー

　企業組織はその経営資源をもとに，戦略を練り，活動を展開していく。したがって資源の把握・蓄積・配分・運用といった資源管理は，経営戦略の根幹といってもよいくらいである。

　経営資源といえば，これまでヒト，モノ，カネ，それに情報と一般的にいわれてきた。伝統的な見解ではあるが，今日的な激しい競争状況において，この見解を踏襲していたのでは，競争から取り残されることになってしまう。いま求められているのは，ヒト，モノ，カネ，情報，これら4要素のシステム化であり，そうしたシステムをいかに組織として保有・管理し，戦略に反映させていくかが，企業の資源管理に問われている。したがって，階層別に行わなければならない意思決定プロセスも，吟味を要する。

　比較的安定成長が望めた時期における資源管理のあり方としては，前章でも説明したSWOT，PPM分析およびGEグリッドで事足りた。しかし情報技術の進展によって，参入障壁は低くなり，企業間競争は業際化・国際化し始めた。こうした状況において求められる情報資源の蓄積・利用とそのための組織体制について，最近の潮流が紹介される。そのうえで情報資源の蓄積・利用に際して行われている組織学習についても議論の射程を広げ，学習棄却の困難さおよびイノベーションのジレンマ状況についても解説する。

Key Words

企業家的用役　　意思決定プロセス　　学習棄却（アンラーニング）　　コア・コンピタンス　　要素技術　　組織能力　　組織風土　　組織風土に関する類型　　イノベーションのジレンマ　　自己管理

1 伝統的な資源管理
●システム化という発想以前

　前章でも述べたとおり，戦略策定の基本は，まず自社の経営資源を把握するところから始まる。通俗的に経営資源といえば，ヒト，モノ，カネ，それに最近では情報が加えられ，これら4つが一般的である。ヒトとは単純労働をはじめ高度な専門技能に至るまでのさまざまな用役（サービス）の担い手であり，これなくして企業は存在しない。モノとは，企業が保有するいわゆる物財であり，生産設備などはその代表例であろう。カネとは文字通り，企業が利用できる資金量にほかならず，情報とは，企業が経営活動を営むなかで獲得してきた経験的知識，技術，およびブランド・イメージなどの総体をさす。

　ところがこうした分類は，あるフィルターを通して眺めなければ，独立して取り扱えるものではなくなる。たとえば次のように考えることもできる。いくら立派な生産設備（モノ）が整っていて資金量（カネ）に余裕があっても，それらを効率的に稼働・運用させるヒトがいなければ，宝の持ち腐れとなろう。同様に，情報資源はヒトがさまざまな活動を営むうちに蓄積されていくものであり，これもヒトなくしてはありえない。となれば結局，経営資源とはヒトだけか，という考えが出来してきてもおかしくない。

　しかしこの考え方には，ヒトは何に従って動いているのか，そしてモノやカネそれに情報は何のために活用されるのか，についてまで意識が及んでいない。つまりこれらの資源を動かしているのが，組織だという発想がないのである。組織という観点に立ってみると，ヒト，モノ，カネ，および情報が，組織を存続させて

いくうえで必要不可欠な機能を担う経営資源であることが理解可能となる。すなわち，企業組織が主体的に存続していくうえで必要な資源が，ヒトであり，モノであり，カネであり，情報なのである。

ペンローズの着想

企業が組織的活動を営む社会的実体であることに着目し，近代経済学的な企業観を打破するのみならず，企業が成長するプロセスを組織とそれが保有する資源のロジックから最初に定式化を試みた研究者として，ペンローズ（E. T. Penrose）の名前をあげることができる。彼女は，近代経済学において質点のごとく取り扱われる企業と，そうした企業観のゆえに陥る，現実の企業活動に対する説明力不足を超克すべく，まず企業を管理組織以上のものとしてとらえる。

企業の活動が組織的な活動であることは，経営学において，ペンローズ以前から指摘されてきたことである。それに加えて彼女は，企業を「生産資源の集合体」としても特徴づける。彼女にとって生産資源，あるいは経営資源は，3つに大別することができる。1つは，ヒトの用役（サービス）であり，2つめは，生産設備や資金に代表される狭義の資源であり，最後は，組織的学習を通じて獲得される知識，技術，ブランド・イメージなどである。

そのうえでさらにサービスは，「企業家的用役」（entrepreneurial services），「管理者的用役」（managerial services），およびそれら以外の「業務執行用役」（operational services）の3次元に区分される。**企業家的用役**とは要するに，戦略的決定に携わることであり，管理者的用役とは，戦略的決定を実行に移すとともに，現在の運営を監督することである。またそれら以外の業務執行用役とは，現場における職務遂行のことである。

企業組織が出現する原初状態を考えれば明らかなように，企業

家的用役に象徴されるさまざまなサービス，それに資金，技術，生産設備といった資源がなければ，企業は出現しえない。しかしこれらの資源は，システム化・組織化されて，すなわち組織目標を達成するために利用されて，はじめて増殖可能となる。

　組織はそれが抱える未利用の諸資源があれば，それらを活かせる環境を探し出し，他の諸資源の枯渇を招かないかぎり，新たな資源の獲得に向けて成長しようとする。しかしこのことは裏を返せば，資源バランスを崩すような組織拡大はありえないことを意味する。たとえば，いくら企業家的用役と資金に余裕があって技術的基盤を拡張するために他社の買収が可能であったとしても，組織規模の拡大によって，管理者的用役が不足してしまうような場合は，買収を見合わせざるをえなくなる。このように組織の成長は，資源に依存しているといわざるをえない。

　資源の増殖は組織に依存し，逆に組織の拡大は資源に依存する。ペンローズの鋭さは，企業という社会実体が，組織と資源の相補的共生関係にあることを見抜いていたことにほかならない。

　たしかに組織と資源との相補的共生関係といった概念立てによって，「企業の成長理論」を構築することは可能となる。しかしこうしたペンローズ理論は，あくまで企業の成長過程を現実的に説明することには成功しても，競争的状況においてどのような資源管理が適切で，そのためには何に注目しなければならないかについてまでの意見は聞かれない。

> 資源配分における意思決定プロセス

この問題に対する答えのひとつとして，バウワー（J. L. Bower）は，1970年にその著書『資源配分過程の管理法』（*Managing the Resource Allocation Process*, HBS Division of Research）においてRAPモデル（model of resource allocation

表5-1 オリジナルRAPモデル

	内容定義	組織としての推進力	構造的脈絡
コーポレート層（トップ）	企業ミッション，財務目的・目標，全体政策	資金と他の資源の確保	公式組織の設計，事業および管理パフォーマンス，インセンティブならびに職場環境の測定
ミドル層（ミドル）	全社と事業部との意思統一	適合するプロジェクトとプランを推奨し，合わないものは棄却，競争的資源配分	事業部ニーズの理解と採用
オペレーション層（ボトム）	事業部としての役割と方針，事業戦略の提案，新規投資	新事業，新競争力，新能力に対する提案の裏付け	ゲームのルール

process）を提唱し，資源配分過程における階層別の意思決定のあり方を展開した。意思決定階層には3レベルあり，現場のオペレーション・マネジャー（オペレーション層），ミドルとしての事業部長（ミドル層），そして会社全体を統括する取締役会（コーポレート層）である。**意思決定プロセスも3つあり**，「内容定義」(definition of content)，「組織としての推進力」(impetus for commitment)，「構造的脈絡」(structural context) であった。以上を整理すると，**表5-1**のようになる。

網かけ部分が，各階層における主要なプロセスになり，すなわちトップにおいては会社全体としての「構造化」が，ミドルにおいては事業部としての「推進力」が，ボトムにおいては投資案件の「定義」が重要となる。

またこのRAPモデルのユニークな点は，この網かけ部分を左下から右上へとたどるボトムアップ過程，あるいは右上から左下

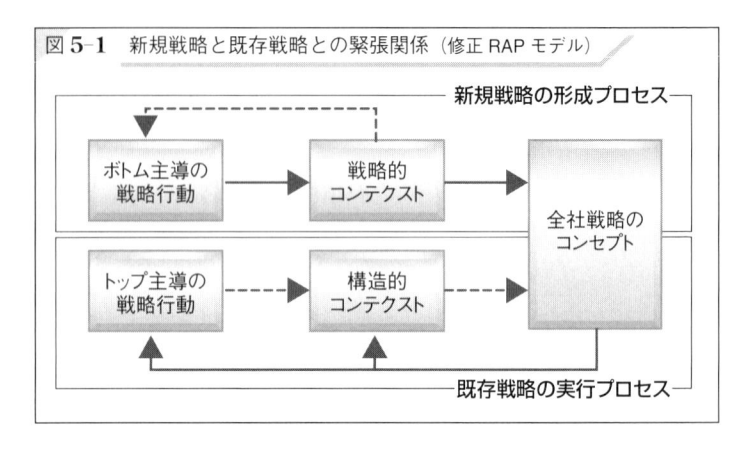

図 5-1　新規戦略と既存戦略との緊張関係（修正 RAP モデル）

```
┌─────────────────────────────────────────────────────── 新規戦略の形成プロセス ──┐
│   ┌──────────┐      ┌──────────┐                                              │
│   │ボトム主導の│ ───▶ │ 戦略的   │ ───▶ ┌──────────┐                          │
│   │戦略行動  │      │コンテクスト│      │全社戦略の│                          │
│   └──────────┘      └──────────┘      │コンセプト│                          │
│                                        │          │                          │
│   ┌──────────┐      ┌──────────┐      │          │                          │
│   │トップ主導の│ ---▶│ 構造的   │ ---▶ │          │                          │
│   │戦略行動  │      │コンテクスト│      └──────────┘                          │
│   └──────────┘      └──────────┘                                              │
└─────────────────────────────────────────────────────── 既存戦略の実行プロセス ──┘
```

へたどるトップダウン過程いずれかのみの意思決定プロセスを良しとはしない点にある。ボトムアップが適している場合もあれば，他方トップダウンが適していることもあるといい，さらには，野中・竹内（第3章演習問題4参照）流のミドルアップ・ダウンをも念頭においている点である。

RAP モデルは，スタンフォード大学教授で社内ベンチャーの研究で著名なバーゲルマン（R. A. Burgelman）から新規事業創出に関する知見を取り入れ，**表 5-1** の右上から左下の対角線上において各階層の間に生じる緊張関係の表現も守備範囲に広げた（それを修正 RAP モデルという）。

図 5-1 は修正 RAP モデルを図に表したものである。上段の新規戦略の形成プロセスと下段の既存戦略の実行プロセスは，それを主導する階層がそれぞれ異なるうえ，互いに緊張関係にある。また，実線矢印と破線矢印は，前者が日常的であるのに対して後者が非日常的であることを示している。ここでは，しかし，たとえ非日常的にしか起こらないにせよ，新規戦略形成の影響によって，既存戦略において見直しが行われる可能性が表現されている

のである。

2 資源管理の新潮流
●情報資源の蓄積と利用

資源としての両義性

バーゲルマンの知見を受け入れた「修正RAPモデル」の背後には、いわゆる組織学習に関する理論的理解が存在する。以前の成功体験から、収益モデルの構造化が進みすぎると、そこから抜けだすことが組織として困難になりだす。すなわち「**学習棄却**」(アンラーニング)が行われにくくなるのである。組織学習の結果として蓄積される情報という資源は、両刃の剣のような特色をもっている。それゆえ経営管理としては、情報という資源の蓄積と利用について議論を深めなければならない。

伊丹敬之(伊丹[2003])が指摘するように、情報には、①同時に複数の人が利用可能、②使っても減少しない、それどころか、③使っているうちに新しい情報が他の情報との結合で派生してくることがある、という性質が備わっている。この性質を利用しようとすれば、企業はおのずと部門間交流を活発化させ、情報共有をはかろうとする。ヒト、モノ、カネを特定部門に集中して特定部門の情報集積度を増すよりも、部門間の情報共有を進めたほうが、競争状況に必要な、ゼネラルな情報集積が高まるからである。

「コア・コンピタンス」という発想

1970年代後半から80年代にかけて日本企業(とりわけ自動車および家電業界)が、アメリカ市場でマーケット・シェアを急激に伸ばした。当初、アメリカの企業は、日本製品の価格競争力は低賃金によるものであると考えていたし、事実、初期段階でそ

うした考えは間違ってはいなかった。ところが円高が進むにもかかわらず、日本製品の価格はほとんど据え置かれたままであった。

ドル・ベースで換算した日本の労働賃金は、アメリカのそれを追い越していた。日本企業はアメリカ市場におけるシェア獲得のために、ダンピング（不当廉売）を行っていると、声高に叫ぶ者もいた。ところがそうした事実は数少なく、日本企業の労働生産性が、アメリカ企業のそれを凌駕していたのである。

となれば、おのずと日本企業のマネジメントに関心が向かうことになる。ハメル = プラハラッド（G. Hamel and C. K. Prahalad）という2人の研究者が、主に日本企業の戦略策定をつぶさに調べ、「コア・コンピタンス」（core competence）、すなわち中核競争力、という概念を1990年に提唱した。彼らの基本的な問題意識は、なぜ1970年代後半から80年代にかけて、アメリカ企業（主に自動車および家電業界）の多くが日本企業に苦汁をなめさせられることになったのか、を探ることにあった。彼らが突き止めた原因は、事業部制経営のセクショナリズムであった。

PPM分析およびGEグリッド華やかなりし頃のアメリカ企業は、事業部ごとに技術情報は占有されていた。ところが一事業部の技術情報だけでは、改良型の新製品は開発できても、新たに市場を創造するような革新的な製品開発が行えない。日本企業の多くが、事業部間の情報交流を密接にとり、各事業部が開発してきた技術を複合的に組み合わせて、製品開発を行っている実情を目の当たりにし、ハメル = プラハラッドたちは、本社はこれまでのように、製品分野に注目するのではなく、製品を生み出している核になる技術およびスキル、すなわちコア・コンピタンスに注目して戦略を構成すべきである、と主張する。

コア・コンピタンスが何であるかを理解しやすくするために、

表5-2 キヤノンのコア・コンピタンス配置図

	精密機械工学	精密光学	マイクロ・エレクトロニクス	電子画像処理
基本カメラ	×	×		
コンパクト・ファッション・カメラ	×	×		
電子カメラ	×	×		
EOS自動焦点カメラ	×	×	×	
ビデオ・スチル・カメラ	×	×	×	×
レーザー・ビーム・プリンター	×	×	×	×
カラー・ビデオ・プリンター	×		×	×
バブル・ジェット・プリンター	×		×	×
基本ファックス	×		×	×
レーザー・ファックス	×		×	×
計　算　機			×	
普通紙コピー	×	×	×	×
バッテリー式PPC	×	×	×	×
カラー・コピー	×	×	×	×
レーザー・コピー	×	×	×	×
カラー・レーザー・コピー	×	×	×	×
スチル・ビデオ・システム	×	×	×	×
レーザー・イメージャー	×	×	×	×
セル・アナライザー	×	×	×	×
マスク・アライナー	×		×	×
ステッパー・アライナー	×		×	×
エキシマ・レーザー・アライナー	×	×	×	×

彼らはキヤノンの事例を取り上げる。表5-2の上段にある「精密機械工学」「精密光学」「マイクロ・エレクトロニクス」「電子画像処理」といった各**要素技術**とそれぞれを用いて製品化するスキルがコア・コンピタンスにあたる。

　日本の多くの製造業は，常に，自社技術はどのような要素技術から成り立ち，それらは今後どのような展開を遂げ，それらをフォローしていけばどのようなことが可能となるのか，を考え研究開発に取り組んできた。第3章「組織のデザイン」でも述べたとおり，日本型の事業部制組織では，アメリカ型と比べ本社から事

業部への権限委譲は少なく，本社のコントロールは強い。コントロールの中心をなすのが，技術情報なのである。

「組織能力」への展開

コア・コンピタンスの発想は一見，技術志向が強い。しかしそれだけで新市場は開拓できるものではない。顧客価値を継続的に実現できる枠組みを整えなければ，本当の意味での中核競争力にはなりえない。そのためには，潜在的な市場ニーズを察知する営業・マーケティング力，使い勝手のよい製品に仕上げる設計力，品質のよい部品を安く調達する購買力，開発した新商品を普及させる流通力等々，組織に蓄積されてきたさまざまな「能力」（capability）が合成されてはじめて，革新的な市場創造が可能となる。ならばコア・コンピタンスというよりは，「機能的情報資源」の総体として，**「組織能力」**（organizational capability）というとらえ方のほうが適切ではないか，という見解が登場してきてもなんら不思議ではない。

要は技術情報だけに限らず，さまざまな機能的スキルあるいはノウハウも企業の競争力の源泉であり，それらも事業部組織の垣根を超えて共有されるべきであるという主張が，組織能力という概念を新たに登場させた趣旨である。ではどのようにすれば，それこそハメル＝プラハラッドがいうように，「組織領域を超えた横断的なコミュニケーション」が可能となり，集団学習の成果として「組織への一体感，作業への深いかかわり」が生まれてくるのであろうか。

第3章「組織のデザイン」において述べたように，ヨコの連携を密にするために考え出されたさまざまな方策は，タスクフォースにせよ，チーム制にせよ，あるいはマトリックス組織にせよ，少なからず問題を抱えている。問題の根元を突き詰めていけば，これらの組織的方策をフォーマルに導入しても，これらを受け入

れる土壌が組織全体に整っていなければ，機能しないということである。それどころか，ヨコの連携が自然にとれる組織的土壌があれば，フォーマルな組織的方策などむしろあまり必要としなくなる。

3 組織風土の適性
●情報資源論の究極

日本型社内ネットワーク

　フォーマルな組織的方策をとらなくとも，日本の企業においてこれまで部門間のヨコの連携が比較的とれてきたのは，リクルート選抜，社内教育，および人事評価などの人事労務管理諸制度・慣行によるところが大きい。そしてこうした管理諸制度・慣行が定着・普及するのは，朝鮮特需以降の高度成長期においてであるが，その萌芽は第二次大戦後にある。

　戦後，いわゆるGHQ（連合国軍総司令部）による経済民主化政策として，財閥解体，労働改革，および農地解放が実施され，財閥を構成していた大企業の経営権は，専門経営者たちに委ねられることになる。彼らは経営基盤を固めるために，いわゆる「名義貸し」などを通じて安定株主工作を実施し，株式相互持合いの土壌を整えていった。

　これとは別に，労働改革では，「職員」「工員」の身分差別的待遇格差の撤廃を求めて全国規模の労働組合運動が活発化し，経営者との間で対立色を強めることになるが，やがてGHQなどによる政治的圧力から沈静化に向かい，これを機に経営者側が全国版組合との対立を避けるべく，企業内労働組合との労使協調路線を選択した。待遇の平等を基礎におく，従業員の，従業員による，

Column ⑪ これまでの日本型昇進システム

　主に大卒男子に当てはまることであるが，これまで日本の大企業では，欧米企業と比較して，いわゆる「遅い昇進選抜方式」が実施されてきた。欧米企業が2,3年ごとに昇進者を決める「トーナメント方式」であるのに対して，日本の企業では，最末端管理職である課長職までの10～15年の間は，同期入社の大卒男子社員の場合，本給（ボーナスは別）および地位の面で格差をほとんどつけず，横一線で昇進・昇給させていた。もちろん課長よりも上の管理職ポスト数には限りがあるため，課長職以降はトーナメント方式が実施される。ただこの方式だと，従業員数を多めに抱えることになり，好況時はまだしも，不況時には，労働生産性を低下させることになる。それゆえ不況時には，管理職ポスト以上の昇進競争で敗れた高年者を，系列ないしは関係会社に出向させたり，あるいは補助金給付によって早期に退職するようにしむけ，また新卒採用数を絞り込んで対応してきた。しかし課長職以前の人間はいっさい手を着けられない。こうした人事制度・慣行を日本企業の効率性と結びつけて考える向きがある。

　すなわち10～15年の長期にわたって評価され続けるわけであるから，少々の失敗をおかしても，そのあと頑張れば取返しがつく，と評価される側は考える。またこの間2,3年ごとに関連する職場間をローテーションで回され，複数の上司から評価を受けることになる。それゆえ個人の適性と評価の公平性が得られることになる。もちろんこの間，評価される側は，サービス残業当たり前の厳しい貢献競争を結果として強いられるが，そのことがマネジメントにとっては，むしろ効率的になるのである。

従業員のための企業，といった企業観が芽生え始め，年功賃金，終身雇用，および企業内（あるいは企業別）組合の諸慣行が生まれたのもこの頃である。

　こうした諸慣行は，その後の高度成長期に功を奏することにな

る。成長期において労働力を確保できるか否かは、企業の競争力を決することになる。これらの諸慣行によって、大企業は労働力を容易に確保することができ、成長を遂げた。そしてこうした成功によって、これらの諸慣行は、制度として強化されることになった。

年功賃金、終身雇用、企業内組合といった諸制度の基礎にあるポリシーは、平等主義と協調性であり、求められる成果は、組織への一致団結である。その精度を上げるために、大企業では、学校の先輩たちによる、考え方の近い後輩を選抜しようとするリクルート方式が定着している。また人事考課においては、業績面もさることながら必ず協調性が重視され、あわせて評価の公平性と個人の職務適性を調べる意味合いも込めて、いわゆるジョブ・ローテーションが実施されている。さらに協調性を強化するための方策としては、4月の新規学卒一括採用、共同研修をはじめ、同期会など各種インフォーマルとはいえないセミフォーマルな集まりが催される。これらの諸制度および諸慣行をもとに、日本企業では、縦横の幅広い人的ネットワークが形成されることになるのである。

組織風土と事業戦略とのフィットネス

このように経営諸慣行および人事諸制度は、企業組織におけるものの見方や考え方（いわゆる信条、信念、ないしは価値観）をもとに形成され、翻ってそれらが組織での仕事の進め方に影響を与える。企業におけるものの見方、考え方、それに仕事の進め方を組織文化と呼ぶ論者もいれば、組織風土と呼ぶ論者もいる。文化と風土の概念上の区分は、さほど明確ではない。日本ではよく社風という用語が使われる現状に鑑みて、筆者は **組織風土** を用いることにする。

さて組織風土が事業にとって，功を奏する場合とならない場合があることに注意しなければならない。日本企業のうちアメリカ市場において成功したのは，自動車，家電，工作機械といったいわゆるハイエンジニアリングの業界である。これらの業界は，研究開発，設計，購買，および生産といった機能部門間の相互依存度が高く，ヨコの密接な連携が要求される。こうした状況において，協調主義的で一致団結をめざす日本的な組織風土は，業務プロセスを円滑に進めるうえでの潤滑油となり，アメリカ市場における成功を可能とした。

　ところが，このような日本的な組織風土とあまりフィットしない業種があることを忘れてはならない。石油，化学，薬品，金融，マルチメディア等々，機能部門間の独立性が強い業種においては，日本的な組織風土はむしろデメリットに作用する。なぜなら，協調主義的で一致団結をめざす組織風土は，裏を返せば，組織の構成員に組織に同調的であることを要求し，組織の和を乱すような独創性をあまり好まないからである。

　石油，化学，あるいは薬品といった業界は，研究開発で得た成果を巨大な装置を使って生産するため，経営において重要となるのは，研究開発と資金調達である。これらは，いずれにしても独創性が要求される。また金融機関にしても，日本の場合は監督庁からの規制が強いせいもあってそうしたことが可能ではなかったが，商品開発にはこれまた独創性が要求され，マルチメディアに至ってはその最たる例である。

組織風土の諸類型

であれば，戦略適合的な組織風土を作り込むことが重要だという考えが出来しても不思議ではない。自社の現在の組織風土がどのようなものであるのかを理解することは，有意義だという考えである。

組織風土に関する類型は、これまでいくつか提示されてきた。マイルズ゠スノー（R. E. Miles and C. C. Snow）による「防衛型」「攻撃型」「分析型」「受動型」、ディール゠ケネディー（T. E. Deal and A. A. Kennedy）による「マッチョ（筋肉マン）文化」「会社に賭ける文化」「よく働きよく遊ぶ文化」「手続き文化」、あるいは加護野忠男ほかの「H（human relation）型」「B（bureaucracy）型」「V（venture）型」「S（strategy）型」などがある。

　マイルズ゠スノーらの分類が環境適応という1次元であるのに対して、ディール゠ケネディーおよび加護野ほかの分類は、2次元のマトリックス構造をなしている。ディール゠ケネディーの場合、「事業リスクの大小」についての次元と、「成果フィードバックの期間の長短」についての次元から構成される。他方、加護野ほかは、日常のオペレーションを重視するかあるいは最終成果の製品そのものを重視するかを分明する「オペレーション／プロダクト」次元と、水平的なグループによる意思決定を尊重するかあるいは階層的な意思決定を重視するかを分かつ「グループ・ダイナミクス／ビューロクラティック・ダイナミクス」次元とから分類を構成する。

　これら以外にも、自社の組織風土がどのようなものであるかを理解するための分類は、一般経営雑誌などでもみかけうる。あたかもトップ・マネジメントたちに、かつての成功事例を引合いに出し、組織風土の理想型があるかのように訴えかけてくる。ただここで注意を要するのは、情報および組織風土というものは、第2節の冒頭でも述べたように、資源としての両義性を持ち合わせている、ということである。有り体にいってしまえば、正の資源にも負のそれにもなってしまう。成功体験の積み重ねがあるゆえに学習棄却が行われにくくなるためだ。

IT産業の雄，インテルにおいてさえ，組織としての学習棄却がいかに難しいかを示す事例を数多く抱えている。インテルはアンディ・グローブ（Andrew S. Grove）がCEOの際に，DRAMというコンピュータ・メモリの事業領域から撤退し，MPU（マイクロ・プロセッサ・ユニット）の開発に資源集中し，大成功を収めた。MPU拡販のための事業モデルの構築にも成功し，IBMの時価総額をも凌駕する巨大企業へと昇りつめた。しかしながらMPUの事業モデルが頑健になりすぎて，それに次ぐ事業創造がなかなか編み出せない，という時期を今も経験している。

4 学習とイノベーションのジレンマ
●風土としての自己管理

学習と棄却　　組織の学習棄却の難しさを理解するための枠組みとして，『組織化の社会心理学』（*The Social Psychology of Organizing*, Addison-Wesley, 1969 ; 2nd ed., McGraw-Hill, 1979）においてワイク（K. E. Weick）が示した，組織学習のメカニズムを紹介しよう（図 **5-2**）。

　「生態学的変化」（ecological change）とは，生物学に因んだ用語であり，ひらたくいえば生存環境における変化ということになる。また，「イナクトメント」（enactment）とは，組織が環境適応のために，環境に働きかける行為を意味し，そこには環境というものを定義する認知枠組みが含まれている。それゆえ，「保持」（retention）されてきた情報・知識が矢印のように影響し，イナクトメントした成果のうち何を保持しておくべきかの「淘汰」（selection）過程にも影響を及ぼす。

　図における「＋」あるいは「－」の記号は正の影響および負の

図5-2 学習（組織化）プロセス

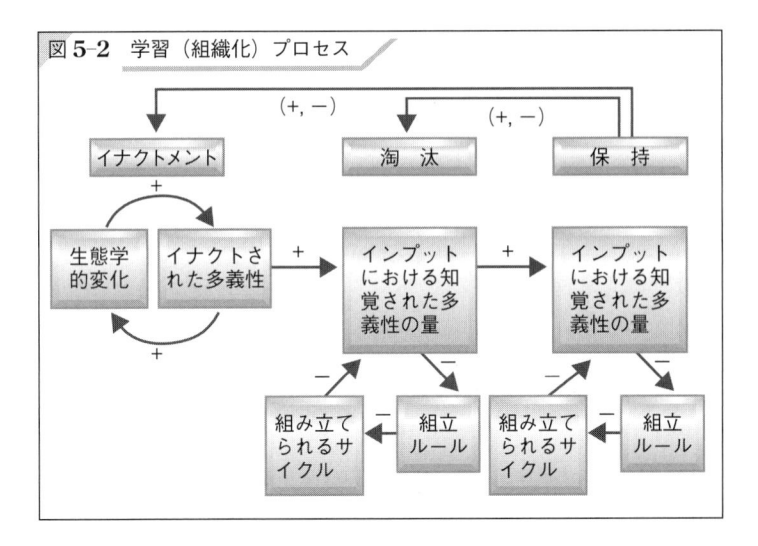

```
                    (+, −)              (+, −)
        ┌─────────────┐  ┌─────────────────┐  ┌──────┐
        ↓             │  ↓                 │  ↓      │
    イナクトメント      淘　汰              保　持
        │                  │                  │
        + ↓                                   
    ┌──────┐ ┌──────┐    ┌──────┐    ┌──────┐
    │生態学│→│イナクト│ +  │インプット│ +  │インプット│
    │的変化│  │された │─→│における知│─→│における知│
    │      │←│多義性 │    │覚された多│    │覚された多│
    └──────┘ └──────┘    │義性の量  │    │義性の量  │
           +              └──────┘    └──────┘
                           ↑  ↓ −      ↑ −    ↓ −
                           −  
                        ┌──────┐┌────┐┌──────┐┌────┐
                        │組み立て││組立││組み立て││組立│
                        │られる  ││ルール││られる ←││ルール│
                        │サイクル││    ││サイクル││    │
                        └──────┘└────┘└──────┘└────┘
                              −
```

それを示し，正とは同じ傾向，負とは反対の傾向を意味する。たとえば，人口が増加すればCO_2の排出量は増加するという場合，人口とCO_2量の関係は正，ということになる。この正負の記号が学習の強化および棄却と符合している。「正─正」あるいは「負─負」の状況はポジティブ・フィードバックと呼ばれ，知識の強化につながる。俗にいう「見たいものだけを見る」という状況にほかならない。

　以上のことを踏まえて，図の「多義性」に注目してほしい。「多義性」とは，組織にとって未知あるいは曖昧な情報のことを示し，そうした多義性を除去すべく，淘汰および保持の各プロセスは機能する。すなわち淘汰過程においては，「知覚された多義性」のうち何に注意していくべきかに関する優先順位が検討され，これまで保持してきた「組立ルール」，すなわち認知枠組みが当てはめられ，その数が多い場合「組み立てられるサイクル」は多くなる。保持過程は認知枠組みの保存プロセスであり，枠組み間

の矛盾などを見直しつつそれらが格納されていく過程である。

　少し理論的説明に紙幅を割いたが，要するに，組織とは情報の多義性を除去する装置なのである（Galbraith［1977］）。ルール化を推し進めシステムにまで仕立て上げようとする。成功体験があればなおさらのことである。

> イノベーションのジレンマ

具体的には，GM，CBS，ゼロックス，パンナム航空，シアーズ，ウエスティングハウス，IBM等々，世界の頂点に立った企業は必ず伸び悩み，場合によっては，凋落さえしてきた。こうした状況をハーバード大学教授クリステンセン（C. M. Christensen）は，「**イノベーションのジレンマ**」として説明する。こうした事態に陥る理由として彼は次の5つをあげる。

(1)　企業は顧客と投資家に資源を依存している。
(2)　小規模な市場では大企業の成長ニーズを解決できない。
(3)　存在しない市場は分析できない。
(4)　組織能力は無能力の決定的要因になる。
(5)　技術の供給は市場の需要と等しいとは限らない。

すなわち(1)が意味しているのは，優良企業は，大口顧客を抱えており，それらのニーズを汲み上げ商品開発に反映させることが収益上望ましく，投資家からも期待されている，ということである。この資源依存状況が，挑戦的な姿勢をなくしてしまうのである。次に(2)は，やがて成長するかもしれないが現時点では小規模な市場には，投資収益率の観点から固定費が大きい大企業は進出しづらい，ということを意味している。(3)は，優良企業ほど本社の経営層は投資家的なスタンスをとりがちになる。その場合，未知なる市場あるいは新興市場では，データが揃わないため分析できず，投資対象からはずされることが多くなる。

(4)では,組織能力は既存の事業領域において醸成されてきたものであり,事業領域が異なれば,新たな能力を開発しなければならないが,保守主義の原則からそうした取組みは行われにくい,ということが示されている。(5)は,技術革新の速度は想定外のことが多く,新興市場での安価で低性能な技術が,市場規模の拡大によって主要市場に侵攻し既存技術を凌駕する「破壊技術」(disruptive technology)になることがある,という内容である。

ではトップ・マネジメントとしてどのような対応策が必要かといえば,小規模組織を独立させ,当該プロジェクトに資源が投入されるようにするとともに,失敗に備え,躍進を期待してはいけない,という程度で,クリステンセンからはあまり多くのことは引き出せない。先にあげたインテルにしても,新規事業創出のためにプロジェクト制を敷き,有望だと目される案件には潤沢に資源を提供してきた。さらに自らがベンチャー・キャピタルのように社外の優良企業に投資しつづけてきた。それでもやはりアンディ・グローブの碇としている,「MPUの拡販につながる事業なのか」という問いが,いまもなおインテルを縛っているのかもしれない。

管理の対象

ではトップ・マネジメントに求められるのは何なのか。半世紀以上もコンサルタントとしてトップ・マネジメントたちと働き,著述家として学界および実業界に多大な影響を与えてきたドラッカー(P. F. Drucker)は痛烈に切り出す。「ほかの人間をマネジメントできるなどということは,証明されていない。しかし自らをマネジメントすることは,常に可能である」と。これまでマネジメント論は,その多くを人ないし組織をマネジメントする方法について時間を割いてきた。そうなる1つの理由は,組織に働く知識労働者の数

がきわめて少なく,肉体労働者の数が圧倒的であったからである。

　しかし,知識を基礎とする組織が社会の中心をなす現代社会では,自らの知識のゆえに組織の活動や業績に対して実質的な貢献,すなわち成果を上げられる知識労働者が求められており,彼らの成果は,彼らが生み出す知識,アイディア,情報をほかの知識労働者が利用し,新たな生産物に変えてはじめて現実の世界のものとして役に立つ,という。そしてこうした成果を上げられる者がエグゼクティブであり,エグゼクティブになるには,成果を上げることを習慣化する**自己管理**が必要だ,というのがドラッカーの論調である。

　そしてエグゼクティブが成果を上げるために身につけるべき能力として,次の5つをあげる。

(1) 何に自分の時間がとられているかを知り,残されたわずかな時間を体系的に管理すること。

(2) 外部の世界に対する貢献からスタートし,けっして仕事からスタートしてはならない。「期待される成果は何か」を自問することからスタートしなければならない。

(3) できること,すなわち強みを基準に据えなければならない。上司,同僚,部下についても,それぞれの強みを中心に据え,できないことからスタートしてはならない。

(4) 優れた仕事が成果を上げる領域に力を集中し,優先順位をつけ,その決定を守るように自らを強制しなければならない。

(5) 成果を上げるよう意思決定を行うことである。成果を上げる意思決定は,過去の事実についての合意ではなく,未来についての異なる意見に基づいてより一般化あるいは体系化をめざして行わなければならない。

もちろんこれらの諸原則も,成果を上げてきたエグゼクティブ

たちの方法をドラッカーが傍らからみつつまとめあげたものである。しかしそれは，リーダーシップ論でもなければ，組織風土論でもない。エグゼクティブたちが成果を上げるべく自己管理を進めていけば，組織はおのずと動き，その風土も変わる，ということが暗に示されている。

演習問題

1　組織の成功体験は保守される。その行過ぎは，組織に保守主義を生み，変革を拒否する。なぜ組織はこうした状況に陥るのかを，学習と棄却の枠組みから議論してみよう。

2　情報の共有化と専門化が相乗効果を発揮できるような枠組みについて議論してみよう。

3　組織のなかではなぜ自己管理をすることが困難になるかを調べてみよう。

4　コンピュータ業界の風雲児，さらにはベンチャー起業家として著名な，アスキー創業者・西和彦が，大阪大学大学院経済学研究科公開講義「ベンチャービジネス──その実践と発展」（1998年12月1日実施）のなかで，次のような内容のことを述べた。

　「これからは，『時間』が大切。唯一，残された企業の資源」である。「インターネットの普及によって距離と時間の観念が変化してくる。節約できた時間をどう使うか，どう管理するかで会社の発展，個人の成績が大きく変わる」と。

　西によれば，仕事の進め方には「こだま型」と「のぞみ型」がある。途中停車を繰り返す「こだま型」では，停車数が少ない「のぞみ型」に比較して圧倒的に能率が悪い。仕事には「のり」があり，途中休止を繰り返していたのでは，それが失われ，結局，時間に振り回されることになる。また西は，時間の使い方には「楽しい」と「苦しい」の2通りがある，ともいう。前者では，体はより元気に疲れを感じにくくなるの

に対して，後者では体が疲れやすくなり，充実感，落ち着き，発想力，洞察力が低下する。したがって個人に求められるのは，いかに時間管理を徹底し余裕時間を作り出すか，そして時間を楽しく過ごすためにものの見方をどう変えるか，である。いやだ，いやだ，と思っていても事は改善しない。しなければならないことに，どのようにすれば楽しさを見つけ出せるかが，そしてもし可能ならば，しなければならないことを，していて楽しいことにどうすれば置き換えられるのか，を考えることが重要である。

このような時間の管理と使い方が上手な個人は，おのずと専門性をもつことになる。なぜなら，時間をかけて不得意分野を克服するよりも，得意分野を伸ばすほうが，有効でかつ楽しい時間の使い方になるからである。こうした個人をどれくらい多く輩出するか，すなわち個人をいかに「活性化」させるかが，企業にとっての究極の戦略であり，スペシャリストたちの有機的連携こそ，企業成長の根元である，と西は考えているようである。

さて読者諸君，この1週間を振り返ってみて，自分にとって，どれくらい「流されてしまった」時間があったかを，チェックしてみよう。そしてもしその余裕時間がいまあったとして，何に使うのが楽しくかつ有意義なことかを考えてみよう。

参考文献 Bibliography

P. F. ドラッカー（上田惇生訳）[1995]『新訳 経営者の条件』ダイヤモンド社。
　組織のなかで生きていく現代人には何が求められるのか。組織と個人の共存共栄を模索する実践理論書。原著の出版は1967年。

G. ハメル = C. K. プラハラード（一條和生訳）[1995]『コア・コンピタンス経営——大競争時代を勝ち抜く戦略』日本経済

新聞社。(なお,本文中における論述は,この書物のもとになった論文 "The core competence of the corporation," *Harvard Business Review*, Vol. 68, No. 3, 1990, pp. 79–91, を参照した。)

　グローバルな市場競争が激化する最中,戦略投資はいかに行われるべきかを成功事例から考察する実践書で,原著は1994年の出版。

伊丹敬之[2003]『経営戦略の論理』第3版,日本経済新聞社。

　「見えざる資産」を醸成できる組織とは何かを探求し,戦略論の基本から応用までを網羅した理論書。前版は1984年の出版。

E. T. ペンローズ(末松玄六訳)[1980]『会社成長の理論』第2版,ダイヤモンド社。

　経営資源と経営組織とのダイナミックな関係を明らかにした古典的名著。原著の初版は1959年に,第2版は1980年に出版されている。

K. E. ワイク(遠田雄志訳)[1997]『組織化の社会心理学』文眞堂。

　組織という社会体の成立ちを社会心理学の諸理論を援用して解説したユニークな著作。原著第2版(1979年)の翻訳。

C. M. クリステンセン(玉田俊平太監修,伊豆原弓訳)[2001]『イノベーションのジレンマ——技術革新が巨大企業を滅ぼすとき』翔泳社。

　ハード・ディスク・ドライブ,掘削機,鉄鋼,自動車などの産業における技術革新と主要企業の変遷を丹念に調べることにより,イノベーション論に一石を投じた話題の著作。

J. R. Galbraith[1977]*Organization Design*, Addison-Wesley.

　組織設計に関する基本書。構造設計について,情報処理の観点から理論的に構造類型を導き出している。

第6章 組織間関係の管理

戦略的提携へ向けての基礎

サマリー

　企業組織はその外部環境から諸資源を獲得し，それらを財・サービスへ変換して外部環境に提供することで存続が保障されるオープン・システムである。したがって外部環境，とくに諸資源を提供する他の諸組織との関係をいかに構築・管理するかが組織間関係論の射程となる。しかし近年グローバルな市場競争が激化し，これまでの組織間関係論だけでは不十分になってきた。戦略的提携の議論が必要になってきたのである。

　本章では，これまでの組織間関係論を学習するため，そのモデルとして日本のいわゆる企業グループを取り上げる。日本の企業グループは，その範囲の広さと深さ，歴史の長さからみて，組織間関係論の教科書モデルと呼ぶにふさわしい。その際，組織間関係を分析する枠組みとして，「取引費用パースペクティブ」と「資源依存パースペクティブ」が紹介される。続いて，これらの枠組みをもとに，戦略的提携のロジックが考察される。そしてグローバルな競争市場では，どのような競争が行われることになるかを考察し，戦略的提携の行方を模索する。その際注目される概念は，評価軸としてのデファクト・スタンダードであり，実践枠組みとしてのプラットフォーム・リーダーシップ戦略である。

Key Words

組織の組織　　グローバルなメガ・コンペティション　　安定株主工作　　株式相互持ち合い　　企業グループ　　系列　　取引コスト・パースペクティブ　　限定合理性　　機会主義　　駆引き的行動　　少数の主体間取引　　情報の非対称性　　特殊な資産投資　　資源依存パースペクティブ　　オープン・システム　　自立化戦略　　協調戦略　　迂回戦略　　ジョイント・ベンチャー　　コンソーシアム　　デファクト・スタンダード　　ネットワーク外部性　　プラットフォーム・リーダーシップ

1 今日的状況と課題
●グローバルなメガ・コンペティション状況

　これまで組織間関係の管理といえば,ほとんどの日本企業は,自社が属する企業グループにおけるポジションに応じて,垂直的なコントロールに従うか,あるいはそのもとでの水平的な相互調整に努めることによって,対応してきた。都市銀行,総合商社,各種製造業およびサービス業におけるリーディング・カンパニーから構成される集団を頂点に,その傘下には子会社・関係会社,それに系列会社,下請・孫請会社などが連なる「**組織の組織**」が形成されていたからである。

　ところが昨今,この「組織の組織」の枠組みが崩れ始めてきている。系列の枠を越えて,これまでの競争相手と取引を行う企業もあれば,国境を越えてさまざまな企業と提携を結ぶ企業も登場してきている。「組織の組織」に市場化の波が押し寄せてきたのである。

　市場化を促進させた要因として,次の4つをあげることができる。①マイクロ・エレクトロニクス,とりわけデジタル技術の進歩によるさまざまな技術革新の加速化,②通信網のグローバルな普及にともなう趣味志向の同質化,③経済統合と規制緩和による参入障壁の崩壊,および,④先進諸国の経済成長の鈍化,である。

　①について特筆すべき点は,コピー技術と合成技術が飛躍的に向上したことである。これらの技術によって,生産現場に限ってみても,これまでならば必要であった熟練養成も自動化によって対応可能となり,未熟練な労働力しか手に入らないところへも工場移転が可能となった。②については,今日,通信ネットワーク

が世界中に張り巡らされ、世界のどこにいようとも世界中の情報が、インターネットやテレビを通じて入手可能となった。それによりライフスタイルあるいは消費の志向がおのずと世界的に同質化し、市場のグローバル化が促進した。③は、たとえばEU経済統合に象徴されるような、国境を越えた市場統合と、それにともなう各国の規制緩和を意味している。現にアメリカ経済圏にある日本も、アメリカからさまざまなかたちで規制緩和を求められている。そして④は、先進諸国の企業にとって自国の経済成長が望めない状況においては、おのずと今後の成長が期待できる途上国に目を向けざるをえず、そうした市場へのアクセス権をめぐってグローバルな競争が行われるようになってきていることを示唆している。

　まさに *グローバルなメガ・コンペティション* こそ、企業を取り巻く今日的状況にほかならない。組織間関係の管理の基本は、これまでならば、日本の企業グループがそうであったように、組織の組織を構築し、垂直的コントロールとそのもとでの水平相互調整に委ねられるべきであった。ところが今日的状況のもとでは、どこと組むかが、まず何よりもの先決課題になり始めている。すなわち、戦略的提携のあり方が組織間関係における今日的な課題なのである。

2　日本におけるこれまでの組織間関係
●官民一体となった系列化とグループ化

| 株式相互持合いおよび企業グループ | 日本の企業グループは、その範囲の広さと深さ、そして存続してきた長さに照らしてみても、組織間関係管理の教科書モ |

デルになりうる存在である。今日ある日本の企業グループは，第二次大戦後にその基礎が構築された。戦前の日本の産業界は，三井・三菱・住友・安田などの財閥によって，その大半が支配されていた。財閥とは，同族が自分たちの資産運用のために起こした複数の多角的事業会社の株式を同族所有の純粋持株会社（株式非公開）に所有させ，その統制下にある各事業会社にも子会社・孫会社を作らせる，いうなれば持株会社を頂点として企業所有を水平的かつ垂直的に広げていく包括的企業所有システムである。このシステムに基づくかぎり，同族は，比較的少ない資本で安定的に複数の産業を支配することが可能であった。

そこで戦後，GHQ（連合国軍総司令部）はごく少数の同族による産業支配を打破すべく，同族の者たちの経営権を剝奪し，持株会社をすべて解散・清算させ，さらにそれらが所有していた各事業会社の株式を市場に放出させた。一度に大量の株式が市場に出回れば，おのずと会社が乗っ取られる危険性が高まる。同族に代わって，経営を任されていた専門経営者たちにとって，いかにしてその経営権を守るかが急務となった。

発行株式を自社で取得しようにも，当時の商法の自己株式取得禁止条項に抵触するため，なかなか思うように事は進まない。そうしたときに考え出されたのが，「名義貸し」である。すなわち，主に旧財閥系の各企業間で相互に名義を貸しあい，自己株式の取得を進めたのである。やがて 1952 年 4 月の講和条約発効にともない，旧財閥系金融機関による同系企業の株式取得に関する規制が緩和され，続いて 53 年 9 月の独占禁止法改正による事業会社・金融機関の株式所有制限が大幅に緩和されるようになると，旧財閥系の各企業は，同系金融機関を中心にこぞって「**安定株主工作**」を進めていった。ここにいわゆる「**株式相互持合い**」が具

体的に制度化したのである。

　旧財閥系にかぎらず，金融機関を中心に株式を相互に持ち合い，定例の社長会を設け，さらにはいわゆるワンセット主義と呼ばれる包括的産業体系を敷く企業集団を，**企業グループ**と呼ぶ。ここで包括的産業体系とは，銀行，総合商社，その他各種の製造業およびサービス業における代表的な企業を網羅的にグループ内に包括することをいう。

　バブル期頃までは6大企業グループと呼ばれる集団があり，三井，三菱，住友，芙蓉，第一勧銀，三和がそれらであった。前3者は旧財閥系であり，後3者は前者に対抗すべく，戦前二，三流財閥や新興コンツェルンの傘下にあった企業，あるいは財閥色の薄かった企業が，戦後大銀行を中心に集まって形成したものである。企業グループは，純粋持株会社こそもたないものの，社長会メンバー企業を頂点に，それぞれの子会社および関連会社，それに系列企業，その下請・孫請会社などを傘下に従える，財閥と機能的にはほぼ同一な「組織の組織」である。

　資本関係にある子会社および関連会社が企業グループの傘下におさまることは容易に理解できるが，なぜ資本関係にない企業やその下請・孫請企業までが系列下に属するようになるのかが，組織間関係の管理を知るうえで，重要なポイントとなる。

　　系列化　　　生産**系列**および流通**系列**は，完成品組立メーカーが部品業者および流通業者との間で結ぶ，資本関係をほとんどともなわない協業関係であり，日本独自に発達した取引慣行でもある。しかし最近では，アメリカ企業の間でも学習され，コンピュータ・ネットワークを駆使した新たな展開が見受けられるようになってきている。

　話をわかりやすくするために，自動車産業を例にとろう。自動

車メーカーは完成品を作るために必要な部品をすべて自社で生産しているのではない。必要な部品数のうち自社で生産されている部品の割合は内製率と呼ばれ，日本の自動車メーカーの場合，内製率はおおむね30％未満であるといわれている。すなわち70％強は部品業者から部品を購入しているのである。

もちろん作ろうと思えば，ほとんどの部品は自社内で生産することは技術的には可能である。しかし作ろうとしないのは，作らないほうが自動車メーカーにとって効率的だからである。ところがこれに対して，アメリカのビッグ・スリーの内製率は70％とも80％ともいわれている。GM（ゼネラル・モーターズ）に至っては，自動車メーカーでありながらも世界最大級の部品メーカーでもある。なぜこうした違いが，同じ自動車を作りながらも，日本とアメリカの間で生じるのであろうか。

組織間関係を分析する考え方のひとつとして，「**取引コスト・パースペクティブ**」（transaction cost perspective : TCP）という枠組みがある。もともとはノーベル経済学賞を受賞したコース（R. H. Coase）が，市場に対峙して企業組織がなぜ発生するのか，そしてそれはなぜ規模を拡大しうるのかを理論的に説明するために考案したパースペクティブであるが，それをウィリアムソン（O. E. Williamson）が組織問題，とりわけ垂直的統合と組織デザインに適用したことで，市場と組織にかかわる諸問題の分析に広く用いられるようになった。

このパースペクティブの前提となる考え方は，経済主体は「**限定合理性**」と「**機会主義**」といった行動特性を備えており，このような主体が少数で取引を行おうとすると，どうしても「**駆引き的行動**」が横行し，それを防ぐために各経済主体は取引対価以上のさまざまなコスト，すなわち取引コストを払わざるをえなくな

る,というものである。ここにいう限定合理性とは,経済主体が全知全能の神のように情報処理・意思決定を行えないことを意味し,また機会主義的行動とは,自らの満足を高めるために,相手の立場を考えず状況に応じて利己的に振る舞うことをさす。

　少数の主体間取引において,取引相手の限定合理性を知っているがゆえに,自分のほうが情報量が多いという状況(**情報の非対称性**)を察知すると,経済主体はこの状況を利用して,取引相手に対して駆引き的に行動しようとする。こうした行動に対応するために取引相手は,情報非対称性のギャップを埋めるべく,取引対価を払う以上に調査等さまざまな活動を強いられることになる,すなわちコスト負担を余儀なくされるのである。

　ウィリアムソンによれば,自動車メーカーと部品業者との関係は,前者が特注部品を発注し後者がそれを作るために**特殊な資産投資**(asset specific investment)を行うということから,まさに継続的かつ結びつきが強い少数主体間取引にあたり,自動車メーカー,部品業者双方にとって他方の駆引き的行動は取引コストが高くつくことになる。そこでアメリカの自動車メーカーは資本コストを払ってでも垂直的統合を進め,結果として部品の内製率を高めることになった,という論旨である。

　それでは,日本の自動車メーカーと部品業者との関係はどのように説明できるのであろうか。実際,日本の自動車メーカーは部品業者を資本のうえでは,垂直的に統合していない。しかし生産系列というかたちで,実際は,擬似的に統合してきたのである。

　生産系列においては,次のような長期的なギブ・アンド・テイクの構図が存在する。自動車メーカーの観点からいえば,「ギブ」の側面として,部品の継続的購入,資金面の援助(部品業者の安定株主になることや,メインバンクの紹介,企業間信用の供与など),

生産技術および管理ノウハウの供与，および新車開発段階からの設計参画の許可（いわゆるデザインイン），他方「テイク」については，部品の納期・品質・価格の押しつけ，役員を含む余剰人員の送り込み，および各種の経営決定への関与があげられる。このように日本の自動車メーカーは，資本関係こそほとんど結ばないものの，他の経営資源を利用することによって，実質的には部品業者を子会社のように扱ってきた。

おそらくアメリカと日本の自動車メーカーの統合方式の違いは，資本市場の違いといっても問題はないように思われる。つまり直接金融による資本市場が発達していたアメリカにおいては，垂直的統合による企業買収は，自動車メーカーの株価を押し上げる要因になっていたのであり，いきおい自動車メーカーは資本コストを低位に抑えることができたのに対して，他方，日本の資本市場は間接金融が中心で，買収による資本コストは高くつくために，資本に代わる諸々の経営資源を部品業者に給付することによって，系列化していったものと考えられる。

流通系列にしても同じような側面をもっており，日本の自動車メーカーは販路を拡大していくために，一般の流通業者に声を掛け，販売代理店になることを要請した。メーカーからの主なギブとしては，資金，宣伝広告，および営業やメンテナンス・サービスのための教育訓練などの援助である。とりわけ資金面での援助は，いわゆるディーラー金融と呼ばれる慣行が主に実施されており，それは，メーカーからディーラーに売られた自動車の代金決済の際に，ディーラーが抱える手形をメーカーが手形割引によって代金決済に代える金融慣行のことである。

これに対してアメリカの自動車メーカーは，一時，流通業者をも買収しようとした。いわゆる川下統合である。ところが独占禁

止法に抵触するおそれがでたため,川下統合戦略は断念せざるをえなくなった。それゆえアメリカの自動車ディーラーは,日本の業者のように1つのメーカーの車だけを売るのではなく,複数のメーカーの車を販売している。

3 資源依存パースペクティブ
●オープン・システムとしての企業組織

　日本の企業グループを構成する基本は,株式相互持合いと系列,それに本文では詳しく触れなかったが,それらを陰で支えていたメインバンク制(*Column* ⑫ 参照)である。いずれも経営資源の相互依存状況を念頭においたうえで,組織間関係を維持・発展させるために編み出されたシステムであり,同一産業内における垂直的コントロールの強化と異業種間での協調体制の構築が基本方針である。

　このような組織間関係のあり方を理論的に解明しようとしてきたのが,組織間関係論であり,これまでいくつかのパースペクティブが提唱されてきた。フェファー=サランシク(J. Pfeffer and G. R. Salancik)の「**資源依存パースペクティブ**」(resource dependence perspective:RDP),エヴァン(W. M. Evan)による「**組織セット・パースペクティブ**」(organization set perspective),アストレー=フォムブラン(W. G. Astley and C. J. Fombrun)の「**協同戦略パースペクティブ**」(collective strategy perspective),ズーカー(L. Zucker),スコット(W. R. Scott),ディマジオ=パウエル(P. J. DiMaggio and W. W. Powell)たちが唱える「**制度化パースペクティブ**」(institutional perspective),そして先述したウィリアムソンの「取引コスト・パースペクティブ」などが主なものである。これ

Column ⑫　メインバンク制

　日本の企業グループにおいて金融機関，とりわけ銀行の果たしてきた役割はきわめて大きい。終戦直後，インフレと政府による戦時補償の打切りによって，企業の資本基盤は脆弱になり，かつ余剰創出力も限られていたため，新規株式発行によって資金を調達することは企業にとって事実上不可能であった。それゆえ，グループ企業は同系の銀行からの融資に依存せざるをえなかった。新興の3大企業グループが銀行を中心に形成されたのも，こうした背景からである。

　企業グループ体制と銀行融資による間接金融中心の経済システムから編み出された日本独特の金融制度が，メインバンク制である。メインバンク制とは簡単にいえば，ある企業への融資審査をその企業のメインバンクが行い，審査合格となれば，政府系の金融機関は無審査で協調融資に踏み切るシステムのことである。

　メインバンクは当該融資事業の収益性審査だけにとどまらず，融資後の資金繰り状況も決済口座を通じて評価し，業績が芳しくない場合は銀行から人材を派遣し，場合によっては追加融資までして再建に努め，けっして融資事業を清算するようなことはしない。清算することによって銀行自体の競争力が低下するようなシステムが当時の大蔵省によって設けられていたためである。

　大蔵省による規制は，①インフレ率の抑制と同時に預金利率も低位に抑え，薄利ではあるが銀行の利鞘を確保する，②債券の発行を特定企業だけに限定し，債券の2次市場の発展を抑制する，③銀行産業，とりわけ大企業のメインバンクになりうる都市銀行業界への参入を抑制する，および，④銀行に対して，支店開設許可権や天下りによる最高経営者の派遣など，裁量的報酬・ペナルティを課す，の4本柱から成り立っている。

　①および②によって銀行の収益の源泉は，預金獲得量になり，それは③によってある程度保障されているものの，銀行間の実質的な競争は，支店の数とその場所，加えてメインバンクとする企

> 業の数・規模・収益力に依存している。このため④は，銀行が大蔵省からペナルティを課せられないようにきわめて注意を払う規制である。もし融資事業が失敗し，清算しなければならない事態にでもなれば，メインバンクとしての信用が失墜し，そのことから顧客企業に敬遠されるようになるのみならず，必ず大蔵省からさまざまなペナルティを課せられることになる。それゆえメインバンクである都市銀行は，よほどのことがないかぎり，融資事業を清算するようなことは行わなかったのである。

らのうち最も支配的な枠組みとみなされている資源依存パースペクティブ（RDP）を簡単に紹介しよう。

　もともとはトンプソン（J. D. Thompson）による「**オープン・システム**としての組織」という発想をもとに，組織間のパワー現象とそのもとでの組織戦略を説明するために構築されたのが，RDPである。なぜ組織間関係が発生し，それが展開していくのか，その際組織間関係をいかに管理していくのか，といった基本問題に答えているところから，RDPは組織間関係論の基底をなすパースペクティブである。

　RDPの発想はいたってシンプルである。組織は外部環境から諸資源を獲得し，それらを財ないしはサービスのかたちに変換して外部環境に提供することによって存続が保障される，オープン・システムである。したがって，外部環境とりわけ諸資源を提供してくれる他の諸組織に依存しなければ，その存続は危ぶまれる。しかしながら資源が稀少でかつそれを提供できる組織の数が少ないとなると，提供を受けている組織の資源依存度は高まり，パワー格差からその組織の自立性は脆弱になる。外部資源に依存しながらも組織としての自立性をいかに確保するかが，RDPの中心課題だといっても差し支えない。

RDPでは，そうした状況におかれた組織がとりうる戦略には，次の3つのオプションが提示されている。

(1) **自立化戦略**——前節でみたアメリカ自動車メーカーによる垂直的統合のように，依存状況すべての吸収・回避をめざす戦略。

(2) **協調戦略**——部分的な依存を認めたうえで，折衝により互いの妥協点を模索し良好な安定関係を形成しようとする戦略。

(3) **迂回戦略**——依存関係を当事者間で直接的に操作するのではなく，第三者機関（上位レベル）の介入，またはそれへの働きかけによって，間接的に操作しようとする戦略。

上記の状況設定からもわかるとおり，RDPとTCPとの組織間関係における状況認識の差異はほとんどない。少数の主体間取引における依存関係の発生という点では同じである。ただRDPがそれをパワー格差としてとらえているのに対して，TCPではパワー格差を認識したうえで，それを回避するために付随的に発生するさまざまな諸活動を取引コストという次元でとらえ直しているのが相違点である。この相違点のゆえにRDPの対応戦略は3つであるのに対して，TCPでは，取引を内部組織化する（make）か，あるいは市場で取引する（buy）かの二者択一のオプションになっている。

もちろん，導出する戦略オプションの数が多いパースペクティブのほうが，より現実的な枠組みであることには違いはないが，RDPの場合，どの戦略を組織が選択するかについての基準が曖昧であるのに対して，TCPのほうはコストに還元して考察しているため，その曖昧さが削減される。両パースペクティブを合成して，組織間関係論における今日的な課題である戦略的提携のロジックを探ることにしよう。

4 戦略的提携のロジック
●なぜ組まなければならないのか

組織間取引の諸類型

さてそこで，ある企業がある資源を他の組織に依存している，あるいはこれからそれを獲得しようとしているとして，どのような行動を起こすことができるのであろうか。その際，まず考慮しなければならないことは，その資源がその企業にとって戦略上重要かどうか，そしてそれを獲得するには，取引コストがかかるかどうか，という点である。

図 6-1 (a) に示されているように，戦略的に重要でもなくかつ取引コストも低いような資源であれば，購入しておけばそれで事足りる。また，戦略的に重要でないにもかかわらず，取引コストが高くつくような資源であれば，それをなしですませるか，あるいは内製化すればいいことになる。

しかし，戦略的に重要な資源となれば話は違ってくる。まず戦略的に重要な資源であっても，取引相手とのこれまでの信頼関係などから取引コストがかからないような場合，そうした良好な関係を維持するように企業は努めることになろう。ある基幹部品がOEM（相手先ブランドによる生産）によって供給されている場合や，R&D の一部をアウトソーシングしている場合が，このケースに当てはまる。

問題になってくるのは，戦略的に重要でありながらも取引コストが高くつく資源をどのように確保するかである。それは企業のおかれた競争環境および保有資源（とりわけカネ）によって，異なるものになってくる。

図 6-1　組織間取引の諸類型

(b)

投資コスト，リスク

高	バーター取引（クロス・ライセンシング，系列）	戦略的提携
低	内製化	買収
	低	高

時間的切迫

(a)

取引コスト

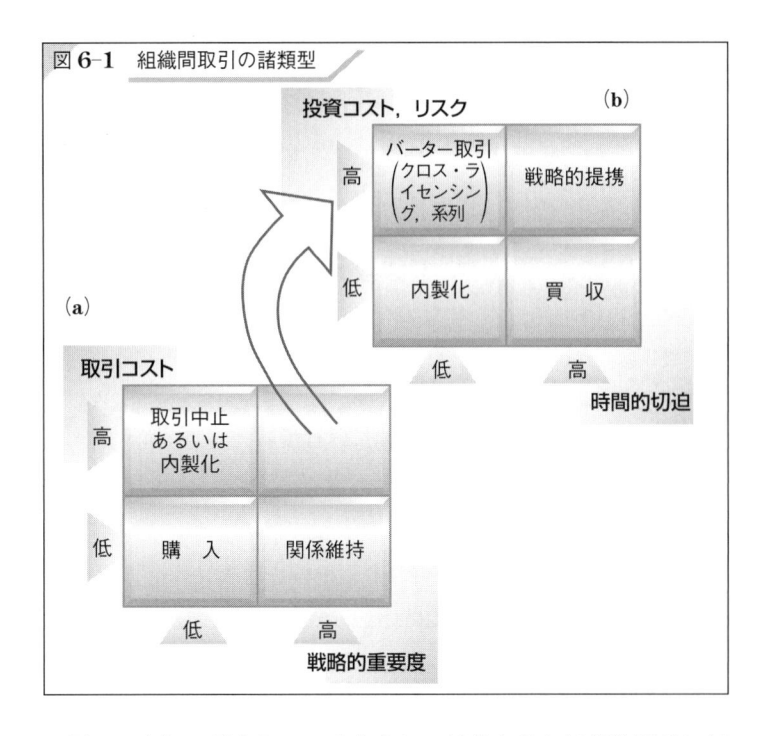

高	取引中止あるいは内製化	
低	購入	関係維持
	低	高

戦略的重要度

　図 6-1 (b) に示されているように，競争上それほど時間的に切迫しておらず，かつ投資コストやリスクがさほどかからない場合，企業としては内製化を進めることになろう。また時間的な切迫はないものの内製化のための投資コストやリスクが高い場合，別の経営資源を活用して必要な資源の確保に努める戦略をとることになろう。取引相手と相互の特許利用を認めあうクロス・ライセンシングをはじめとするさまざまなバーター取引，そして先に説明した系列もこの類型に当てはまる。次に，時間的な切迫感はあるものの，投資コストやリスクがさほど高くない場合は，買収という方法が最も手っ取り早いであろう。

　そしてやはり問題となるのは，時間的に切迫していてかつ投資

コストやリスクが高いケースである。フェファー゠サランシクがいうように，迂回戦略という方法もありうる。しかし，常にこうした戦略がとれるとは限らない。そのとき企業は，まさに戦略的提携と呼ぶにふさわしいさまざまな活動を展開しなければならなくなる。

戦略的提携の諸形態　戦略的提携にはいくつかの形態がある。複数の企業がそれぞれの経営資源を出しあって独立した企業を設立する **ジョイント・ベンチャー**（合弁）方式をとるかとらないか。2 社だけで提携を結ぶのか，あるいは 3 社以上が集まって **コンソーシアム** を形成するのか。そして提携内容は，焦点が明確で限定的なものなのか，あるいは複合的なものなのか。3 つの次元がそれぞれ 2 つに分かれるわけだから，理論的には 8 つの形態が考えられる。それをもとにフォルクナー（D. Faulkner）は，近年行われた 228 の国際的な提携を分類したところ，**表 6-1** に示されている結果を得た。

この表から，その形態を問わず焦点を絞った提携が 67.5 % であったのに対して，複合的な提携は 32.5 % にすぎないことが読み取れる。またジョイント・ベンチャー方式を導入したのが全体の 69.5 % を占めたのに対して，導入しなかったのはわずか 30.5 % である。そして同様に，2 社間で提携を行った場合が 68 % であったのに対して，コンソーシアム方式は 32 % である。

これらの結果からいえることは，企業はリスク回避的な提携を好む，ということである。複合的な提携よりも焦点を絞った提携を好むのも，責任が不明確な協同よりも明確なジョイント・ベンチャーを好むのも，また提携相手を 1 社に絞るのも，リスク回避の姿勢の現れにほかならない。しかしメガ・コンペティションの時代では，そうした姿勢だけではやっていけないのが実情である。

表6-1 提携分類

分　類	%
1　焦点を絞った2社間の合弁	31.0
2　焦点を絞った3社以上の合弁	20.0
3　焦点を絞った2社間の協同	11.5
4　焦点を絞った3社以上の協同	5.0
5　複合的な2社間の合弁	14.5
6　複合的な3社以上の合弁	4.0
7　複合的な2社間の協同	11.0
8　複合的な3社以上の協同	3.0
全　体	100.0

（出所）　D. Faulkner［1995］p. 30.

5　プラットフォーム・リーダーシップ戦略
●標準化へ向けてのグローバル競争

　かつて家庭用ビデオ業界において，ビクター陣営のVHS方式と，ソニー陣営のベータ方式が熾烈な競争を演じ，結局，VHS方式が市場で支持され，業界標準になった。このことは現在のDVD後継規格など，標準をめぐる競争が起こるたびに引合いに出されるほど，著名なケースとして知られる。市場競争を通じてかちえた業界標準を「**デファクト・スタンダード**」（de facto standard）と呼び，「**公的標準**」（de jure standard）と明確に区別される。ではなぜ公的標準と区別されるのか。それはかつてのIBMやゼロックスのように業界を牛耳っていたジャイアントがいない状況で，技術力が拮抗した業界各社が公的標準を定めるために駆引き的行動にでた場合，定まるまでに時間がかかりすぎ，それでは事業機会を逸してしまうことになりかねないからである。ならば市場競争を通じて，業界標準を決めよう，というのがデファク

ト・スタンダードをめぐる競争のねらいであり，そこで重要になってくるのが，戦略的提携の行い方なのである。

しかしビデオ業界での競争をみても明らかなように，デファクト・スタンダードをめぐる競争は，オール・オア・ナッシングのシビアな競争である。その後どこの家電量販店に行っても，ベータビデオを目にすることはほとんどなくなった。すべてといっていいほどVHS方式になったのである。いやそれどころか，ベータというビデオ方式が存在することさえ知らない世代が増えてきている。なぜこうした状況になるのであろうか。

> ネットワーク外部性

ビデオ業界は，発売当初，VHSもベータもシェアは拮抗していた。VHSは長時間録画を売り物に，またベータはコンパクトさと画質のよさを売り物にしていた。ところが，ここにビデオソフト販売およびレンタルという業種が登場することによって，事態は大きな変化を遂げることになる。

レンタルビデオの店頭には，当初，ソフトごとにVHSとベータの両方が揃えられていた。ところがVHS陣営が，ビデオソフト業界に営業攻勢をかけ，VHS方式しかないビデオソフトがレンタルビデオの店頭に並び始めた。これを機にVHS方式のハードが若干シェアを伸ばし始めたのである。こうした状況を受けてビデオソフト業界は，VHSのほうへさらに傾斜し，そのことがVHSハードのシェアを伸ばし，こうした相乗効果の結果，VHS方式はビデオ業界におけるデファクト・スタンダードの地位を獲得したのである。

ここに「ネットワーク外部性」(network externalities) という考え方がある。もともとは通信業界のサービス受益者の効用を計る尺度として考え出された概念であるが，最近では競争市場におけ

る経済分析にも応用されてきている。そしてネットワーク外部性には，次の3つのレベルがあると考えられている。

(1) 直接的効果——通信ネットワークを考えれば明らかなように，ネットワークに参加するメンバー数が多くなればなるほど，メンバー間のやりとりが増え，メンバーたちの効用が増すことになる効果をいう。

(2) 相乗的効果——いま説明したビデオ業界でのデファクト・スタンダードの決まり方が，このレベルに相当する。同じ方式に基づくソフトとハードが存在するところでは，一方における直接的効果が他方にも好影響し，それがまた一方に好影響を与える効果のことをさす。基本的な機能が違う複数のソフト（たとえばOSソフトとアプリケーションソフト）および複数のハード（パソコン本体と周辺機器）が存在する場合は，ソフト間同士およびハード間同士の効果も期待することができる。

(3) 間接的効果——たとえば自動車のような耐久消費財の場合，アフターサービスの質および利用の容易さは，サービス・ネットワークの規模と経験に依存しており，そしてそれらは自動車の販売台数に依存している。この場合，サービスを受けるメンバーたちの効用は，彼（彼女）らの間の直接的なやりとりによって高まるのではなく，メンバー数が増えることによって，間接的に高まることになる。

プラットフォーム・リーダーシップ戦略

規格間競争は厳しい。それゆえできれば競争は避けて通りたい。そうしたことは可能なのか。この問いに対して1つの可能性を提起したのが，ガワー゠クスマノ（A. Gawer and M. A. Cusumano）の「**プラットフォーム・リーダーシップ**」（platform leadership）という戦略概念である。彼らは，インテル，マイク

ロソフト，シスコ等をプラットフォーム・リーダーとして位置づけ，（主にインテルについて）詳細に事例分析する。

半導体のメモリ領域から撤退し MPU（マイクロ・プロセッサ・ユニット）領域に経営資源を集中し事業転換を成功させたインテルであったが，パーソナル・コンピュータ（PC）産業の将来性には，強い不安を抱いていた。なぜなら当時業界標準として採用されていたデータ伝送のための PC バス・アーキテクチャが時代ニーズに合わず，伝送速度が遅い規格となり始めていたからだ。

インテル製品は，エンド・ユーザーの PC に対する認識からすれば，コンテンツ，アプリケーションは言うに及ばず，差込み機器および基本ソフト（OS）よりもはるかに意識されにくい基幹ハードウエアである。いくら高性能なマイクロ・プロセッサを開発し部品供給しても，バスの性能が遅ければ，結局 PC としてのエンド・ユーザーによる性能評価は下がってしまう。にもかかわらず，マイクロ・プロセッサの性能は，設計と製造工程の改善によって同一規模ならば18〜24カ月ごとに倍増する（ムーアの法則）。要するに最新マイクロ・プロセッサの「旬」は，1年半から2年しか持たない，ということになる。

こうした状況を打開するために，インテルは社運をかけて，コンピュータ・セット・メーカー（IBM やコンパック等）が本来手がけてきたバスの開発に乗り出す。社内で PCI（Peripheral Component Interconnect）バス・イニシアティブ，と呼ばれた取組みである。この取組みは大きく3つの柱からなる。1つは，PC の新しい利用形態をエンド・ユーザーの視点に立って徹底的に調査企画する組織，IAL（インテル・アーキテクチャ・ラボ）の設立であり，2つには PC の周辺機器（含む部品）を開発するサード・パーティへの PCI 規格準拠製品の開発支援，そして最後に，そ

の際の知的財産戦略である。

 PCIバスは、それまでの業界標準であったISA (Industry Standard Architecture) バスとは異なる規格で、インテルが独自に開発したそれである。ISAバスは、名前の通り、業界および学会が主導的に提唱してきたバスであるため、知的財産権の利用は基本的にほぼ無料であった。この無料ゆえに、PC産業のプレーヤーたちは、データ伝送速度が遅くなり始めているのを知りつつも、ISAバスに準拠し続けた。こうした事態を熟知していたインテルは、PCI規格についても利用料を徴収することはせず、それどころか、サード・パーティがPCIバスに準拠した製品開発を行う際には手厚い開発支援を実施した。結果、数多くのサード・パーティがPCI規格を採用するようになり、ライバルIBMに先んじるためにコンパックが当該規格に準拠したPCを市場投入することとなった。否応なく、IBMも準拠したPCを投入せざるをえなくなり、この瞬間、バス・アーキテクチャの業界標準は、ISAからPCIに取って替わられた。

 PCI規格がデファクト・スタンダードになって、なぜインテルがプラットフォーム・リーダーになりえたのか。当該規格が土台（プラットフォーム）となって、それに準拠した製品が数多く市場投入されればされるほど、エンド・ユーザーはPCのさまざまな利用方法を享受できることになり、ネットワーク外部性が働き、彼（彼女）たちの効用は高まる。他方、セット・メーカーおよびサード・パーティも当該規格に準拠さえしていれば、他社との違いをアピールできる商品を市場投入することが可能となり、結果PCの利用形態はさらに展開していく。その規格の主宰者はインテルであるため、インテルの支援なくしては、PC産業のプレーヤーたちは、差別化のための機能実装を行えない。そのことは、

表6-2 プラットフォーム・リーダーシップの4レバー

1. 企業の範囲	このレバーは企業が内部で何を行い、外部企業に何を行わせるかを判断する基準である。
2. 製品化技術（アーキテクチャ、インターフェース、知的財産）	このレバーは、製品アーキテクチャについて行う意思決定に関係する。モジュール化をどの程度すすめるのか、インターフェースのオープンさをどの程度にすべきか、そして外部企業に対する情報開示の程度に関与する。
3. 外部補完業者との関係	このレバーは、協調関係と競争関係とのバランスをどのように維持するのかにかかわっている。協調だけでも競争だけでもありえない、そのバランスのよい組合せが課題となる。
4. 内部組織	このレバーは、外部および内部におけるそれぞれの利害対立をマネジメントできる組織単位の設置にかかわる。その際、企業文化と管理プロセスにも配慮した組織設計が必要となる。

PC産業における製品開発の最先端情報はすべてインテルに集まることを意味し、結果マイクロ・プロセッサの開発おいて、常に競合他社よりも先んずることが可能になるのである。インテルは、この枠組みをさらに発展させ、AGP（Accelerated Graphic Port）およびいまや持ち運びメモリで有名なUSB（Universal Serial Bus）規格をも主宰するまでになり、PC産業における巨人としてマイクロソフトとともに君臨している。

PC産業というモジュール化された製品開発環境における取組みではあるものの、あらゆる産業において、程度の差こそあれ、オープン化の流れは傾向として顕在化しつつあり、そのことを踏まえて、ガワー＝クスマノは**表6-2**のように、プラットフォーム・リーダーシップを構築するための要件を列挙する（表中の用語については *Column* ⑬ も参照）。

今日数多くの産業で、多様な製品の相互依存性と、多くの企業

Column ⑬ コンピュータ産業におけるモジュール化

1960年代の初頭までコンピュータ産業においても、製品設計は、あるデザイン・ルールに基づいて下位ユニットがモジュール化されたものではなかった。IBMがシステム/360という製品を開発してからである。当時IBMは主要顧客から、非互換性のコスト負担と複雑な製品群の増大から、厳しく改善要求がなされた。新機種が投入されるたびに、データ資産のコーディングを余儀なくされ、さらには機能するシステムに組み上げるには、いかなる構成が最適かを顧客は複雑な製品群から検討せざるをえなかった。そこでIBMは当時にしては巨額の約40億ドル（当時のIBMの時価総額は、約数百億ドル）の開発資金を投じ、システム/360の製品化を断行した。

少々技術的になるが、エンジニアリング・デザインの領域では、あらかじめ定められたデザイン・ルールに従う限り、下位ユニットはルースに独立した単位——モジュール——として扱うことが可能になる。モジュール内においては、独立してタスク間の合理化、効率化を推し進めることができる。このようなデザインにおけるルール設計を含め、全体システムの構成のことを「アーキテクチャ」と呼び、モジュール間の接続仕様を「インターフェース」と呼ぶ。すなわち、モジュール化されたデザインは、全体としてのアーキテクチャ、各ユニットとしてのモジュール、それにモジュール間のインターフェースによって成り立つ。

モジュール化デザインによるメリットは、あるモジュールの技術革新があった場合も、全体としては、その部分だけを取り替えれば、既存システムは稼働することである。これにより、製品としての互換性が保障されることになるだけでなく、モジュール内における技術革新の速度を上げることにも貢献する。なぜなら、アーキテクチャとインターフェースだけを制約条件として遵守していれば、内部のタスク間の合理化、効率化は、当該モジュールを受け持つプレーヤーにとって自由に設定できるからだ。

しかしながらアーキテクチャがオープンになるだけでなく，モジュール化が進みすぎると，それらを設計した企業にとっての競争優位の源泉は失われかねない。一昔前の自転車産業がそうであったように，誰でもが作れる製品になってしまうのである。開放性の背後にある閉鎖性，加えてモジュール化の程度は，企業の戦略的提携においては，非常に重要な要件であるように思われる（詳しくは，C. Y. ボールドウィン＝K. B. クラーク〔安藤晴彦訳〕『デザイン・ルール――モジュール化パワー』東洋経済新報社，2004年，を参照）。

に拡散したイノベーション能力のゆえに，その大小にかかわらずどの企業も，互いに連動する分野から構成されるネットワーク内の他企業の動向を無視して，基本的な意思決定を行えない。そうしたなかで求められるのは，あらゆるプレーヤーが拠って立つプラットフォームの形成である。プラットフォームとは，下位システムが相互にイノベーションを創発しあう進化するシステムのことであり，具体的には，規格，製品アーキテクチャ，サービス・システム，プロジェクト・コンソーシアム等々，インフラ的なものから協働枠組みの制度的なものまでが含まれる。戦略的提携の枠組みを考えるうえで，1つのヒントになる概念であろう。

演習問題

1 系列関係を資源依存パースペクティブに基づいて整理してみよう。

2 今後，戦略的提携はどのように行われるかを議論してみよう。

3 ネットワーク外部性が働く環境では，なぜ他の同等のサービスが排除されるのか，考えてみよう。

4 シマノ（本社・大阪府堺市）は，自転車業界におけるインテル，と評されることがある。冷間鍛造という技術を活かして，シフト・レバー，変速機，ギア，ケーブルからなる部品をコンポーネントとして組み上げ，さらにはブレーキ・レバーとシフト・レバーとを統合したコンポーネント製品を開発し，部品として市場に供給している。シマノの成功はマウンティン・バイク市場の発見にあったといえる。ロード・レースの分野では，カンパニョーロのブランド力が強くシマノはなかなか入り込んでいけなかった。ところがアメリカ西海岸の自転車ショップ巡りをしていた際に，自転車を山で乗り回しているユーザーのいることを知り，独自技術を活かした精度の高いコンポーネントが受け容れられる可能性を発見した。その後マウンティン・バイク市場の活性化のために，レース開催を支援し，マウンティン・バイク・レースにおけるシマノ，というブランドの確立に成功し，ロード・レース分野でも，やがて売上げを伸ばし始める。

　自社コンポーネントのブラック・ボックス化を推し進めるとともに，自転車メーカーへの新商品提案，小売店への技術指導を積極的に行い，いまや，コンポーネントとしてシマノ製品が組み込まれていることが自転車にとっての付加価値になっている。マウンティン・バイク・レースにおける技術的優位性からの製品ブランド化，自転車メーカーへの新商品開発提案，さらには小売業者への技術指導ということからすると，インテルのような規格に基づくプラットフォーム・リーダーとは異なるが，こうした商流構築も1つのプラットフォーム・リーダーシップ戦略と考えられる。インテルと比較しながら，その是非を検討してみよう。

参考文献 *Bibliography*

青木昌彦［1995］『経済システムの進化と多元性——比較制度分

析序説』東洋経済新報社。

　経済学的比較制度分析の入門書であり，かつ日本経済再生のシナリオを描く政策提言書。

淺羽茂［1995］『競争と協力の戦略——業界標準をめぐる企業行動』有斐閣。

　「ネットワーク外部性」を鍵概念に，次世代経営戦略を模索した意欲的な研究書。

今井賢一・伊丹敬之・小池和男［1982］『内部組織の経済学』東洋経済新報社。

　ウィリアムソンの「取引費用理論」をもとに，経営組織を考察した明解かつ良質の入門書。

橋本介三編著［1996］『現代日本経済を考える』八千代出版。

　現代日本経済に潜む諸問題を組織の視点から一貫して解明・考察し，それらを政策としてまとめた提言書。

山倉健嗣［1993］『組織間関係——企業間ネットワークの変革に向けて』有斐閣。

　組織間関係に絡む諸学説を丹念に網羅した概説書。

D. Faulkner［1995］*International Strategic Alliances: Co-operating to Compete*, McGraw-Hill.

　国際戦略提携の方法論を網羅的に解説した理論書。

A. ガワー＝M. A. クスマノ著（小林敏男監訳）［2005］『プラットフォーム・リーダーシップ——イノベーションを導く新しい経営戦略』有斐閣。

　インテル，マイクロソフト，シスコといったITにおける巨人たちの経営戦略を，プラットフォーム・リーダーシップという新たな切り口から分析した著。技術開発および知財戦略におけるインプリケーションが豊富。

第III部

変革の管理

第7章 モティベーションと組織活性化

第8章 経営のリーダーシップ

第9章 企業文化の創造と変革

第7章 モティベーションと組織活性化

組織を支える人的要因

サマリー

科学的管理法で考えられているような金銭その他の物的条件だけでは，生産能率やモティベーション（動機づけ）を説明しきれないことが，実験・調査からわかってくるのにともない，1930年代には，心理的・情緒的な要因を重視する人間関係論が登場する。これは従業員の欲求の満足化による生産性拡大運動となって，経営実践に影響を与えたが，1950年代後半に入って，行動科学の影響もあり，人間資源アプローチを中核とした組織行動論に取って代わられる。また，人間関係論に端を発した膨大なワーク・モティベーションの実験・調査研究の蓄積は，やがて1960年代に入って期待理論として理論的に結実する。そして，1970年代に入ると内発的動機づけの理論が登場する。アメリカにおいては，こうした行動科学の技法と理論を応用して，組織の改善・変革をはかる組織開発が1960年頃に誕生し，日本にも紹介・導入されたが，日本ではその後，組織活性化として独自の展開をみせることになる。また，組織均衡論は基本的にモティベーションの理論だが，最近は，別の角度からも注目される。

Key Words

ホーソン実験　人間関係論　職務満足　行動科学　組織行動論　人間資源アプローチ　モラール　参加的リーダーシップ　動機づけ衛生理論　X理論・Y理論　期待理論　内発的動機づけ　自己決定　有能さ　欲求段階説　自己実現　組織開発　組織活性化　一体化　無関心圏　受諾圏　I-I図　近代組織論　公式組織　組織均衡論　ステークホルダー　顧客満足

1　人間関係論と行動科学

●人はどうして働くのか

人間関係論

アメリカのウエスタン・エレクトリック社のホーソン工場（シカゴ市）で，1924～32年に，一連の実験，いわゆる**ホーソン実験**が行われた。レスリスバーガー（F. J. Roethlisberger）やメイヨー（G. E. Mayo）らによると，その結果，当初の実験目的である物理的環境条件の変化を生産能率と関係づけようとする試みは，ものの見事に失敗に終わってしまった。つまり，照明度は生産能率に影響しないこと，休憩時間のとり方や作業時間の長さなどの作業条件は，それを改善しても悪化させても生産能率が一貫して上昇し続け，職務満足は向上し，欠勤率は低下することなどがわかったのである。

そこで彼らは，作業慣行を変えた際に，被験者である女子工員たちの考えを聞き，同意を得たことなどが，協力的態度および生産能率向上の原因となっているのではないかと考えた。つまり，作業者の生産能率は，物理的環境条件よりも，作業者の心理的・情緒的なものに依存するところが大きく，非公式組織の影響力が大きいというのである。ここに**人間関係論**が誕生する。

人間関係論は従業員の欲求の満足化による生産性増大運動となって，経営実践にも影響を与えたが，その後の実験・調査研究の蓄積から，1950年代には**職務満足**と生産能率を短絡的に結びつけることが疑問視され始めた。1960年代になると，ホーソン実験自体に対しても，途中で反抗的な女子工員が解雇され，代わりに意欲的かつ生産的な女子工員が採用されたために，集団の生産性が向上したのではないかという疑問などが出されるようになる。

一方，第一次大戦の頃から，アメリカでは，自然科学を学問の モデルとみて，数量化，記号化といった方法を社会科学に導入し ようとする動きがあったが，学際的研究の進展のなかで，それ がさらに促進された。その結果，客観的に観察・測定・分析する ことができる行動のレベルで人間を科学的に研究する学問として， **行動科学** がアメリカで生まれた。心理学，社会学，人類学から生 物科学にまでまたがって，行動の観点からこれらを統一する一般 理論を追究する新しいタイプの科学が登場したのである。1950 年代に入って，フォード財団が行動科学研究に大規模な経済的援 助を始めたことにより，行動科学が急速に広がり，1960年代には， アメリカの経営大学院に行動科学者，とくに心理学者が大量に採 用されていった。こうして，行動科学的経営学といえる **組織行 動論** が新研究領域として確立されてくる。その中核は，人間関 係論を批判・継承するモティベーション管理の **人間資源アプロー チ** であった。

| 人間資源アプローチ |

　　　　　　　　　　たとえばリッカート（R. Likert）によると， 権威主義的リーダーシップをとると，上 司が一方的に決定・命令するために，従業員の **モラール**（士気）， 経営者や管理者への信頼感，生産性をいずれも低下させる傾向が ある。それに対して，**参加的リーダーシップ** がとられると，経営 者や管理者の意思決定過程に従業員も参加し，集団で決定してい くので，従業員のモラールも，相互の信頼も，生産性もいずれも 高くなるというのである。

　またハーズバーグ（F. Herzberg）らは，アメリカのピッツバー グ市の企業9社の技術者と会計担当者約200人を対象に，自分 の職務について例外的によい感じをもったとき，あるいは例外的 に悪い感じをもったときを思い出してもらい，そのときにどんな

事象が起こったのかを詳細に面接調査した。その結果，次のようなことが判明した。

(1) 職務満足事象には，達成，達成に対する承認，仕事そのもの，責任，昇進が要因として現れる頻度が顕著に高かったが，これらの要因が職務不満足事象として現れることは非常に稀であった。
(2) それに対して，職務不満足事象にはこれとはまったく異なる要因，会社の方針と管理，監督，給与，対人関係，作業条件が出てきたが，これらは，今度は職務不満足をもたらすように作用するだけで，職務満足事象として現れることはほとんどなかった。

職務満足をもたらす(1)の満足要因は自分の行っている職務そのものと関係していると考えられ，**動機づけ要因**と呼ばれるが，職務不満足をもたらす(2)の不満足要因は自分の職務ではなく，それを遂行する際の環境・条件と関係しており，もっぱら職務不満足を予防するための環境的要因なので，**衛生要因**と呼ばれることになる。これが**動機づけ衛生理論**である。この理論については，その後多くの追試が行われ，その妥当性が確認されている。

こうした流れのなかで，マグレガー（D. M. McGregor）は，従来の組織に関する文献や経営者が，暗黙のうちに，人間は生来仕事が嫌いで，強制，統制，命令，処罰なしには十分な努力をせず，命令されるのが好きで，責任回避を望み，野心をもたず，安全を望んでいることを前提としているとし，こうした一連の考えを**X理論**と呼んだ。しかし，リッカートやハーズバーグなどでもわかるように，当時すでに，人間行動に関する研究成果の蓄積により，新しい理論も生まれてきており，マグレガーはこの考え方を**Y理論**と呼んだ。Y理論では，人間は生来仕事が嫌いというわけ

ではなく，仕事は条件次第で満足の源にもなりうるのであり，自分が立てた目的達成のためには，自分自身を鞭打ち，自ら命令・統制もするし，ある条件下では，責任を進んで引き受けることも学習すると考えられている。このように，X理論とY理論とでは対照的な特徴をもっている。そして，マグレガーはX理論に基づく命令・統制による階層原則に代えて，メンバーの企業目標達成努力が各自の目標達成につながるような状況を作り出すというY理論に基づいた統合の原則による経営を主張したのである。

2　動機づけの理論
●打算からチャレンジへ

期待理論

ところで，人間関係論に端を発した膨大なワーク・モティベーションの実験・調査研究の蓄積は，動機づけに関する理論化を促すことになる。動機づけに関する代表的かつ最も精緻な理論である**期待理論**は，基本的には打算的で合理的な人間を仮定し，そうした人間の仕事への動機づけを定式化したものである。その原型は1930年代の研究にまで遡るといわれるが，現在のような組織メンバーのワーク・モティベーションの理論として比較的完成されたかたちにまとめたのは，ヴルーム（V. H. Vroom）である。そこでは，経済学や決定理論における期待効用理論に近似した定式化が行われている。

期待理論では，職務遂行によって獲得できる報酬の効用は誘意性と呼ばれ，その報酬獲得の主観確率は期待と呼ばれる。ヴルームによれば，ある人にとって，ある行為を遂行するように作用する力は，その行為がいくつかの結果をもたらすとの期待と，それ

それの結果がもっている誘意性との積の和（すなわち，誘意性の期待値のことで，期待効用に相当する）の単調増加関数で表される。このことから期待理論は「期待×誘意性」理論ともいわれ，ある職務を遂行するように作用する力は期待効用によって決まると考えるものである。ヴルームのモデルは，その後，多くの研究者によって実証研究が行われるとともに，より複雑なモデル化も試みられている。

内発的動機づけ 　ところで動機づけモデルには，外的報酬による動機づけを扱うこのヴルームの系統とは別に，達成動機づけに代表される **内発的動機づけ** の理論の系統がある。ここではデシ（E. L. Deci）によって体系化された内発的動機づけの議論についてみておきたい。

内発的に動機づけられた活動とは，当該の活動以外には明白な報酬がまったくないような活動のことである。見た目には，つまり外的には何も報酬がないのに，その人がその活動それ自体から喜びを引き出しているようなとき，そう呼ばれる。その活動が外的報酬に導いてくれる手段となっているからその活動に従事するのではない。その活動それ自体が目的となって，その活動に従事しているような活動を内発的に動機づけられた活動というのである。実はヴルーム自身が，広範な調査研究のサーベイの結果，それらの調査研究が，職務遂行は目的達成の手段であるばかりでなく，目的そのものでもあり，個人は職務遂行に対する外的に媒介された結果とは無関係に，効率的遂行からは満足を引き出し，非効率的遂行からは不満足を引き出すことを示唆しているとしていたのである。

デシは内発的に動機づけられた行動を，人がそれに従事することにより，自己を有能で **自己決定** 的であると感知することので

きるような行動であると定義した。ここでいう **有能さ** の概念は，もともとは心理学の分野で，日常的用法よりも広義に，生物学的意味で有機体がその環境と効果的に相互に作用する能力をさして用いられたものである。見る，つかむ，はう，歩く，考える，目新しいものや場所を探求する，環境に効果的な変化を生み出すといった行動は，それによって，動物や子供がその環境との間に効果的に相互に作用することを学習するプロセスを構成するという共通の生物学的意味をもっていると考えられた。この共通の性質をさすために，有能さという用語が選ばれたのである。つまり，自己の環境を処理し，効果的な変化を生み出すことができたとき，有能さを感じるのであり，それはまさに自己決定的であると感じていることにほかならない。

　こうした有能さと自己決定に対する内発的欲求は，出生時からすでに存在していると考えられている。したがって，人は，自らにとって効果的に変化を生み出すことができるという意味で，最適のチャレンジを与える状況を追求し，そしてまた，自分が出会ったりまたは作り出しているチャレンジを征服しようとする，という内発的に動機づけられた行動をとるのである。そして，もしある人の自己決定の感覚が高くなれば，その人の満足感は増加し，逆に，もし自己決定の感覚が低くなれば，満足感は減少すると考えられる。このことについては，いくつもの調査・実験が行われているが，日本企業の従業員についても，個人の自己決定の感覚が高いほど，職務満足感が高くなることが確かめられている。

外的報酬と内発的動機づけ

　外的報酬による動機づけを考えた期待理論のモデルでは，もし同じ外的報酬をもたらすパスに，容易なパスと困難なパスの2つのパスがあるときには，人は容易なパスを選ぶことになる。

なぜなら，外的報酬の期待値が高くなるからである。しかし，内発的な動機づけのモデルでは，より困難なパスを選ぶかもしれない。なぜなら，内発的動機づけは，個人がある程度は困難なことにチャレンジするように動機づけられることになるからである。

実際，外的報酬が内発的動機づけを低下させるという実験結果まである。たとえば，大学生に興味のもてるパズルを解かせたときに，金銭的報酬を与えたグループのほうが，金銭的報酬を与えなかったグループよりも，パズルに費やした時間が減ってしまったことが報告されている。つまり，人は期待効用理論で想定しているように，外的報酬という賞金のために，くじを引くがごとく仕事をし，働いているわけではない。いかに精緻な理論であっても，期待効用理論で，人の意思決定，とくに動機づけを説明し尽くすことはできない。人にとっての仕事は単にくじを引く以上の何かである。仕事によって成長し，仕事によって直接満足感を得る。たとえ決定理論的な合理性の限界をやや逸脱しようとも，組織は人に対して，そんなチャレンジの機会を与えていくべきなのである。

ところで，マズロー（A. H. Maslow）は人間の欲求は最低次欲求から最高次欲求まで，①生理的欲求，②安全欲求，③愛情欲求，④尊敬欲求，⑤自己実現の欲求，というように階層的に配列されていると仮定したうえで，低次の欲求は満足されると強度が減少し，欲求階層上の１段階上位の欲求の強度が増加するというように，欲求の満足化が低次欲求から高次欲求へと逐次的・段階的に移行していくという，いわゆる**欲求段階説**を主張し，そのときの最高次の欲求を**自己実現**の欲求とした。自己実現欲求とは，自らの先天的潜在能力に応じて，現実の制限のうちで，創造的でユニークな個人として自分の資質を十分に発揮したいという欲求であ

る。

　この自己実現欲求と有能さ・自己決定に対する内発的欲求は似ているのだが，後者は出生時からすでに存在しているだけではなく，その他の欲求はこれから派生していくものであると考えられており，その位置づけが根本的に異なっていることに十分な注意が必要である。もっともマズローの欲求段階説に対しては，これまで数多くのさまざまな検証が試みられているものの，その試みはことごとく失敗しており，現在では，マズローの考えた自己実現の位置づけを含め，その主張に科学的根拠はないと考えられている。

3 組織活性化
●景気の浮沈を乗り越えて，よい組織状態を維持

組織開発と組織活性化　　アメリカにおいては，こうした行動科学の技法と理論を応用して，組織の改善・変革をはかる **組織開発** が1960年頃に誕生し，70年代にかけて発展した。感受性訓練やマネジリアル・グリッドなどの手法でも知られるが，すべてを含む統一的な理論はない。組織開発は日本にも紹介・導入されたが，その後，日本では独自の展開をみせ，今日，組織活性化と呼ばれているものがそれに相当している。

　実は，1970年代半ば以降，日本企業の間では **組織活性化** がしばしば唱えられるようになる。日本経済全体が高度成長から低成長・安定成長へと移り，各企業も業績の伸び悩みや低迷を経験するなかで，なんとかして高度成長期のときのような活気のあるよい組織状態を取り戻したいと考えるようになったらしい。景気の浮沈を乗り越えて，活性化された状態を維持することが叫ばれた。

それは環境の状態にかかわらずよい状態であり，たとえば，ひどい不況時には企業が高業績を上げることはほとんど望めないが，このようなときでも，たとえ高業績に結びつかなくとも，活性化された状態を実現することは可能なはずである。

ここでいう活性化はもともと「外来語」ではなく，英語の原語も存在しないらしい。これまで日本語に翻訳されている経営書などで「活性化」という訳語をみつけると，できるだけその原典に当たり，その原語が何であったのか確認する作業を続けてきたが，これまでのところ，何か特定の用語の定訳というわけではないらしいことがわかってきた。代表的なものとしては，mobilization, utilization, revitalization, energization などの訳語として「活性化」が用いられることがあるが，いずれも人的資源などの有効利活用や産業再活性化などの意味で用いられるもので，組織の活性化とはややニュアンスが異なる。

日本で使われている「活性化」は，欧米から導入されたというよりは，むしろ1970年代半ば頃から国内で独自に使われ始めたもののようで，主に組織開発の分野で日本にある考え方や技法などを包括してさす曖昧な概念である。最近になって，「組織活性化」の英訳として "organizational activation" という用語が当てられ，欧米の学術誌に掲載されるようになってきた。逆に欧米に輸出しようというわけである。

一体化と無関心圏

そこでここでは，高橋［1993］による組織活性化のフレームワークをもとにして，活性化の意味について考えてみよう。このフレームワークに基づけば，組織での協働の確保における動機づけ，活性化の位置づけがよく理解できる。このフレームワークでは，活性化された状態を「組織のメンバーが，①組織と共有している目的・価値を，②

能動的に実現していこうとする状態」と定義する。そして、①の組織と目的・価値を共有している程度を表すものとして一体化度を、②に関連して、逆に受動的に思考している程度を表すものとして無関心度を考える。この一体化度と無関心度は、それぞれ次のような意味をもっている。

（1）一体化度——サイモン（H. A. Simon）は、メンバーが意思決定を行うにあたって、一定のグループにとっての結果の観点からいくつかの代替案を評価するとき、その現象を 一体化 と呼んだ。すなわち、メンバーが組織と目的・価値を共有しているとき、そのメンバーは組織に自身を一体化していると呼ぶのである。この一体化の程度を表すものとして一体化度を考える。

（2）無関心度——バーナード（C. I. Barnard）は、各メンバーには「無関心圏」が存在し、その圏内では命令の内容は意識的に反問することなく受容されうるのだと考えた。つまり代替案レベルでは、無関心圏内にある代替案に対してはその内容が何であるのかについて比較的無関心に、命令を受け入れるのである。たとえば、全国各地に事業所があり、転勤してまわることが常であるような企業では、代替案である転勤先は無関心圏に属し、「A市へ転勤」「B市へ転勤」……などの転勤先については比較的無差別で、無関心である。この考え方はサイモンにも「受諾圏」という概念で受け継がれている。無関心圏が大きいということは、上司の命令に対して忠実で従順であることを意味しているのだが、反面、受動的で、組織のなかで受け身でいることも意味し、言われたことは実行するが、自分で代替案を作っていくようなことはしない。こうした無関心圏の大きさを表すものとして無関心度を考える。

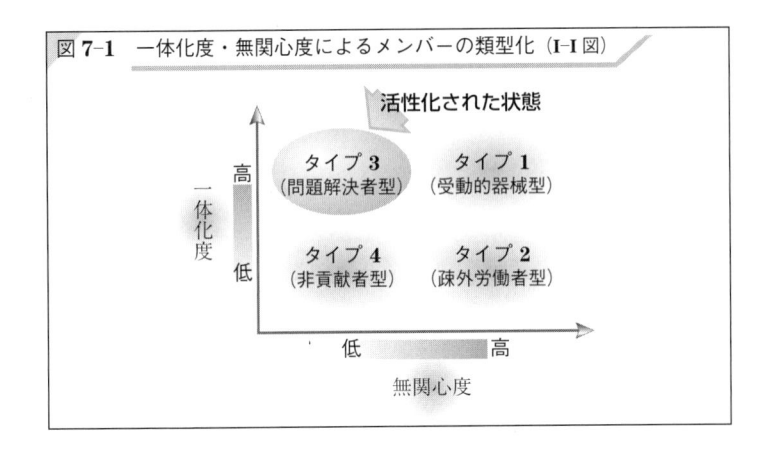

図 7-1　一体化度・無関心度によるメンバーの類型化（I-I 図）

活性化された状態

一体化度　高

タイプ3（問題解決者型）　タイプ1（受動的器械型）

タイプ4（非貢献者型）　タイプ2（疎外労働者型）

一体化度　低

無関心度　低　高

組織活性化のフレームワーク

そこで，この無関心度を横軸，一体化度を縦軸にとった図 7-1 のような I-I 図 (identification-indifference chart : I-I chart) と呼ばれるグラフを考える。このグラフにメンバーや組織をプロットして，活性化度の比較を行う手法が開発されたが，その基本は，無関心度の高低と一体化度の高低の組合せによる次のような4つのタイプにメンバーを類型化することである。

〈タイプ1〉　受動的器械型と呼ばれ，無関心度が高く，かつ一体化度が高い組織メンバーである。受動的器械という名称は後述するマーチ (J. G. March) = サイモンの分類からとられた。このタイプのメンバーは組織の要請・命令に忠実で，かつ組織と目的・価値を共有している。指示を受けて仕事を遂行するが，自分から行動を起こして影響力を行使したりはしない。また，組織と目的・価値を共有しているので，動機づけはあまり問題にならない。

〈タイプ2〉　疎外労働者型または官僚型と呼ばれ，無関心度は高いが，一体化度は低いメンバーである。命令には従うが，個人的な目的・価値と組織の目的・価値が一致していない。そのた

Column ⑭ サイモン

　ハーバート・A. サイモン（Herbert A. Simon, 1916-2001）はアメリカのシカゴ大学政治学科出身で，長きにわたってカーネギーメロン大学の教授をしていた。

　活躍は多方面にわたるが，バーナードによって創始された近代組織論を精緻化した『経営行動』（1947年）と『オーガニゼーションズ』（J. G. マーチとの共著，1958年）は近代組織論の古典中の古典である。サイモンは，個々の組織メンバーの意思決定過程が連鎖したものとして組織をとらえ，組織メンバーの限定された合理性が，組織の意思決定過程のなかでどのように克服されていくのかを解明することを基本的テーマとし，組織現象を説明するための概念体系と理論的枠組みを確立した。限られているとはいえ，合理的に意思決定を行うことができる，つまり「限定された合理性」をもった人間が，「合理的」に意思決定をしうるための装置として組織をとらえるのである。

　そこには，ゲーム理論や決定理論の強い影響がみられるが，近代組織論では，近代経済学や決定理論のように決定問題を解くことではなく，各メンバーが直面する決定問題が組織的状況のなかでいかに形成されるのかということに関心が向けられる。サイモンは，こうした問題解決過程の研究の延長線上として，その後，心理学や認知科学，コンピュータ科学の研究へと進み，人工知能の父としても知られるようになる。1975年にコンピュータ分野のノーベル賞といわれるチューリング賞を受賞。1978年にはノーベル経済学賞を受賞している。晩年，自叙伝『学者人生のモデル』（岩波書店，1998年）が出版された。

めに，目的・価値の対立から，権力現象とか勤労意欲が組織内の行動の説明に重要となってくる。目的・価値の点では組織と一線を画しているが，行動の点では命令に従っているので，よくいわれる公務員タイプ，官僚タイプに相当すると思われる。

〈タイプ3〉　問題解決者型または意思決定者型と呼ばれ，無関心度は低いが，一体化度が高いメンバーである。メンバーは無関心圏が狭いので，命令・指示の忠実な受け手というよりは，それらに反問し，組織と共有している目的・価値に基づいて，組織の立場から常に問題意識をもって，問題解決をし，意思決定を行おうとする者である。定義に従えば，このタイプ3のメンバーが多いとき，組織は活性化された状態にあるということになる。

〈タイプ4〉　非貢献者型または非構成員型と呼ばれ，無関心度も一体化度も低いメンバーである。個人的な目的・価値と組織の目的・価値が一致していないうえに，命令にも従順ではなく，組織的な行動を期待できない者である。実質的には組織のメンバーとはいえない。実際，タイプ4のメンバーは，現実の企業には少ないことが調査結果からわかっている。

組織内行動についての仮定

図7-1を用いた実際の測定についてはここでは取り上げないが，ここで注目されるのは，図の4タイプの類型がこれまでにも暗黙のうちに仮定されて学説が立てられてきたということである。マーチ=サイモンは，それまでの組織についての命題には，人間の諸属性のうちのどれを考慮に入れるべきかということについての一連の仮定が，明示的もしくは暗黙のうちに前提として含まれていると主張した。そして，組織内行動についての諸命題をその仮定によって次の3つに大分類した。

(1) 組織のメンバー，とりわけ従業員は，主として受動的な器械であって，仕事を遂行し，指示を受けることはできるが，行動を引き起こしたり，影響力を行使するという点ではほとんど重要ではないと仮定している命題。

(2) メンバーは態度，価値，目的を組織に持ち込むものと仮定

している命題。これは，メンバーが組織行動のシステムのなかに，参加することを動機づけられ，ないしは誘因づけられなければならないと仮定している。これはまた，メンバーの個人的な諸目的と組織の諸目的とが完全に一致することはないと仮定している。また目的の対立が，現実に，ないしは潜在的にあって，そのために，権力現象とか，態度，勤労意欲が，組織内行動の説明に中心的な重要性をもっていると仮定している。
(3) 組織メンバーは，意思決定者かつ問題解決者であると仮定している命題。これは，知覚と思考の過程が組織のなかの行動の説明にとって，中心的な意味をもつものであると仮定している。

おおざっぱにいえば，(1)は科学的管理法，(2)は人間関係論，(3)は近代組織論によくみられるタイプの命題である。それぞれここでのタイプ1，2，3にほぼ対応していることがわかる。タイプ4は現実にはほとんどみられないはずで，彼らも考えていない。彼らは，人間というものは，これらの側面のすべて，おそらくはそれ以外の側面をも，もっていると考えている。しかしむしろ，個々の人間レベルでは3組の仮定のいずれかによく当てはまるケースのほうが多いのではないだろうか。つまり，タイプの異なるメンバーが存在し，そのメンバーに適用可能な理論も異なってくると考えたほうが自然だろう。そして近代組織論の議論は，ここでいう活性化された組織を前提としているのである。

4　バーナード再発見
●組織としての機能を失ってしまっている「組織」

> 公式組織

それでは，**近代組織論**とはなんであろうか。実はここで取り上げたI-I図自体が，近代組織論に基礎をおいて作られたものであるが，近代組織論は，バーナードによって創始され，さらにサイモン，マーチによって精緻化された理論である。近代組織論の登場により，経営者の役割は組織を形成し，維持することだと考えられるようになり，その観点から，経営学の分野において経営の管理論と組織論とが一体として論じられるようになった。

近代組織論の創始者であるバーナードは，**公式組織**を「2人またはそれ以上の人々の，意識的に調整された諸活動または諸力のシステム」と定義したうえで，「組織は，①相互に意思を伝達できる人々がおり，②それらの人々は行為を貢献しようとする意欲をもって，③共通目的の達成をめざすときに成立する」と考える。そして，バーナードの考えていた経営的職能，つまり経営者の役割とは，公式組織を成立・存続させることにほかならない。ところが，これらの要素は成立時の必要十分条件であり，われわれが日頃，目にしているいわゆる「組織」において公式組織が成立しているかどうかは保証の限りではない。

実は，いわゆる「組織」のなかにはもはや組織としての機能を失ってしまっているものが少なくない。「組織の風通しをよくする」「ベクトル合わせをする」「モラールの向上をはかる」といった課題はどこの企業でもよく耳にする。逆にいえば，部門間は言うに及ばず，上司・部下・同僚とのコミュニケーションの不足，

Column ⑮　バーナード

　チェスター・I. バーナード（Chester I. Barnard, 1886-1961）は，ハーバード大学を中退して，1909 年，AT&T に統計部外国語翻訳係として入社する。彼を雇ったギフォード（W. S. Gifford）は 1 歳年上の大学の先輩だったが，1925 年には早くも AT&T の社長になり，48 年には会長に就任している。バーナードは，しばらく AT&T 内で外国の電話料金制度の調査研究などをした後，1922 年にペンシルバニア・ベル電話会社副社長兼ゼネラル・マネジャーに転出，26 年に営業担当副社長に昇進した後，27 年に新設のニュージャージー・ベル電話会社の初代社長に就任し，48 年までその職にあった。

　バーナードは，社長在任中の 1937 年に，ハーバード大学のローウェル研究所で経営者の役割についての講義を行うことになり，準備を始めた。当初は管理過程論風の経験的に分類された管理職能論の記述を試みたものの，経営的職能を適切に記述しようとすれば，その記述は組織そのものの本質に即したものでなければならないと考え，経営管理論を組織論を通じて記述する，組織論的管理論を展開するに至った。この講義内容をもとに 1938 年に出版された『経営者の役割』の内容は高度に抽象的だが，まず協働システムを考え，その中核的サブシステムとして公式組織を考えたうえで，この公式組織を成立・存続させることが協働システムを維持することであり，そこに経営的職能を見出すという展開となっている。この書物は，いまや経営学における古典であり，バーナードはこの 1 冊で近代組織論の創始者という評価を確立する。

部門間での共通目的の喪失，そして協働意欲の欠如した従業員を抱えた職場といった現象が，いかに日常的なものかということである。しかし，公式組織成立の必要十分条件に照らしてみればわかるように，これらの現象のどれひとつが発生しても，バーナードのいう公式組織ではありえない。

> 活性化

バーナードの公式組織成立の必要十分条件のうち，②と③は，すでに触れた組織の活性化された状態の定義と基本的に合致する。『広辞苑』（岩波書店）によると，「活性化」とは「沈滞していた機能が活発に働くようになること。また，そのようにすること」とある。沈滞していた組織，というより，すでに組織として機能しているかどうかも疑わしくなった「組織」をバーナードの公式組織成立の必要十分条件を満たすような状態にすることが「活性化」であると考えると，活性化の議論は理論的にすっきりしたものになる。

そこでここでは，あらためてバーナードに引き寄せるかたちで，条件①のコミュニケーションの部分も加えて，組織の活性化された状態の定義として，「組織のメンバーが，①相互に意思を伝達しあいながら，②組織と共有している目的・価値を，③能動的に実現していこうとする状態」を提案することにしたい。調査のデータを利用して調べてみると，「活性化」のイメージはここでの組織の活性化された状態の定義とほぼ重なっていることも確認されている。バーナードの考えた経営者の役割は，組織の活性化された状態を維持することと言い換えることもできるのである。

組織論研究者が，身のまわりの日本企業や組織から持ち込まれる課題，つまり解明すべき組織現象は，その多くが病理的現象であるといっていい。つまりバーナードの組織成立の必要十分条件から逸脱した状態が問題となって持ち込まれているのである。これが多くの組織の現実なのである。「組織の管理」という発想は，組織があらかじめ成立・存続していることを前提にしているが，バーナードのいう公式組織を成立・存続させること自体が，実は非常に難しいことなのである。

5　蘇る組織均衡論
●企業の境界を越える組織

> 組織均衡論

　こうして考えてくると，バーナードとサイモンによって探究された組織均衡の概念は重要である。**組織均衡論**は基本的にモティベーションの理論で，その骨格は次のように整理することができる。

(1)　組織は参加者と呼ばれる多くの人々の相互に関連した社会的行動のシステムである。ここでいう組織の参加者としては，従業員のほかに，投資家，供給業者，顧客も考える。

(2)　各参加者はそれぞれ組織から誘因を受け，その見返りとして組織に対して貢献を行うのであるが，誘因はたいていの場合，貢献とは異なったかたちでの報酬によって行われる。

(3)　組織が参加者に提供する誘因を作り出す源泉は参加者からの貢献である。

(4)　各参加者は，要求されている貢献に比べて等しいか，またはより大きい誘因が提供されているときだけ組織への参加を続ける。

(5)　参加者の貢献を引き出すのに足りる（＝必要な）量の誘因を供与し，かつそれだけの誘因を供与するのに十分な貢献を参加者から引き出すことに成功しているならば，組織は存続する。この状態を組織均衡と呼ぶ。

　さらに，この組織均衡の概念で注目すべきは，「参加者」の範囲である。通常，われわれが組織メンバーと考える従業員に加えて，投資家，供給業者，顧客といった，今日いうところの，いわゆる**ステークホルダー**まで含めて考えられていたのである。し

かし,1970年代以降,内部組織の経済学が隆盛を迎える頃には,経済学者だけではなく,経営学者によっても,組織概念は企業の内部に封じ込められ,「組織」といえば,まさに企業の内部組織だけをさすようになった。つまり,いつしか組織均衡論のもっていたステークホルダーまで含めるという組織の広がりは失われてしまっていたのである。それが別のかたちで見直される。ステークホルダーまで含めて組織を考え,その組織の均衡を考えることは,近年,マーケティングの分野で注目される関係性マーケティングの考え方とまったく同じであり,まさに組織均衡論が蘇ったといってよい。

企業の境界を越えたモティベーション

もともと企業は,外部環境から内部環境を隔離する「境界」の概念である。それに対して,組織はそれとは異質で,独立に定義される要素間の関係・結合といった「システム」あるいは「ネットワーク」の概念なので,その関係が企業という境界からはみ出していても一向にかまわないのである。たとえば,部品供給業者の系列などが形成する「中間組織」は,一企業の境界を越えて,複数の企業に境界にまたがって存在している組織のことである。あるいは,1つの工場の建物のなかで,1つの生産ラインに実際には何社もの下請企業の従業員が張り付いて仕事をしている場合があるが(これを「内注」と呼んでいる会社もある),この場合にも,機能的には1つの組織の内部に境界が引かれて,複数の企業に分割されているだけであって,組織は企業の境界を越えて存在している。

こう考えると,企業内の従業員に対するモティベーション管理で扱われてきた職務満足と,企業外の市場においてリピーターのような特定の顧客層に対するマーケティング活動で最近話題にな

る**顧客満足**(customer satisfaction：CS)とは，企業という境界の内と外の違いはあっても，両者とも同じ組織均衡を扱っていることになる。たとえば，生命保険の外勤職員や家電の販売店といったインナー対策として，企業の力を示すことを意図した広告が制作されることがあるが，これなども従業員ではないものの，企業という境界の外側に位置している組織の参加者に対して，広告という媒体をとおしてコミュニケーションを行っていると考えることができる。

演習問題

1 企業で働いていて，いまの職務に満足を感じることは重要なことには違いない。しかし，どういった意味で重要なのか。あるサラリーマンは，職務満足についての講義を聴いた後で，次のような感想をもらしていた。これをヒントに論じてみよう。

「しかし，いまの仕事に満足してしまっていていいんですかねぇ。人間やっぱり現状に不満をもって，常に前向きにチャレンジしていかないとねぇ。」

2 自分が所属している組織を1つ取り上げて，バーナードの公式組織成立の3条件をもとにして，組織として機能しているのかどうかを，具体的に分析してみよう。

3 ハーズバーグの動機づけ衛生理論を念頭において，自分がこれまでにしたことのある仕事(アルバイトやサークル活動を含む)について，例外的によい感じをもったとき，あるいは例外的に悪い感じをもったときを思い出し，そのときにどんな事象が起こったのかを記録してみよう。

4 人はどうして働くのか。金や出世のために働くのだろうか。次の《バブル期 学生との会話》をヒントに論じてみよう。

「しかし先生，世の中には大金でも積まれないとやってられ

ないような仕事だってあるんですよ。」

「大金でも積まれないとやってられないような仕事を選ぶんじゃない。」

（この続きを知りたい人は，高橋伸夫『経営の再生』第3版，有斐閣，2006年，の「まえがき」の裏をみよ。）

5　工場などの現業部門で，従業員が，昇給，労働時間短縮，福利厚生設備の充実などの外的な報酬で動機づけされているということは，企業などでよく聞かれる。次のディール＝ケネディー（T. E. Deal and A. A. Kennedy）の『企業文化』（邦訳『シンボリック・マネジャー』，本書第9, 12章参考文献も参照のこと）のなかの事例を読んで，その真偽のほどを論じてみよう。

「彼は若い経営者として会社の頂点に立ったばかりだった。彼は理想に燃えて，組合との交渉につきものだったいがみ合いをなくしたいと思った。そのために，会社としてはできる限り労働者に譲歩することも辞さなかった。彼は部下に命じて，会社の給与体系を調査させ，他社と比較させた。これに関連した他の多くの問題に取り組んだことはもちろんである。彼は輝くような善意に包まれて団体交渉に望んだ。そして，発言の機会を求めると，自分が行った調査についてとうとうと述べ，にっこり笑って提案した。説明の間，組合幹部はただ呆気にとられて彼を見つめていた。彼は常識的に考えて，予想外の好条件を提示したのである。しかし，そんなことはどうでもよかった。説明が終わると，組合幹部は彼に食ってかかり，団体交渉方式を破壊して，組合活動を金の力で抑えようとしているとなじった。そして，非道徳的な策略には我慢がならないと言って，即座に理想主義者の経営者の提示よりも，さらに5セント，賃上げを要求した。」（p. 63，邦訳92ページ）

参考文献 Bibliography

C. I. バーナード（山本安次郎・田杉競・飯野春樹訳）[1968]『新訳 経営者の役割』ダイヤモンド社。

　近代組織論はここから始まるわけだが，それだけではなく，経営者の役割について考えてみようと思ったら，やはりこの古典ははずせない。原著は1938年に出版されている。ただし高度に抽象的なので，読むにはじっくりと時間をかけて，哲学する雰囲気にひたる精神的余裕が必要。高橋伸夫『コア・テキスト経営学入門』新世社，2007年，はその助けになる。

H. A. サイモン（松田武彦・高柳暁・二村敏子訳）[1989]『経営行動——経営組織における意思決定プロセスの研究』新版，ダイヤモンド社。

　近代組織論の古典。バーナードが「はしがき」を書いている。初版1947年版の前に幻の準備版1945年版もあるが，両者は内容が違う。上にあげた翻訳の原典になる第3版1976年版は第2版1957年版を第1部とし，その後に第2部として論文数本を付加したものだが，第4版1997年版では，この第2部は姿を消し，旧第1部の各章のコメント部分に消化吸収・整理されて，すっきりした形になっている。原題は*Administrative Behavior*で，ニュアンス的には「管理行動」といったほうが近い。

J. G. マーチ = H. A. サイモン（土屋守章訳）[1977]『オーガニゼーションズ』ダイヤモンド社。

　近代組織論の古典で最も重要な文献。原著は1958年に出版されているが，翻訳が出るまで20年近くもかかっている。行動科学やグループ・ダイナミクスの成果も取り入れられていて，一体化の議論はそこに遡る。なぜか1993年になって第2版として再版された。入手しやすくなったのはありがたい。コンパクトなのもありがたい。

V. H. ヴルーム（坂下昭宣・榊原清則・小松陽一・城戸康彰訳）[1982]『仕事とモティベーション』千倉書房。

期待理論の最初の本。原著は1964年に出版されていて，これも翻訳が出るまでに20年近くもかかっている。現在一般的に流布している期待理論のモデルとは細部が異なるのが興味深い。この本の後半部分はあまり読まれないようだが，外的報酬による動機づけに対する否定的な見解が述べられていたりして，ヴルームの偉大さがわかる。

E. L. デシ（安藤延男・石田梅男訳）[1980]『内発的動機づけ──実験社会心理学的アプローチ』誠信書房。

内発的動機づけに関して，まとまった本としては最初のもの。原著 *Intrinsic Motivation* は1975年の出版。この分野を確立しようとする筆者の熱意は伝わるが，あまりに網羅的で分厚いのが難点。

高橋伸夫[1993]『組織の中の決定理論』朝倉書店。

期待理論と内発的動機づけの理論の比較を厳密に行うためには，決定理論についてのある程度の知識が必要となる。この本のなかでは，決定理論の基礎から両理論の比較までカバーして解説してある。組織設計論と組織活性化の関係も解説してある。

第8章 経営のリーダーシップ

活力と創造性の源泉

サマリー

いつの時代，どの分野においても，リーダーとそのリーダーシップのあり方は人の集団生活にとって常に問題事であった。とくに組織の時代といわれる現代では，リーダーシップは大きなテーマになっている。

リーダーの著しい特徴は，彼がプレーヤーではないということである。リーダーの仕事は部下に自分の意図を伝え，それを実行してもらうことにある。しかも，その場合，部下の個別の能力の合計を上回る総合力が集団や組織として発揮されることが必要である。

集団や組織がリーダーの指揮のもとで好業績を上げるためには，①リーダーに特殊な資質や能力が備わっていなければならないであろうし（リーダーシップの資質論），②リーダーはそれにふさわしい役割を発揮し（管理者行動論），③メンバーに働きかける方法や技術に長けていなければならないであろうし（リーダーシップの行動論），さらにはメンバーの努力が全体の成果に結びつくような仕組みが明確化されていなければならない（管理構造の理論）であろう。括弧に示しているのは，リーダーシップをめぐる主要な理論の領域を示している。

この章ではこれらに沿って，リーダーシップの問題を考えていくことにしよう。

Key Words

偉人待望論　　変革のリーダーシップ　　カリスマ　　パワー　　オーソリティ　　影響力　　リーダーシップの2要因理論　　PM理論　　リーダーシップのコンティンジェンシー理論　　リーダーシップの状況理論　　ミドルアップ・ダウン型経営　　創造のリーダーシップ　　制度的リーダーシップ

1 リーダーの資質と役割行動
●優れたリーダーを求めて

リーダーの資質

彼ならリーダーにうってつけだ、と思ったことは誰にもあるに違いない。リーダーにはそれにふさわしい資質（traits）が備わっている、と感じることは少なくない。

このような日常的な体験から、**偉人待望論**（great man theory）と呼ばれるリーダーに必要な資質を探る試みが始まった。まず、目につきやすい先天的な資質が注目された。健康的な体軀や均整のとれた凛々しい容姿、性別、家柄や姻戚関係などの出自などが取り上げられた。縁起をかつぐ人たちは、手相、姓名判断、生年月日、血液型などの運勢判断をこれに加えたりすることすらある。

だが、生まれついての資質がリーダーにとっての決定的な要件ならば、よいリーダーを得るにはひたすらその出現を待つしかない。これでは経営は運命論になってしまい、企業の盛衰は運命にもてあそばれるだけでしかない。

そこで、後天的に獲得した資質を評価して、よりふさわしいリーダーを探ろうとする試みが盛んになった。好ましい人格要素（強い意志、勇気、責任感、忍耐力、決断力、状況への適応力、感性、正直さなど）、インテリジェント能力（学歴、専門的な知識、洞察力、常識など）、高い技能や豊富な経験、その地位にふさわしい経歴などに注目するアプローチである。後天的な資質に注目することは、リーダー選別に機会の平等を確保し、リーダー確保を偶然に委ねることを回避できる点では優れている。だが、ある特定の資質と集団や組織の業績との関係はほとんど証明されていない。

| 資質論の再展開 |

〈資質の状況理論〉　リーダーの資質理論は終焉したわけではない。必要とされるリーダーの資質は状況によって異なるのではないかという仮説や，状況を超越した強力なリーダーにはそれにふさわしい特異な資質があるに違いないという仮説に立つ研究が行われている。前者の仮説に立つ研究をここではリーダーの状況資質理論と呼び，後者のそれをリーダーの特異性理論と呼ぶことにしよう。

　状況資質理論を展開したマクレランド（D. McClelland）は，①強い達成意欲（仕事への専心，社会的プレッシャーへの抵抗力，専門的能力の尊重，リスク志向，成功への執念，現実的判断，未来志向など）は企業家や創業者に必要だが，大企業の管理者には不適合であることや，これとは対照的に，②大企業で成功するには，強い権力志向と自制心，弱い同化へのニーズをもつことが必要であること，さらには，③知的能力や表出能力は即応的な判断が求められる現場に密着したリーダーには重要であるが，ストレスの強い仕事環境におかれるリーダーにはむしろ業務経験のほうが有効であることなどを実証的に明らかにしている。だが彼以外の研究はまだ乏しい。

　〈変革型リーダーとカリスマ的リーダー〉　リーダーの特異性理論が注目するのは，困難を乗り越えて抜本的な改革を推し進めるような強靱なリーダーの能力である。政治学者のバーンズ（J. M. Burns）が**変革のリーダーシップ**（transformational leadership）として注目して以来，経営学分野でも取り上げられることが多くなってきた。このタイプのリーダーは，使命感に燃え，パワフルで直感に溢れた行動を展開し，高い自己実現の欲求をもつ。そして部下に目的や価値観を吹き込み，それを組織の目的として認識させて部下を心底から奮い立たせるようなリーダーシップを発揮する

Column ⑯ カリスマ的リーダー

　カリスマを積極的に評価して，経営組織におけるリーダーシップの１つの類型として，その意義を明らかにしようとする研究が続いている。コンガー（J. A. Conger, 南カリフォルニア大学）やカヌンゴ（R. N. Kanungo, マギール大学）は，カリスマ的リーダーを，組織の変革プロセスにおいて戦略的ビジョンを志向し，環境変化に鋭敏な知覚と組織メンバーの欲求を理解するセンスをもって，リスク志向的であるような特性を発揮するリーダーと定義している。彼らはカリスマをリーダーの行動として把握しており，カリスマを資質とみなすウェーバー（M. Weber）と大きく異なっている。

　カリスマ的なリーダーであるかどうかは，組織メンバーがリーダーの行動を主観的に評価した結果に基づいて計量的に判断されることになる。このことのもつ意義は大きい。現実の経営の場でカリスマ的リーダーを把握し，リーダーシップ発揮の程度と組織の行動や成果との関係を統計的に分析することを可能にするからである。

　しかし，カリスマ的リーダーは変革型リーダーと類似する概念である。両者はどのように異なるのか，また本当にカリスマ的リーダーの行動は組織の変革を推進し，業績を向上させるのかなどの根本的な疑問が残る。現在これらの疑問は，焦眉の研究課題として分析が続けられているところである。

のである。

　さらにより強力なリーダーの資質は**カリスマ**（charisma）であろう。カリスマとは神がその人にだけ授けた恩寵を意味する宗教用語であり，きわめて先天的で，属人的で，非日常的な資質である。人々はこのような資質をもつ人物に支配者としての正当性を与え，その言動を尊び，服従することに疑念をもとうとしなくなる。したがって，カリスマは支配力の根源として圧倒的な資質に

なるのである。

　企業では成功した創業者の多くにカリスマ型のリーダーをみることができる。松下電器産業（現・パナソニック）の松下幸之助，ホンダの本田宗一郎をはじめとして幾多の人があげられよう。欧米では自動車王ヘンリー・フォード（Henry Ford），GM（ゼネラル・モーターズ）中興の祖アルフレッド・スローン（Alfred P. Sloan）がそうであろう。

　しかし，カリスマはしばしば負のイメージをともなっている。カリスマ型リーダーには，独裁的で部下や周囲への配慮に欠けた非道徳的な特徴を示したり，全体の目的を無視して個人的目的を追い求め，周囲の状況を見誤って非現実的な判断を下すなどの自己中心的な強引さがつきまといがちである点に注意しておきたい。

マネジャーの役割行動

　実践的な課題に応えるには，リーダーがどのような役割を発揮しているのか，そのため彼にどのような資質や能力などの要件が必要であるかを明らかにしなければならない。ところが，真っ先に思いつくこの疑問に取り組んだ研究が始まったのは，最近のことであった。

　カナダのミンツバーグ（H. Minztberg）の研究はその代表的なものである。彼は5人の経営者に，1人当たり1カ月間の参加観察を通じてその行動を克明に記録するという徹底した調査を行っている。

　それによれば，経営者には多様な業務が断片的に発生し，しかもその半分は9分にも満たない短時間で処理されており，1時間を超えたのは10％程度でしかなかった。業務の内容も大部分がルーティンなもので，そのなかには儀式や交渉ごとに立ち会うものがかなり含まれていた。彼らは会議や電話などの口頭での情報伝達を多用し，デスクワークには22％ほどしか時間を割いてい

なかった。

　だが，経営者は多様かつ断片的な日常の仕事を通じて10の役割を果たしていたのである。対人関係では，①代表者，②リーダー，③関係部門の連結者などの役割を遂行し，情報伝達者としては，④情報のモニター，⑤関係者への伝達，⑥スポークスマンなどの機能を発揮し，意思決定者としては，⑦企業者，⑧問題処理者，⑨経営資源の配分者，⑩社外との交渉者，などの役割を発揮していたのである。しかもこれら10の役割が1つひとつの断片ではなく，相互に関連しあって経営者の行動の全体像を形作っていたのである。

　定説と違って経営者は，断片的で多様な日常業務をこなしているばかりではなく，そこに自分のメッセージや価値観を込めた一貫した仕事ぶりをみせていたという発見は，新しい経営者像を打ち立てることになった。

2　影響力とリーダーシップの理論
●パワーを凌駕するリーダーシップの力

構造とパワー

〈リーダーシップの代替物〉　人を動かすだけなら，リーダーシップのように人が人に働きかけるという不確定要素の強い方法を使わなくても，もっと客観的で確実な方法がある。組織構造，管理システム，規則・手続き・マニュアル，前例や習慣などを明確にして，人の行動を統制するという方法である。これらはリーダーシップの代替物と呼ばれている。

　ちなみに，欧米の企業は権限関係を明確にした職務構造を発展させており，人間的な要素を介在させることなく，全体が動くと

いう組織構造をとることが多い。しかもそれを目に見えるようにする工夫も行われている。マネジャーは個室をもち，秘書にサポートされて仕事をするし，一般のホワイトカラーは機能別に机が配置され，その配列から上下関係がわかるようになっている。

　しかし，このような構造には事前に周到な準備が必要であり，いったん構造化された行動はパターン化しやすくなる。結果的に組織を硬直化させることになる。そのため変化に柔軟に対応するには，この方法は不向きである。

　〈パワーによる統制〉　構造による方法の弱点を補うには，やはり人を介して臨機応変な対応をとることが望ましい。しかし，人が人に働きかける際の不確かさをどのように回避するかが問題である。その方法としてパワーを行使するという方法がある。

　パワー（権力，power）とは，望む目的や成果を達成する際の抵抗を克服し，意図した反応を導き出しうる能力のことである。パワーがあれば，非常に高い確率で他者に意図した行動をとらせることができる。

　パワーによく似たコンセプトに，オーソリティ（権限，authority），影響力（influence），勢力（force），威信（prestige），威厳（dignity），権利（right）などがあるが，論者によってその定義は異なっている。ここでは，これらの概念を包括するコンセプトとしてパワーを用い，そのなかでオーソリティと影響力だけを区別し，類似のコンセプトはすべて影響力に含ませることにしよう。

　オーソリティは組織によって公式に是認され，それが及ぶ領域と範囲が特定化されているパワーである。**影響力**はこれとは対照的に，非公式なパワーであり，その領域や範囲については不確定なままである。それだけに影響力は組織のあらゆる場所で発生し，誰もがなんらかの影響力を発揮する可能性をもつことになる。

オーソリティにしろ影響力にしろ，パワーを生じさせる内容や手段（パワー・ベース）によって，その性格は異なってくる。社会学者のエツィオーニ（A. Etzioni）は，それを大きく4つに分類している。物理的制裁を科すことができる能力である強制的パワー，他者が欲しがる資源を保有して，それを与えることができることから生じる報酬のパワー，情報や知識を支配することから生じる知識のパワー，シンボルを操作し価値観の浸透をはかることで行動を導く規範的パワーである。

規範的パワー以外の3つのパワーは，いずれもなんらかの物的内容（資源）への依存関係がパワーを生み出している点で共通している。相手がとくに欲しがったり，その逆に絶対に嫌だと思うものを操作できたときに，これらのパワーは成立するのである。実際にわれわれの日常では，力のあるやつ，カネのあるやつにはかなわないとか，物知りのあいつとは仲良くしておこうとかいう打算が働くが，その打算が強ければ強いほど，それぞれのパワー・ベースをもつ人物に従う可能性は高くなる。しかし，資源に依存したパワーは実際に行使すると，2度目から急激にパワーが落ちるのが特徴でもある。

これに対して，規範的なパワーは価値観への共感が深まれば深まるほど，そのパワーは強まると考えられる。実際には会社の経営哲学やビジョンを訴え，全社一体となった戦略行動を展開しようとする場合に，このパワーが行使されている。規範的なパワーは，大きな組織のリーダーには不可欠であり，トップのシンボリックなリーダーシップとして発揮されることが多い。このことはこの後すぐに検討する。

ところで，経営におけるパワーは，権力志向的な権謀術策をめぐらす人物が好む威圧的な手段というマイナス・イメージが強い。

とくに資源依存的なパワーにはそのイメージが強い。しかも、そのパワーは相手に消極的な行動しか導き出すことができないという限界をもっている。人をより積極的な行動に導くのは、パワーではなくリーダーシップなのである。

リーダーシップの機能と行動

〈リーダーシップの意義〉　リーダーシップは、組織や集団の目的を達成するために人々を動機づけて特定の行動や貢献を導き出そうとする影響プロセスである。リーダーシップの概念は広義には影響力に包摂されるが、影響力を発揮するプロセスに関する概念である点でパワーと異なっている。パワーでなくリーダーシップを重視するのは、それが人々から自発的な貢献意欲や主体的で積極的な行動を導き出すように作用するからである。

では、リーダーシップは具体的にどのように展開されていくのであろうか。また人が人に働きかけるという不確かさをリーダーシップはどのように克服しようとしているのであろうか。

「してみせて、言って聞かせて、させてみて、誉めてやらねば、人は動かぬ」は山本五十六（海軍元帥）の有名な言葉である。リーダーが人を動かすために何をしなければならないのかを、この一言はうまく凝集している。彼がリーダーに必要だと考えたのは、リーダーとして備えるべき資質や保有すべきパワーではなく、リーダーとして振る舞うべき行動であった。

リーダーの行動に着目してリーダーシップの展開を考えるというのは、ブレイクスルーである。なぜなら、行動であれば、努力すれば誰もが習得できるし、同じ行動からは同じような成果があがると期待できるからである。このことは、人が人に働きかける際の不確かさをかなり削減できることを意味している。

〈リーダーシップの行動科学〉　リーダーの行動とその成果につい

ての実証的研究は，心理学的な行動科学者たちによって戦時中に始まった。その契機となったのは第2章で検討した，レヴィン（K. Lewin）を中心にしたグループ・ダイナミクスの研究であった。

まず第二次大戦の最中にレヴィンはリピット（R. Lippitt）やホワイト（R. K. White）とともに，アイオワ大学でリーダーシップ・スタイルと成果との関係の調査を始めた。彼らは学生を被験者とする集団に対して，専制型・民主型・放任型の3つのリーダーシップ・スタイルを使い分けた実験を行ったのである。その結果は，民主型リーダーシップでは集団凝集性，メンバーの積極性や満足度，集団の作業成果のいずれにおいても他のリーダーシップ・スタイルよりも優れていること，専制型では同程度の成果はあがるものの，集団のダイナミズムやメンバーの満足度が低いこと，放任型がすべての点で最低の結果になることであった。

リーダーシップ・スタイルはある種の行動類型であるが，これを細分化して，どの行動が集団メンバーにどのように作用するのか詳細な研究が始まった。オハイオ研究として知られる，オハイオ州立大学で展開されたリーダーシップ研究である。その研究成果は画期的であった。

さまざまな状況の集団に対して行われた膨大な調査から得られた結論は，リーダーシップ行動は構造づくり（initiating structure）と配慮（consideration）の2つの次元を異にする要因からなるという**リーダーシップの2要因理論**であった。構造づくりとは，メンバーの仕事（タスク）の内容にリーダーが積極的に関心を示して，その目標を定め，その達成を督励するなどの目標達成に必要な仕事の道筋（構造）を明確に示そうとする仕事中心のリーダーの行動である。配慮はこれと対照的に，集団の凝集性を高めるべく，メンバーに人間的な関心をもって接し，メンバーの個人的欲

求の満足をはかろうとするリーダーの行動である。

　この2要因はその後の研究者にさまざまに解釈されていった。ブレーク＝ムートン（R. R. Blake and J. S. Mouton）は「業績に対する関心」と「人間に対する関心」と名づけ，それぞれを横軸と縦軸に配置して，リーダーシップの類型化をはかっている。この図を彼らはマネジリアル・グリッドと呼んで，横軸・縦軸のスコアがともに高くなるチーム・マネジメント型のリーダーシップ・スタイルを理想型においた。

　日本の三隅二不二はこの2要因を目標達成機能（performance：P機能）と集団維持機能（maintenance：M機能）と呼ぶ2つの機能と解釈して，自らの理論を**PM理論**と名づけている。興味深いのは，ブレークらの仮説をさらに前進させて，P機能もM機能もともに強いリーダーシップ・スタイルのもとでは，いかなる集団も高い業績を示すという発見をしたことである。これは有効なリーダーシップの普遍理論の主張にほかならない。

　リーダーシップ行動の2要因に沿ってリーダーシップ・スタイルを分類し，それと集団の業績の関係を探るという総合的な研究は，リッカート（R. Likert）に代表的である。彼はリーダーシップ・スタイルが組織システムの特性を決め，それがメンバーの行動に作用するという，リーダーシップ・スタイル→組織システム→成果の因果関係を明らかにしている。まずリーダーシップ・スタイルをシステムⅠ（独善的専制スタイル），システムⅡ（恩情的専制スタイル），システムⅢ（相談型スタイル），システムⅣ（集団参加型スタイル）の4つに区別する。そしてシステムⅠでは権限が上層に集中した組織システムが発展し，従業員は懲罰の恐怖心や不信感を募らせ，従業員満足度は低く，生産性は一定以上は上昇しないが，これと対照的なシステムⅣでは，民主的な参画型の

コミュニケーションが発展した組織システムになり，従業員満足，生産性とも高くなると結論づけている。

〈リーダーシップのコンティンジェンシー理論〉　いついかなる場合にも有効であるようなリーダーシップ・スタイルがありうるのだろうか。後の研究者たちは，リーダーシップ・スタイルの有効性に影響を与える第3の要因を導入して，この疑問に答えようとした。

口火を切ったのはフィードラー（F. E. Fiedler）であった。彼はリーダーシップ・スタイルの有効性は，タスクの構造化の程度，リーダーとメンバーとの関係の好悪度，リーダーの権限の強弱からなる状況に依存することを明らかにして，それを**リーダーシップのコンティンジェンシー理論**と呼んだ。まず彼はLPC（least preferred coworker）尺度を用いてリーダーの特性を測った。リーダーにかつての仲間のなかで最も一緒に仕事をしたくない人をイメージしてもらって，その人物への好意度を評点させるという尺度法である。その得点が高い場合を人間関係志向的な関係動機づけリーダー，その逆を仕事中心型のタスク動機づけリーダーと区分し，それぞれが有効性をもつ状況を識別したのである。

その結論は，関係動機づけリーダーが有効性を発揮するのは，タスクが構造化されているが，リーダーが嫌われているためメンバーに配慮を示さなければならない状況か，あるいはタスクが構造化されていないので，メンバーの参加を求めなければならない状況（ともに状況好意性が中程度）である。これ以外ではタスク動機づけリーダーが有効であった。

ハーシー＝ブランチャード（P. Hersey and K. H. Blanchard）は，ブレーク＝ムートンのマネジリアル・グリッドに部下の成熟度という状況要因を導入して，**図8-1**に示すような**リーダーシップ**

図8-1 SL理論のスタイル

効果的スタイル

協労的行動 高↑

参加的　説得的
S3　S2

委任的　教示的
S4　　　S1

低　　　　　　　　高
← 指示的行動 →

リーダーのスタイル

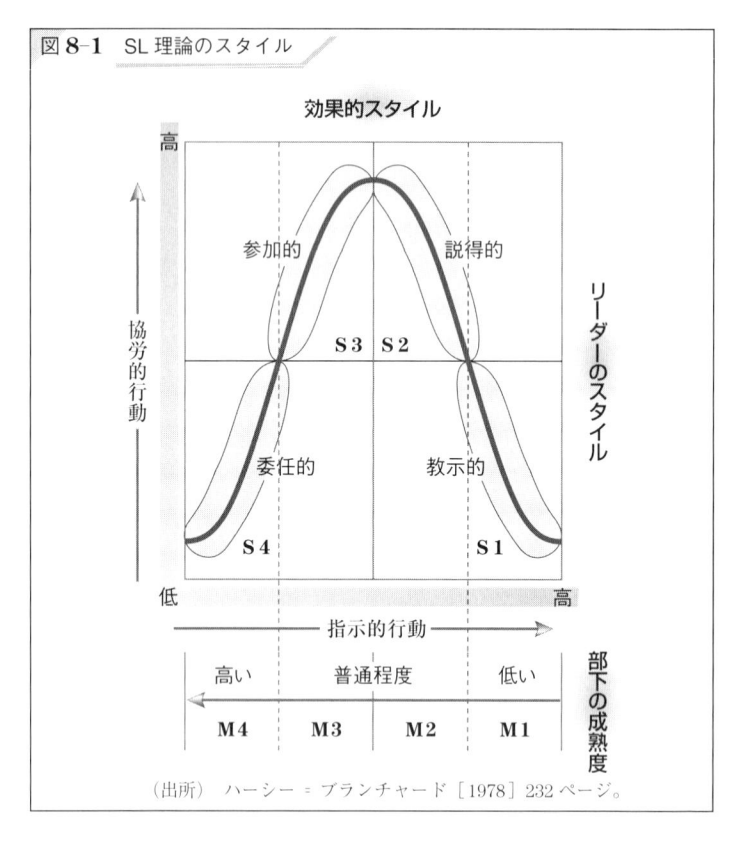

部下の成熟度
高い　　普通程度　　低い
← M4 | M3 | M2 | M1

（出所）ハーシー＝ブランチャード［1978］232ページ。

の状況理論（situational leadership theory：SL理論）を展開している。

　部下の成熟度とは，部下の目標達成意欲，責任負担の意思と能力，集団における経験の3項目で測られる得点で示される。図にみられるように，部下の成熟度は右にいくほど低くなっている。それにあわせて，有効なリーダーシップ・スタイルは太線で示すようなカーブをたどっている。これはよくできた部下には大いに任せ，未熟な部下にはまず仕事のやり方を徹底して教え込むべきであり，その中間で三隅のいうP機能もM機能も高いリーダー

シップ・スタイルがとられるべきであり，人間的な配慮を示す民主的なリーダーシップ・スタイルはある程度以上に部下が成熟してから発揮すべきことを示している。

これら2つの研究は，リーダーシップの発揮の仕方は状況に依存していること，したがってリーダーは状況にふさわしいリーダーシップ・スタイルに変化しなければならないし，またそれが可能なようにリーダーの研修教育を行い，さらには人事配置を考慮すべきことを示唆している。

3 ミドルのリーダーシップ
●管理職の発揮する行動と機能

管理職の特殊な状況

行動科学的なリーダーシップ研究は，主にリーダーと部下の直接的な関係のもとでのリーダーシップを対象にしている。いわば現場実務のリーダーシップがその対象である。だが，管理の階層を昇るにつれて，リーダーは部下との距離が開いていく。また所管する係や課が増えるにつれて，日頃顔をあわせない部下が多くなり，やがては部下の顔と名前がなかなか一致しなくなる。しかも，自分の部門のタスクが関連する他の部門の協力を必要とする場合，そこと適切な連携関係を築くことも重要になってくる。こうして，直接的な現場実務型のリーダーシップだけでは対応しきれなくなってくる。

リーダーの役割と行動の質的な変化は，課長の段階で決定的である。課長からは管理職である。管理職になると業務の遂行に必要な権限やヒト，モノ，カネといった経営資源が大幅に委譲され，自由裁量の余地も大きくなる。担当する部門は，比較的自律的な活動の単位であり，その活動の良否が企業の業績に直接影響する

重要性をもつようになる。

このため課長職には,過去の経験や業績だけでは昇進できないのが一般的である。企業のミドルとしてさらに異質なリーダーシップ能力が重視されるのである。

マネジャーとしてのリーダーシップ

課長以上のミドルには,自律的な活動単位のリーダーとして企業の目標と直面する状況についての深い理解が不可欠である。企業の全体像と正確な状況認識を前提にして,ミドルは部門の課題を創意し,その明細化をはかることになる。これはリーダーシップの2要因理論の構造づくりに似ているが,ミドルの構造づくりは部門の課題を単に細分化するだけではなく,むしろ目標達成に必要な仕事を新規に作り出すこと,言い換えれば課題の発掘を含んでいる点で異なっている。

また,新規の課題が経営資源の動員や関連部門間の協力を必要とする場合,トップの経営層にその承認・要請を求めたり,関連部門へ理解を訴えたりしなければならなくなる。そのためミドルには社内・社外のネットワークづくりが重要であり,影響力を確保しながら,互恵的な取引関係を維持するように振る舞うことが必要になる。

このようにミドルは,企業の全体感を共有しながら,創造的な意思決定を繰り広げ,社内・社外のネットワークの中心点として機能することになる。ミドルは,パワー関係を内包しながらリーダーシップを発揮し,大人数の部下へはタスクの創造と明細化によって部門の協働システムを活性化しようとするのである。

コッター(J. P. Kotter)はミドルの行動の特徴として,①戦略的な課題の把握と不確実性を削減するための積極的な情報収集,②トップに受容され,部下を方向づける,戦略的なアジェン

ダ（活動課題）の設定，③広範囲からの協力や影響力を確保するための強力なネットワークづくり，④実情に合致したインクリメンタル（漸進的）な対応を可能にする具体的な業務手段や方法の選択をあげている。そしてとくに好業績群の管理者はネットワークづくりに熱心で，挑戦的であることを指摘している。現実には，これに情熱と愛情に溢れた現場実務型の2要因のリーダーシップ行動が加わって，ミドルのリーダーシップが発揮されるのである。

日本の企業をみると，緩やかな昇進，頻繁な人事異動を通じて，ミドルは現場の実務に精通し，自社の目標や価値観を体得しているばかりか，社内・社外に幅広い人脈を形成し，仕事遂行のためのネットワークを築いていることが多い。ミドルのこのような特質が，リーダーシップの有効性を高め，日本企業の強さの源泉になっているといえよう。

ちなみに，野中郁次郎は日本企業のミドルは，上からの抽象的なビジョンの演繹的な展開（トップダウン型マネジメント）と下からの現場体験に根差した具体的な業務コンセプトの帰納的な集約（ボトムアップ型マネジメント）の矛盾のなかで，それらを同時に包括するようなコンセプト創造の機能を発揮していると指摘して，その様子を **ミドルアップ・ダウン型経営** と呼んでいる。

4 トップのリーダーシップ

●創造こそトップの使命

創造のリーダーシップ　組織の上層部にはさらに，違ったリーダーシップが必要になる。経営者のリーダーシップがミドルのそれと決定的に異なるのは，企業の目的やコンセプト，あるいは企業の将来のあり方であるビジョンに対する

責任の持ち方である。ミドルのリーダーシップはビジョンに沿って，自分の担当する事業を具体的に展開するなかで発揮される。これに対して経営者のリーダーシップは，ビジョンそのものを創始し，それを組織に広く共有化させ，企業内の諸活動をビジョンに基づいて展開をはかることを意図して繰り広げられることになる。この意味で，経営者のリーダーシップは **創造のリーダーシップ** と呼ぶことができるであろう。

 これは第2章で検討したバーナード（C. I. Barnard）の道徳的リーダーシップや規範的パワーによく似ている。道徳的リーダーシップのねらいは，高潔な道徳に基づいて，協働システムに必要な共同の目的の共有をはかり，その目的を受容する信念を作り出すことにある。創造のリーダーシップはとくに共同の目的，とりわけビジョンの共有を重視する点に特徴がある。

 経営者はビジョン創造にあたって，①顧客の求める価値，②従業員が求める価値，③経営に必要な価値について注意しながら，「わが社はどんな会社か」を常に問い直すことが重要である。また事業活動の創造にあたっては，「わが社は何を行うのか」について，①事業領域（ドメイン）を設定し，②経営目的に合理的な事業を選択し，③従業員にとって意味のある仕事であることを確認することが重要である。

> 制度的なリーダーシップ

では，ビジョンや道徳的な信念はどのように協働システムに共有されていくのであろうか。セルズニック（P. Selznick）は，特殊な価値と特殊な能力を組織に組み入れるタスクを **制度的リーダーシップ**（institutional leadership）と呼んでいる。

 経営者は，まず企業のビジョンや価値観を明確に定義することが必要である。続いて，組織がビジョンや価値観に基づいて行動

できるように，組織の活動を組み替えなければならない。これにはさまざまな方法が考えられる。経営計画の策定，機構改革，新しい業績評価システムの導入などの公式的な側面に，ビジョンや価値観を反映するのは当然の対応である。

　このこと以上に重要なのは，自らの日常業務を通じてビジョンや価値観をメッセージとして伝え，その浸透をはかることである。経営者の日常があまりに多様かつ断片的な業務の連続であることは，このことには有利である。経営者がセレモニーや会議で冒頭の挨拶をしたり，優れた業績をあげた人々を表彰したり，ルーティンな報告や決済に承認の捺印をしたり，あるいは電話や雑談での話題に興味を示したりすることは，脈絡のない断片的な業務である。しかし，ある価値観に基づいて意識的に振る舞えば，多様な場面で，手短に価値観を表明できる機会でもある。

　大事なことはすべての機会をとらえて，一貫して同じ価値観に基づくメッセージを発し続けることである。価値観に彩られた経営者からのメッセージは，断片的であっても人々の意識のなかに沈澱していき，やがて経営者の価値観が部下のなかで醸酵することになるのである。

　組織が価値観を体現できるようになると，経営者は組織の行動が価値観に照らして一貫性および整合性を保つように維持することに意を払うことになる。

　企業にとって必要なビジョンや価値観を創造し，それを組織的に体現化するリーダーシップこそ，トップが発揮すべきリーダーシップである。それは企業文化を創造し，変革していく活動と軌を一にするものである。

演習問題

1 リーダーにふさわしい資質を取り上げ,それがリーダーシップにどのように作用するのか,あるいは作用すべきかを考えてみよう。
2 パワーとリーダーシップの違いについて整理し,両者の望ましい関係について考えてみよう。
3 自分が理想とするリーダー像を,行動科学のリーダーシップの2要因理論と創造のリーダーシップに基づいて描いてみよう。
4 リーダーの交代で集団や組織,あるいは会社の行動や業績が変化した例をあげ,なぜそのように変化したのか考えてみよう。
5 戦後創業して大企業に成長した例は,ソニーやホンダ以外にも数多くある。また,その成功が長く続かず,創業者が経営交代を余儀なくされた例も少なくない。そのような成功や失敗の事例を取り上げて,リーダーシップの理論に沿って創業者の行動を分析してみよう。

参考文献

M. ウェーバー(世良晃志郎訳)[1970]『支配の諸類型』創文社。
　人々がなぜ支配を受け入れるのか,カリスマとは何か,さらには官僚制の支配とはどういうものかについては,大著ながら本書に触れるのが早道である。

A. エチオーニ(綿貫譲治監訳)[1966]『組織の社会学的分析』培風館。
　原著の出版が1961年のパワーの分類についての古典である。是非挑戦して読んでみてほしい。

P. ハーシー゠K. H. ブランチャード(山本成二・水野基・成田攻訳)[1978]『行動科学の展開——人間資源の活用 入門から応

用へ』日本生産性本部。
白樫三四郎［1985］『リーダーシップの心理学——効果的な仕事の遂行とは』有斐閣。

　行動科学のリーダーシップ論は多様であるが,総括的なのはリーダーシップの状況理論についてまとめられているこの2冊である。前者の原著出版は1977年。

J. P. コッター（金井壽宏ほか訳）［1984］『ザ・ゼネラル・マネジャー——実力経営者の発想と行動』ダイヤモンド社。
金井壽宏［1991］『変革型ミドルの探求——戦略・革新指向の管理者行動』白桃書房。

　ミドルのリーダーシップは,研究成果が乏しい領域であるが,そのなかでこの2冊が有意義である。前者の原著出版は1979年である。

P. セルズニック（北野利信訳）［1963］『組織とリーダーシップ』ダイヤモンド社。
H. ミンツバーグ（奥村哲史・須貝栄訳）［1993］『マネジャーの仕事』白桃書房。

　トップの役割やリーダーシップについては,その出発点になったこの2冊を欠くことはできない。原著の出版は,それぞれ1957年と1973年である。

第9章 企業文化の創造と変革

見えざる秩序と構造の管理論

サマリー

　文化は人間の内面の世界，つまり精神的な営みにかかわる概念であるのに対して，企業の経済活動は基本的に物質的な営みである。両者はまったく対照的な概念である。したがって，企業が文化を重視するというのは大変なパラドックスである。それにもかかわらず，企業の経済活動にとって企業文化は必要だと考えられている。一体これはどのような理由によるのであろうか，またマネジメントの世界はこのようなパラドックスをどのように解きほぐしているのであろうか。

　企業のユニークさや優秀さはどこから生まれるのか，という素朴な疑問が企業文化の出発点にある。同じような戦略や構造をとりながらも，モノづくりに長けている企業もあれば，技術革新で常に先陣を切る企業もあるし，もっぱら販売が強いという企業もある。企業文化はこのような差異を説明するものとして重要視されるようになったのである。

　この章ではまず企業文化が人々の共有する価値観と関連することを明らかにしよう。続いて価値観が見えざる秩序として独特の機能を発揮し，経営を導き，戦略を特徴づけることをみることにしたい。企業文化の重要性が明らかになればなるほど，どのようにしてふさわしい企業文化を作り出すのか，また変革させるのかが問題になる。

Key Words

企業文化　　基本仮定　　企業パラダイム　　経営風土　　企業神話　　CI（コーポレート・アイデンティティ）　　過剰学習

1 企業文化の意義と機能
●経営に独自性と創造力を生み出す目に見えない秩序

企業文化とは何か

企業はそれぞれにユニークであろうとしている。優れた企業ほど人や集団の自律性が高く，さまざまな創意工夫やイノベーションが活発に展開されている。それでいて自律性が企業全体のまとまりを阻害することなく，むしろ自律性が企業の独自能力をしっかりと築き上げている。ハードな管理構造からはこのような企業行動は生まれにくい。目には見えない別の構造がそこには作用していて，それが企業のユニークさを生み出しているのである。目に見えない構造として注目されてきたのが，**企業文化**（corporate culture）である。

人々の生活を秩序づけている見えざる構造を文化ととらえて研究を蓄積してきたのは文化人類学である。そこでは，文化を行動やその成果に現れた社会システムのひとつの構成要素とみるアプローチ（構造機能主義的な社会文化システム論）と，文化を人の意識に内在する共有された意味として把握するアプローチ（認知的な文化論）がある。

経営管理では文化人類学から多くを援用しながら，企業文化を経営の実践に照らして把握してきた。つまり，企業文化を認知の世界で理解して，そのマネジメントを企業文化が表面に現れた次元で考えるというアプローチをとっている。

企業文化の定義は，MIT（マサチューセッツ工科大学）のシャイン（E. H. Schein）によるものが代表的である。彼は人間の認知活動に注目し，企業文化を集団行動レベルで把握して，集団が外部への適応や内部の統合といった問題の解決に際して学習し，新し

いメンバーの思考の方法として教え込まれるような共有化された**基本仮定**（shared assumptions）であると定義している。

基本仮定は，当初意識されていた価値観がしだいに無意識のものとなって，意識の底に定着した「ものの見方」である。企業のなかで共有されている支配的な「ものの見方」はしばしば**企業パラダイム**と呼ばれるが，基本仮定はほぼそれに等しい。

しかし，いずれも外部からは把握しにくい。そこで，集団や組織が基本仮定ないしは企業パラダイムを共有することによって，固有の価値観を表明したり，独特の行動パターンを生み出したりするようになる段階で，企業文化を把握することになる。

企業文化の類似概念

実は，基本仮定や価値観だけを問題にするのであれば，企業文化によく似たものはほかにもたくさんある。たとえば，企業には公式の価値観として表明する，社是，経営理念や経営哲学，あるいは経営行動基準や経営標語などがある。社是は企業が公式に文書として定めた信条であり，抽象度の高い表現で和や誠や社会的貢献などが謳われることが多い。経営理念や経営哲学は経営者の抱く理想を表明したものであり，個人的な思いが具体的に表現される場合が多く，社是を補完する機能をもっている。経営行動基準やスローガンは，これらをさらにかみ砕いた指針である。

これらに共通するのは，会社から公式に表明されたものであるが，それが個人にどのように受容されているか明確ではないことである。共有されていない以上，これらは企業文化にはなりえていないのである。

さらに，企業文化と類似するものに経営風土（corporate climate）や組織風土がある。**経営風土**は，仕事に際しての相互作用の仕方や空間的なレイアウトから醸し出される個人的な心情（フィーリ

ング）が合計されたものである。通常，それを集団や組織のレベルで把握するとき経営風土や組織風土と呼んでいる。経営風土は企業の独自性の原因ではなくその結果であるが，実際には企業文化と一体化している。

なお，経営風土を社風という呼び方で表すこともある。しかし，社風は，概念的には曖昧であり，言葉が用いられる文脈に注意して意味する内容を把握する必要がある。

> 企業文化の機能

企業文化の積極的な機能は，企業のユニークさの源泉になることにある。まず価値観を共有することで，互いに意思決定における自律性を尊重できる余地が広がる。そして主体的に意思決定できる余地が広がることによって，組織や個人の自発性が高まり，意欲的な試みが展開されるようになる。こうして企業の現場で自発的にイノベーションが生まれやすくなり，企業の独自能力が現場から形成される可能性も高まるのである。それが企業のユニークさに結実していくことになる。

欧米に比べて日本の企業では，現場で小集団活動が活発に繰り広げられ，改善や改良などの細かいイノベーションが湧き起こる傾向が強いのは，このことと関係している。また部・課長などのミドル・クラスが，戦略的な事業活動の単位として意欲的にリーダーシップを発揮できるのも，彼らが企業の価値観を深く理解しているからである。

また企業文化は，ソフトな管理機能を発揮している。まず，企業文化が集団や組織の意思決定を促進するように機能することを指摘できる。意思決定が重大なコンフリクトに陥るのは，価値観が対立するときである。強い企業文化では価値観の共有が明確であり，当然に価値観の深刻な対立は起こりにくくなる。その結果，

Column ⑰　日本的経営論のインパクト

　戦後ひたすら成長を続ける日本企業の秘密が，そのユニークな経営にあることは薄々わかっていたが，それを説明する枠組みが不足していた。日本的経営の三種の神器（終身雇用，年功制，企業別組合）は制度であって，経営のプロセスではなかった。

　ようやく登場したのは，パスカル＝エイソス（R. T. Pascale and A. G. Athos）の『ジャパニーズ・マネジメント』（深田祐介訳，講談社，1981年）のセブンS・モデルであった。彼らは経営をSの頭文字で始まる7つの要素に分解した。それらはハードなSの戦略（strategy），構造（structure），管理のシステム（system），ソフトなSの経営のスタイル（style），人員配置方式（staffing），マネジメントのスキル（skill），共有された価値観（shared value）である。

　彼らは当時の松下電器とITTを比較して，アメリカと日本の会社はほぼ95％までが同じであるが，残る5％が両者の差異を生み出す決定的な要因であることを発見した。この5％はソフトなSの部分であり，とくに日本企業では共有された価値観が重要な役割を果たしていた。それが日本的経営のユニークさを生み出していたのである。

　こうして始まった価値観の共有を中心に置いた経営研究が，企業文化論に結びつくのにそれほど時間はかからなかった。企業文化論の出発点には日本的経営論があったといっても過言ではない。

組織メンバーは共通の認識基盤に立って，事実判断に基づいて合理的に問題解決を進めることができるのである。同時に，価値基準や問題意識を共有することによって，組織内部のコミュニケーションが円滑化することも，企業文化の大事な機能である。

　企業文化が各自のモティベーションを高めるように機能することも重要である。企業文化を介して全社的な一体感をもちながら，自分の仕事の全社的な位置づけを確認できることは，疎外感を解

消し，自発性を促すことになるのである。

このように企業文化は，一方では価値観を共有する人々の自発性や集団や組織の自律性を促して企業のユニークな独自能力を形成するように機能し，同時に他方では価値観の共有による全社的な統合や管理の機能を発揮している。ソフトながら強靱な組織の管理と活性化の機能を果たしているのである。

2 企業文化と戦略
●戦略を導く企業文化

企業文化とユニークな戦略行動の関係を明らかにするために，企業文化の類型化が試みられている。ところが，その分類の基準が論者によってまちまちであり，分析の結果も一致しているとは言い難い。ここでは，そのなかでも企業の戦略行動パターンに注目して包括的な分析を試みた2つの研究を取り上げてみることにしよう。

> 4つの戦略類型

マイルズ゠スノー（R. E. Miles and C. C. Snow）は，企業の戦略行動が計画（企業者的活動），実行（現業活動），チェック（調整と統合の管理活動）のマネジメントのサイクルに沿ってパターン化される姿をとらえて，企業戦略の類型化を試みている。分類されたのは，防衛型戦略，先取り型戦略，分析型戦略，後追い型戦略の4つである。

防衛型戦略は，自社の事業領域（ドメイン）を明確にして，それを深耕して守りぬく戦略タイプである。そのためにライバルにまさる技術革新や攻撃的なマーケティング活動を展開しようとする。先取り型戦略は，先発者利得をねらって，他社に先駆けて新規な分野に挑戦する戦略タイプである。防衛型に比べてドメイ

ンを広くとり，イノベーション意欲も旺盛である。分析型戦略は，あるときは防衛的になり，また別のときには先取り的になるというように，状況の分析によって臨機応変に戦略行動を変えるタイプである。経営資源や経営能力の不足などのため，一貫した戦略行動パターンをとれずにこのような戦略行動になると考えられる。最後の後追い型戦略は，文字通りに他社の戦略に追随するものであり，その後発性ゆえに企業は不利な立場におかれることになる。

　重要な点は，これらの戦略タイプが同じ環境条件に直面する企業群のなかに同時に観察されること，しかも環境条件，戦略タイプ，企業業績の3者の間に適合関係がほとんどないということである。このことは，企業の戦略行動は企業の意識的な選択の結果であることを意味しており，環境決定論的なコンティンジェンシー理論とは対立的である。

　さらに興味深いのは，戦略行動として一貫性が保たれていることが業績にとって重要であるという発見である。したがって，戦略の一貫性に欠ける分析型や後追い型が，概して防衛型や先取り型に比べて業績で劣ることになる。このことは，戦略行動を支える企業文化の一貫性が，環境適応には大きな意味をもっていることを意味している。

戦略と組織の適応パターン

　戦略と組織が統合された環境適応のパターンとして企業文化をとらえる試みは，日本の研究者たちによってさらに包括的に行われている。加護野忠男らは日本とアメリカの類似企業を比較して，図9-1のように環境適応類型を描いている。

　分類の基準は，戦略と組織の2次元である。戦略の次元は製品の開発による優位をねらうプロダクト志向と製品の品質やコストなどの生産上の優位をねらうオペレーション志向で区別され，組

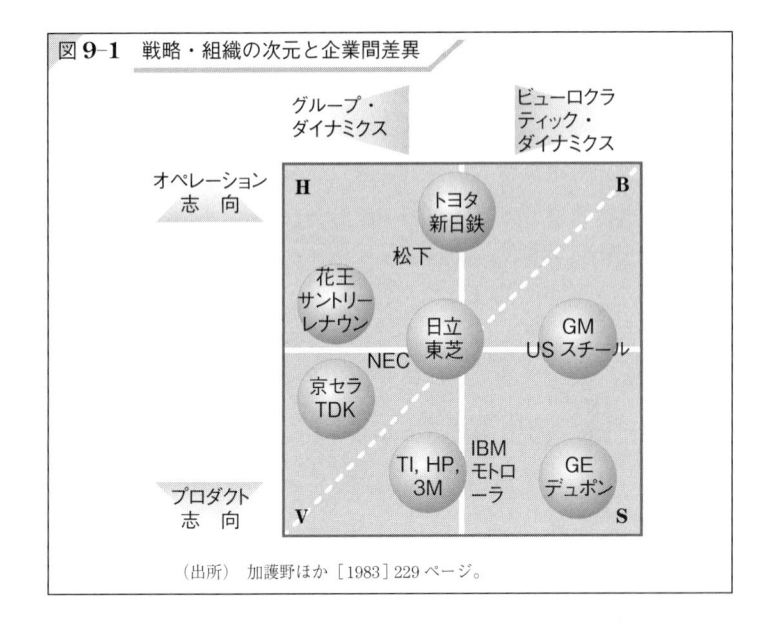

図 9-1 戦略・組織の次元と企業間差異

```
          グループ・              ビューロクラ
          ダイナミクス             ティック・
                                 ダイナミクス
オペレー   H                                    B
ション
 志 向         トヨタ
              新日鉄
                    松下
         花王
         サントリー
         レナウン
                 日立
                 東芝         GM
                             USスチール
                NEC

            京セラ
            TDK

                         IBM
                   TI, HP, モトロ    GE
                   3M     ーラ     デュポン
プロダクト
 志 向    V                                    S
```

(出所) 加護野ほか [1983] 229 ページ。

織の次元は官僚制の原理に沿ったハードな構造化によるビューロクラティック・ダイナミクスと，人間の主体的な活動から生まれる集団の自律的な活動を重視するグループ・ダイナミクスに区別されている。

こうして得られた4つのセルは，集団で生産プロセスの精緻化に取り組んで適応行動をはかるH（human relation）型，人や集団のダイナミズムを製品開発や新規分野への進出にかけようとするV（venture）型，生産プロセスの効率を重視しながらも管理方式が規則や手続きを重視する縦型の統制として展開されるB（bureaucracy）型，この管理方式をとりながら製品開発志向の戦略を展開するS（strategy）型と名づけられている。

興味深いことは，対角線を境にして日米の企業がきれいに区別されていることである。これまでよくいわれているように，日本

企業が小集団活動などの人的要因を重視した生産戦略をとり，アメリカ企業がマニュアル化された縦型の管理構造をとりながらも，競争優位を製品で確立する製品戦略を展開するということをこの図は明確に示している。

2つの企業文化の類型研究からいえることは，コンティンジェンシー理論のように，ある環境条件にはある最適な企業文化の類型が存在するのではないことである。企業文化がどのようなものであるかは，環境条件のなかでとりうる戦略行動の幅に依存しており，企業の主体的な戦略決定がそのカギを握っているのである。したがって，企業文化の類型にもまして，どのように企業文化が創造され，また変革されていくのかが重要になる。

3 企業の自己革新と企業文化の変革
●企業文化の逆機能とイノベーション

企業文化の創造

〈トップからの創造〉　企業の戦略行動を導く基本仮定や価値観あるいはパラダイムの提唱は，ほとんどの場合トップ・マネジメントから行われる。とりわけ創業期の企業では，そのことが明白である。創業者は強い意志と独特な事業哲学やビジョンをもって，陣頭指揮で事業に立ち向かい，自分の抱く事業哲学やビジョンを部下に直接伝えようとする。また彼は仕事の場で自分をさらけ出して振る舞い，従業員に事業への夢を熱っぽく語り，また成功の喜びを分かちあい，苦境に際してはそれを乗り切るべく彼らを励まそうとする。その結果，創業者と肌を接する人々は運命共同体としての連帯意識を抱き，創業者の事業哲学を自己のものとして日常行動を繰り広げるようになる。

では，企業がすでに十分に大きな規模に達していて，トップが間接的にしか従業員に接することができない場合はどうであろうか。すでに第8章で述べたように，トップは社内の会議や広報やありとあらゆる公式な場を通じて自己の価値観やビジョンを語りかける。あるいは，多様で断片的な日常業務を通じて，自分が何に注目しているのか，どのように考えているのかを伝えるべく，その断片的な業務を意識的に利用して，それが意味の流れになるようにしようとするであろう。

　〈シンボルの創出と操作〉　しかし，大きな組織に価値観を注入するには，これだけでは不十分である。さまざまな個性や考え方をもつ人々には，言葉だけではなく，価値観を表すシンボルを意識的に提示することが好ましい。

　その方法として，企業では創業時や飛躍期，あるいはその逆に苦境を乗り切ったときなどの武勇伝やサクセス・ストーリーを語り継ぐことがよく行われている。その物語には，創業者や重要な役割を果たした功労者が登場する。この物語を通じて，人々は彼らの行動から企業の求めているものは何か，また仕事にどのように取り組むべきなのかなどのメッセージを受けとめるのである。

　時には，その物語が**企業神話**になっていることもある。神話とは，よく知られている印象の強い出来事の意味やロジックを人々が疑うことなく受け入れ，それに沿って現在の状況を意味解釈するようになった物語である。企業の成功物語が企業の価値観を象徴するものとして語り継がれるうちに，それが神話として機能するようになることは少なくない。

　技術の日産を象徴するのは，日本初のグランプリで上位を独占したスカイライン神話であったし，ホンダはF1レースを通じてエンジン開発神話が生まれ，それがその後の技術開発をリードし

ている。

　具体的に目に見えるかたちで価値観をシンボル化する方法もとられる。ビジョンを明確に打ち出すために稀少な経営資源を政策的に配分するのは、その代表的な方法である。企業のポリシーを象徴するような新規部門を設立したり、あるいは特定部門に重点的な予算配分や優秀な人材を投入したりすることは広く行われている。

　もっと実利的に個人の意思決定に働きかける方法もよく行われている。これはインセンティブ効果を利用した方法で、企業の求める価値観に沿って行動することが、自分の職務の遂行にとって効果的であり、それが自己の評価や処遇とも結びついていることを明確にするという方法である。業績評価や昇進・昇格の評価では、このことを意図した基準が盛り込まれるのが普通である。またQC（quality control）活動の社内コンクールを行い、優秀グループを表彰する評価基準に企業の方針を色濃く反映させることもよく行われている。

　このように企業文化の創造はトップのリーダーシップとそれを補強するありとあらゆるシンボリックな方法を併用して展開されている。企業文化を創造していくには、一貫した価値観のもとにさまざまな方法が時間をかけて繰り返し用いられなければならない。

企業文化の強化と逆機能

〈企業文化の維持〉　シャインによれば、集団の同質性と安定性、集団が共有する経験の長さと強さが企業文化の強さを決める。根づき始めた企業文化を強化するには、これらの要素に注意した管理が展開されなければならない。

　日本企業の場合、終身雇用を基本にした新卒採用、企業内教育

訓練，定期的な人事異動などによって，従業員の同質性と企業の固有情報の共有が高くなる傾向がある。つまり，日本企業には強い企業文化を作り上げる素地があるといえる。

　一般に，企業は根づき始めた企業文化を強化するメカニズムをさまざまに工夫する。組織のデザインやマネジメント・システムなどのハードな管理の仕組みは，人々の行動を制度として維持・強化するものとして重要である。

　より物理的に，目に見えるハードな要素を利用して，企業文化の維持強化をはかることも行われる。社屋の外観やその配置に会社が何を重視しているかが一目でわかるような工夫をしたり，視覚的なイメージを統一して従業員ばかりか消費者にもそれを訴えることが行われている。

　たとえばIBM，コカ・コーラ，マクドナルド，ベンツ，ベネトン，GAPなど商品訴求力の強い企業は，一目でその会社の製品だとわかるシンボルやデザインを用いている。この方法は欧米の企業ではかなり昔から試みられている。日本では1980年代末にCI（コーポレート・アイデンティティ）として活発に展開された。

　CIは，企業のめざす戦略や実際の事業領域に適合するように社名を変更したり，デザイン感覚の優れた社章やロゴを新たに制定したり，さらには本社や工場さらに店舗・書類・包装紙などあらゆる企業の場に統一デザインを採用するなどを通じて，企業のあるべき姿を視覚的に明確にする技法である。あわせて社是や社訓，従業員としての行動規範などを，ビジュアルな技法を用いて訴えることが多い。

　伝統や社内慣行を保持して企業文化を強化することもよく行われている。入社式，方針発表会，運動会や慰安旅行や誕生会などの福利厚生など企業の儀式に特有の意味を込めることは，日本

企業の特徴になっている。また一部の企業にみられる社墓とその墓参儀式の重視は,従業員が大家族として扱われる文化を象徴するものである。人事慣行に企業文化を反映することも珍しくない。ホンダの社長は本田技術研究所の社長経験者から選ばれるとか,社長60歳定年制などは,ホンダが技術を重視して,活力溢れる企業をめざしていることを象徴するものといえる。

〈企業文化の逆機能〉　強い企業文化は,戦略行動に揺るぎない一貫性を生み出すことができる。しかし同時に,強すぎる企業文化が,重大な逆機能を引き起こすことがある。

問題は,企業文化がひとつの制度として固く結晶化することから生じる。企業文化が人々の行動規範として機能すればするほど,企業の行動はますますパターン化され,硬直的になり,次のような不適合を生み出すのである。

まず指摘されるのは,強い企業文化がものの見方を固定化してしまい,ワンパターンな戦略行動が競争優位を失墜させる危険性である。成功を通じて企業文化が強化されるほど,この危険性は高まる。

強い企業文化が人々のモティベーション効果を高めるとは限らないことにも注意が必要である。強い企業文化が生み出す一貫した企業行動が,人々を安住させて問題意識を稀薄にしてしまい,慣れ親しんだルーティンな仕事に沈潜させてしまうからである。さらには,企業文化が個人の意識を拘束して,その会社での思考と行動でしか日常生活を送れない会社人間を生み出したり,企業をカルト的な集団に化してしまうという問題を生じることもある。

強い企業文化がイノベーションに枠をはめてしまったり,日常の仕事を通じて個人や集団のなかで自生的に生まれてくる新しい試みを潰して,イノベーションを枯渇させかねないことにも注意

しておきたい。強すぎる技術志向をもつ企業文化が災いして，技術的に新規性が欠けているからと開発を断念し，ユーザーのニーズに応えられなかったり，技術的には先端的だが，ユーザーが使いこなせない製品を開発するということは実際によく起こっていることである。

最後に，企業文化に縛られた硬直的な対応が，企業の社会性を失わせるという倫理的な問題を引き起こす危険性に注意しておきたい。企業文化に縛られた独善的な企業エゴイズムが，環境や地域コミュニティの破壊につながる工場拡張や大型店の開設などの社会的なトラブルを引き起こす例は数多い。

企業の自己革新と企業文化

〈過剰学習の破棄〉 ある思考様式に沿った行動が繰り返され，新しい情報や知識の獲得が行われなくなった状況を **過剰学習**（over learning）という。強い企業文化がもたらす逆機能は，この過剰学習によるものである。企業文化の変革は，この過剰学習を破棄することから始まる。

しかし，この過剰学習の連鎖を断ち切ることは容易ではない。人々はこれまで成功してきた企業文化のもとでの考え方や行動を踏襲しようとするであろうし，既得権を守ろうとして変化に抵抗を示すであろう。企業もまた，結晶化した企業文化を守り，パターン化した戦略行動を精緻化する傾向がある。さらに新しい価値観に沿った戦略が成功するまでの間，競争上，不安定な状態にさらされる危険を招くおそれがあることが，企業文化の変革を難しくしている。

それにもかかわらず，1980年代になって日本の大企業では企業文化の変革に取り組む例が多くなった。たとえば，コンピュータ・アンド・コミュニケーション（C&C）を掲げて，多様化した

事業領域を統合化したNEC，総合家電から総合エレクトロニクスへと舵取りを変えた松下電器産業（現・パナソニック），スーパードライの発売を機に技術とマーケティングの融合をはかり，CIを通じて変身が目に見えるようにしながら，企業文化の変革を推進したアサヒビールなどをあげることができる。

　その理由として，豊かな社会の到来や国際化の進展にともなって市場が変質してきたこと，また先端技術分野を中心に有望な新規技術が出現してきたことなどの外部環境の変化や，企業の事業領域の成熟化やあるいはその逆の事業領域の急拡大などを指摘できる。

　このように環境の構造的な変化と企業業績の関係は，既存の戦略枠組みの再検討を迫る決定的な要因である。とくに計画と業績のギャップは直接に既存の戦略枠組みの有効性を揺さぶることになる。業績ギャップが，プラス方向にしろマイナス方向にしろ大きくなるにつれて，戦略を支えてきた基本仮定は見直さざるをえなくなり，過剰学習が中断される可能性は高くなるのである。

|変革のリーダーとエージェント|

〈トップダウンの変革〉　企業ではトップ・マネジメントを中心にして，環境の変化と自社の可能性とを勘案しながら，既存の戦略が見直され，戦略を支えている基本仮定を常に問い直している。その変革が必要であると意識されるようになると，自社の将来像を思い描きながら，いくつかの案が吟味されていく。トップを中心とした経営企画スタッフは膨大なエネルギーと時間を費やしながら，新しい戦略構想を練り上げていくことになる。

　こうして通常，企業文化の変革はその創造と同じく，トップから開始される。トップは企業の内外を見渡して，企業の変革の必要性を判断する立場にあるし，またそれを推進する権限をもつ唯

一の立場でもある。トップ主導のメリットは、絶大な権限を背景にして改革を短期間で強力に推進できることである。とくに大きな変革が企業内に軋轢や政治的な混乱を生むことは避けられないが、この混乱を権限によって最小限に抑え込むことができることは大きなメリットである。

逆に、トップ主導の難しさもある。トップはその在職年数が長くなるにつれ、社員に自己イメージが形成されて、トップから新しい提案がなされてもそのイメージでしか理解されなくなる。同様に、変革への賛同を得られたようにみえても、権力への迎合でしかなく、時間が経つと慣れ親しんだやり方に戻ってしまうことがありがちである。

いずれにしろ、改革を提案するだけでは、人々の内面化された価値観を変えることは難しい。既存の価値観が変動するには、新しい価値観での成功事例が示され、また体験されることが重要である。したがって、企業文化の変革が定着するまでの間、トップには改革への持続的な情熱を抱いて、意識的に成功事例を生み出しながら、組織に改革の熱気を呼び起こすことが求められる。ちなみに1986年の松下電器の変革では、山下俊彦社長が開始した「アクション61」は、次の谷井昭雄社長に引き継がれた、およそ5年に及ぶ息の長い改革運動であった。

〈ボトムアップの変革〉　ミドル・レベルでの実験的な試みを奨励して、企業の将来の柱になる事業を育成するなかから、企業文化が変革していくことがある。いわばボトムアップ型の変革運動であり、ミドルが変革のエージェント（担い手）として活躍することになる。

日本の企業は「課」がひとつの自律的な仕事の単位となって、課長あるいはその下の係長のリーダーシップで新規な試みが展開

されることが多い。彼らミドルは部下に新規な試みを奨励し，有望な試みについては，部長やトップ・マネジメント層に働きかけて，その試みを承認させたり，必要経営資源を手当てしたり，さらには関連部署にも協力を呼びかけたりする。ここでの課長の行動は，革新の芽を育てる支援者活動（チャンピオニング）であり，それを促進する触媒的な活動（カタライザー機能）である。

しかし，ミドルからの挑戦はそれだけでは，全社的な変革運動にはなりにくい。企業文化の変革という基本仮定やパラダイムの変革は，ミドルの権限や力量を超えているからである。そこでトップの価値観とミドルの挑戦が共振して，ミドルの挑戦に正当性が付与されることが必要である。トップ直轄の予算配分や組織化は，このためにとられる代表的な方法である。

さらには，意図する改革方向に合致する成功事例を全社的に普及させ，その考え方や方法による試みを湧き起こすことが必要である。魚や鳥などの群れをみていると，小さな逸脱的な行動が常に生成・消滅している。興味深いことに，そのような逸脱行動がある範囲に伝播すると，大きな群れの行動はそれに引きずられるようにして突然に変化してしまう。組織の営みにも同じような現象が起こりうる。成功事例の伝播は，ある段階を過ぎると一挙に企業全体を変革させる勢いをもつようになるのである。

マネジメントにとって重要なことは，成功事例が他部門でも再現され，それが広まっていくように，成功事例を手本にした知識や情報の取込み（モデル学習という）を促進することである。さらには，そのミドルの担当部署を拡充して，権限を大きくしたり，あるいはそのミドルを影響力の強いポストにつけて，全社的な変革エージェントとして活躍させることも考慮されてよい方法である。

トップ主導型にしろボトムアップ型にしろ、企業文化の変革は、新しい価値観やパラダイムが実践の場で効果的な戦略枠組みとして機能し、それが広範囲に新規な学習を引き起こせるかどうかに依存している。実際の企業での企業文化の変革は、文化そのものの変革運動であるよりは、業績を回復させる実践的な施策として具体的に展開されるのが一般的である。企業はあくまでも経済活動単位なのである。

演習問題

1 企業文化が組織を活性化し、イノベーションを起こさせるのはなぜか、企業文化の特質を明らかにして説明してみよう。

2 企業文化の2つの類型論を参考にして、身近な企業の企業文化を区別してみよう。またその際に、なぜそのような企業文化が生まれてきたのかを調べてみよう。

3 組織が過剰学習に陥る理由を指摘し、それを回避するマネジメントを考えてみよう。

4 トップダウンとボトムアップの区別に注意して、企業文化の変革のプロセスを整理してみよう。

5 日本企業は社員研修を通じて、自社の経営哲学を学習することに熱心である。このことは強い企業文化を形成するうえで有効であるが、しかし強い企業文化が日本企業の弱点となることも少なくない。企業文化の逆機能について身近な事例を取り上げ、その原因と対策について検討してみよう。

参考文献

E. H. シャイン（清水紀彦・浜田幸雄訳）［1989］『組織文化とリ

ーダーシップ——リーダーは文化をどう変革するか』ダイヤモンド社。

　本書は企業文化の定義と機能について解説されており，国際的に広く読まれている。原著の初版は1985年の出版で，1992年に第2版が出ている。

加護野忠男［1988］『組織認識論——企業における創造と革新の研究』千倉書房。

　企業パラダイムについて独創的な議論を展開している。

R. E. マイルズ = C. C. スノー（土屋守章ほか訳）［1983］『戦略型経営——戦略選択の実践シナリオ』ダイヤモンド社。

加護野忠男・野中郁次郎・榊原清則・奥村昭博［1983］『日米企業の経営比較——戦略的環境適応の理論』日本経済新聞社。

　本章で紹介したこの2冊で取り上げられた戦略類型論は，もともと企業文化を想定して行われた調査ではなかった。期せずして企業文化を測っていたのである。前者の原著出版は1978年である。

T. E. ディール = A. A. ケネディー（城山三郎訳）［1983］『シンボリック・マネジャー』新潮社。

　企業文化の創造と変革については，事例も豊富で柔らかく読める本書を勧めたい。原題は *Corporate Cultures* で1982年に出版されている。

第IV部

現代の経営管理と展望

第10章　日本の経営管理

第11章　グローバル戦略

第12章　育てる経営の管理へ

第10章 日本の経営管理

変わる評価・変わらぬ体質

サマリー

　戦後,比較的早い時期から,遅れた前近代的な経営というニュアンスを込めて「日本的経営」という言葉が使われ始める。それが1950～60年代の日本経済の復興と高度成長を経て,70年代になると,欧米の学者によって「日本的経営」の見直しが行われるようになる。さらに,1980年代に入ると,アメリカ企業の生産性の伸びの低下と日本企業の躍進を背景に,アメリカ企業では日本的経営の長所を見習って,それを取り入れようという動きがみられた。しかし,バブル崩壊後は,当の日本企業自体が,自分たちの経営スタイルに対して自信を失いかけているようにみえる。

　このように日本経済と日本企業の活躍の度合いによって,日本的経営に対する評価は大きく振れ,評価が右往左往する。しかも,これまでの評価が欧米企業との相対評価に依存していたので,日本的経営の問題といっても,実は,①欧米企業側の問題かもしれないし,②国・政府のシステムのレベルの問題かもしれない。そして,③欧米企業とは異なる典型的な日本的経営の日本企業などは存在しないのかもしれないのである。

Key Words

終身コミットメント　福利厚生費　OJT　日本的経営　稟議制度　終身雇用　年功賃金　企業別組合　三種の神器　企業文化　組織文化　タイプZ　JIT生産方式　かんばん方式　リーン生産方式　ジョブ・ローテーション　年齢別生活費　保障型賃金　熟練　職能資格制度

1 日本的経営の特殊性
●前近代的と酷評されていた時代

> 終身コミットメント

戦後,比較的早い時期から,進んだアメリカの経営に対比して,遅れた前近代的な経営というニュアンスを込めて「日本的経営」という言葉が日本国内で使われていたといわれている。この頃の議論の中心は,日本の労使関係であった。後に,日本的労使関係の「三種の神器」として有名になる終身雇用,年功賃金,企業別組合なども,1960年代までは,欧米の労使関係研究者の間でも,欧米の労使関係制度の枠組みを大きく逸脱する前近代的で家父長主義的な枠組みを引きずるものであり,後進性の現れととらえられていたのである。戦後直後に発表されたGHQ(連合国軍総司令部)労働諮問委員会の「恒久的賃金制度に関する勧告」では,当時の年齢,性,婚姻状態の相違に基礎をおく賃金給料制度は経済的に不健全,不公平であり,将来,排除されるべき雇用慣習の一部と考えられていたのであった。

こうしたなかで,アベグレン(J. C. Abegglen)は,非欧米国でしかも一貫してアジア的なものを残していながら,当時すでに工業国といえるようになっていた日本で,1955年から56年にかけて19の大工場と34の小工場を訪問調査し,その結果をもとにして,1958年に『日本の経営』(*The Japanese Factory*)を著した。アベグレンは「米国式の組織および管理の制度は,工業化に対する数個の可能な方式の一つをなすにすぎない」(「日本語版への序」)と考え,当時,日本の工場では組織などが著しく異なっているということにほとんど何の注意も払われず,欧米の生産に

おいて有益な方法や機械がそのまま導入されていることに疑問を呈し，日本の工業化の研究を通じて，欧米的な生産組織の方式の限界とその適応の限界を調べることを目的としていたのである。

アベグレンは，アメリカの工場との決定的な違いとして，日本でみられる **終身コミットメント**（lifetime commitment）に着目する。これは日本の工場では，雇い主は従業員の解雇や一時解雇をしようとしないし，また従業員も辞めようとしないということをさしている（終身雇用というよりもこちらのほうが実態として正確だと思われる）。それに対して，アメリカの会社では，高い移動率は望ましいものと考えられていたというのである。しかし，これでは日本の工場では，景気変動や需要変動に適応できなくなってしまう。そこで，環境の経済的・技術的変化に対するバッファーとして，日本の工場では，現在でもみられる次の2つの方法がとられていた。

(1) 終身的な正規の従業員のほかに臨時工員を利用する。
(2) 大工場に結合したかたちで，かなりの子会社・関係会社をもち下請けが行われている。下請けは時には親会社の工場内で行われている。

こうしたことからもわかるように，この終身コミットメントは，求人，採用の制度，動機づけと報酬の制度と相互に密接な関係をもっており，まさに日本の工場組織全体の基本的な部分をなしていると指摘するのである。

> 家族的だが非生産的

まず終身的であれば，採用時の選考の失敗はなかなか正せないし犠牲もともなうので注意深く選考される。また，いくつかの工場での例をあげて，職員と工員では賃金体系が違うが，工員に対する生産性手当ては，通常は生産高が標準生産高基準を超えているために，実質的には

恒常的かつ安定的に支払われていることを指摘し，日本の工場では，給与制度が基本給の基準方式の上に立てられていて，勤続年数と入社時の教育程度によってのみ決まるとする。賞与も従業員がそれを当てにして生活水準を考えられるほどに定期的な賃金制度となっているが，この賞与のおかげで，経営者は基本的な賃金制度を改めることなしに，報酬に対する組合の要求に応えることができる。そして，**福利厚生費**は直接労務費総額に対して20％の付加分をなしている工場もあった。こうして，作業の成果に対する動機づけは，大部分，忠誠心と集団への一体感に依存しており，それはほとんどアメリカの家族集団に近いものである。日本の制度は家父長的な制度といっていい。それに対して，アメリカでは，現金支払賃金は報酬のはるかに大部分を占めていて，従業員が会社に対する自分の価値や自分の職務に対する成功度を評価するのに用いられる。欧米の制度は職務と現金報酬との間の非人格的交換を強調し，生活水準や健康水準は個人の責任の問題となっているのである。

また日本の工場の管理組織は公式的には精巧であるが，機能的には不明瞭で，粗雑にしか定義されていない。決定に際して，直接にその個人的責任を負う危険にあえて一個人をさらすことをせず，能率を犠牲にしてでも会社内の人間関係を維持しようとする。また，通常，共通の大学の経験と背景を基礎にして，大会社にははっきりした閥が作られており，それは昇進と成功に対してインフォーマルにではあるが，非常に重要な役割を果たす。訓練は主として**OJT**（on-the-job training）であり，先輩や上司から学ぶことである。こうして従業員と上司との密接な関係を促進することで，本質的に家父長的関係で従業員を会社に結びつける絆を強めている。実際，「よい職長は，父親が自分の子供をみるように，

自分の工具をみる」という所見に，すべてのグループから強い同意が得られたという。アメリカの大企業の比較的非人格的かつ合理化された生産方式・組織的制度と比較すると，日本の工場は家族的であるように思われるというのである。

しかし，こうした日本の工場に対するアベグレンの評価は，とくに生産性に関しては，当時は否定的なものだった。新版として1973年に『日本の経営から何を学ぶか』(*Management and Worker*)を著した際には，章ごと完全に削除されることになる第7章「日本の工場における生産性」で，終身コミットメントや年功賃金を否定的にみていたのである。すなわち，日本の工場の生産性は，それと同等のアメリカの工場の50％もなく，多くは20％程度しかない。それは日本企業が終身的であるために，規模と費用の点で固定した非常に大きな労働力を維持しなければならないことになり，非能率な従業員を会社から除くことが非常に困難で，管理階層または現場で不適当と証明された人たちのために害のない地位を見つけ出すことになり，しかも，少なくとも欧米流の着実かつ効果的な生産に対する主なインセンティブが取り去られるためだというのである。また，生産における誤りや失敗の責任を特定の個人に帰することを習慣的に回避するために，アメリカでは考えられないような品質管理上の問題が発生しているとしていた。

> 日本人による日本的経営論

このアベグレンに代表されるようにアメリカで日本研究熱が高まると，日本国内でも，日本の企業経営に関する議論が多くなってくる。こうしたなかで，「日本的経営」を題に入れた日本で最初の書物といわれているのが，小野豊明の『日本的経営と稟議制度』（ダイヤモンド社，1960年）である。ただしそのなか

では,「**日本的経営**」という用語はまったく用いられず,山城章に従い,日本の企業経営を「稟議的経営」と呼んでいる。そして,日本的経営を理解するための中心的な概念として「**稟議制度**」が取り上げられる。小野は「業務の執行にあたって広く上長または上部機関の決裁または承認を受けることを定めている場合」を広く稟議制度としてとらえているが,こうなると,1960年当時の日本企業の経営はまさに稟議的経営であった。つまり,前近代的な要素を多分にもっていて,職能分化が不十分で,スタッフも未発達で,責任体制も欠如しているということになる。

小野によれば,日本では,「封建的農村社会において長い伝統を持つ家族制度が,西欧から輸入された近代企業にそのまま移植され」たのである。その原因のひとつは,「近代企業の経営を担当したのが,主として封建時代から存在した同族的商人経営の専門家」であったということで,もうひとつの原因は「近代企業が農村に近接して成立し,その労働力は農村からの出稼労働者によって満たされたため,伝統的な農業社会の家族制度的な考え方が,そのまま企業社会にもちこまれた」からだとされている。

しかし小野によれば,当時すでに,企業の近代化につれて,稟議制度はやがて発展・解消して,廃止される運命にあるはずだった。それまでは,職位とその職務権限に関する概念がまだ確立していないなかで,稟議書の立案者と決裁者・承認者を明らかにした稟議規定が,職位の権限に関する唯一のものだったのだが,当時進行中の企業経営の革新によって,稟議制度のもっていたマネジメント機能を他の制度の導入によって整備して,稟議制度の発展的解消をはかることが,まさに近代化の過程だというのである。

一方同じ頃,日本の労務管理,労使関係について,その歴史的変遷を分析するとともに,比較的早い時期から「日本的経営」と

いう用語を用いていた間宏(はざま)は,その著書『日本的経営の系譜』(日本能率協会, 1963年)で,戦前の日本的経営の特質を経営家族主義で要約してみせる。そしてこの戦前の経営家族主義を再編したものとして,戦後の日本的経営が位置づけられる。つまり管理施策の面では,戦前のものを引きずっていて,形式的にはまったく類似しているというのである。より具体的には,①年功序列に基礎をおく経営社会秩序,②終身雇用制,③年功給的賃金体系,④企業内福利厚生制度の充実,といったものがそれだとされる。変わったのは,理念の面で,戦前の経営家族主義では(戦前の家族制度での)親子関係的な労使一体論で労使関係を考えていたものが,戦後は,労使協調論に立って,企業の繁栄,従業員の生活向上,社会への福祉へ向けての労使協力を考える(これを経営福祉主義と呼んでいる)というように転換されたというのである。

2 日本的経営の神秘

●日本的経営のブーム

海外からの評価の好転

1960年代の日本経済の高度成長期を経て,70年代になると,欧米の学者によって「日本的経営」の見直しが行われるようになった。つまり,日本企業の経営スタイルにも積極的に評価すべきところがあるというのである。こうした日本的経営に関する否定的評価が肯定的評価に変わったターニング・ポイントともいえる論文が,ドラッカー(P. F. Drucker)によって発表されたのが1971年だった。ドラッカーは,当時のアメリカの経営者の直面する最重要課題として3つをあげ,日本の経営者はこれらの問題に対して欧米とは異なる対処の仕方をしていて,そのことが,日本の経済成長の重要

な要因だと考えた。すなわち，

(1) 効果的な意思決定——日本企業ではコンセンサス（合意）に基づく決定が行われ，決定に時間はかかるが実行は速いと，小野がいうところの稟議制度を評価する。

(2) 雇用保障と生産性等との調和——日本企業では終身雇用と年功制度により，雇用を保障することで，従業員の心理的保障と生涯訓練による生産性向上がはかられ，これはアメリカにおける失業補償，先任権といった制度よりも優れている。

(3) 若手管理者の育成——日本企業では大学の先輩・後輩からなる非公式なグループがあり，それに乗って教育と人事考課のシステムが機能するために，意思疎通に優れ，長期間の多面的な評価でトップ・マネジメントを選抜するのに効果的だとしている。

その翌1972年に出版された『OECD対日労働報告書』では，時の労働事務次官・松永正男の寄せた「序」において，「OECDが日本の労働力政策を検討するにあたっての中心的な関心と問題意識は，日本的風土のもとに形成された生涯雇用，年功賃金，企業別労働組合という雇用賃金慣行——報告書ではこれらを総称して『日本的雇用制度』（Japanese Employment System）といっている——が，いわゆる〈三種の神器〉として日本の経済成長にいかに貢献したか，それが現在どのように変貌しつつあり，労働力政策に対してどのような課題を投げかけているか，ということにあった」と肯定的な評価が与えられている。こうして，**終身雇用，年功賃金，企業別組合** などが日本的労使関係の「三種の神器」と呼ばれるようになったのも，ちょうどこの時期であった。

間宏と共同で日立製作所の日立工場・多賀工場を，そしてイギリスのイングリッシュ・エレクトリック社の2工場を調査して比較したドーア（R. P. Dore）の『イギリスの工場・日本の工場』

(*British Factory-Japanese Factory*, 1973) は, 日本の工場について, 間と類似した企業福祉集団主義を指摘した。しかし実は, 間もそうだったのだが, ドーアは日本的経営の集団主義的性格を戦後の社会民主革命を経てもなお残る前近代的な家父長主義的性格のものとは考えなかった。それどころかドーアは逆に, 産業社会が向かいつつある発展傾向の最も先端的な姿ととらえていたのである。

> 日本国内でのブーム

こうして, 海外での見直しの動きに背を押されるように, 1970年代半ばから, 日本の研究者にとっても, 日本的経営のブームが到来することになる。代表的な論者としては, 津田眞澂は, 戦前の経営が家族的編成の原理に立っていたのに対して, 戦後の経営はそれとは別の原理によって編成されていて, たまたまそれらが外形的に近似したにすぎないとした『日本的経営の擁護』(東洋経済新報社, 1976年) を序曲として, 自身の日本的経営論の集大成と評する『日本的経営の人事戦略』(同文舘出版, 1987年) まで, 「日本的経営」をタイトルに入れたものだけでも8冊を著している。

これに対して, 戦前, 戦後を通じて日本的経営の根底にある一貫した編成原理が存在していたとする立場のものとしては, 岩田龍子が『日本的経営の編成原理』(文眞堂, 1977年) で, 日本的経営の背景を, 日本の伝統的な社会や文化, あるいは日本人固有の心理特性として安定性志向の強いある種の集団主義に求める。他方, アベグレンの翻訳者でもある占部都美は『日本的経営を考える』(中央経済社, 1978年) において, 終身雇用, 年功昇進, 年功賃金といった制度は, いずれも日本的経営の不変の要素というわけではなく, その根源に, 経済合理的・適応的な側面があるのであって, 低成長経済のもとでは, 終身雇用には雇用調整, 年功昇進には能力主義, 年功賃金に対しては職務給という変化が現れて

Column ⑱ 品質管理

　日本では，デミング（W. E. Deming）が日科技連の招きで1950年に来日して，技術者や管理者に統計的品質管理の指導を行い，翌51年からデミング賞の授賞が始まった。1952年には日科技連が各工場に現場の品質管理活動を自主的に行う職長・組長を中心としたQC（quality control）サークルの設置を呼びかけ，このQCサークル活動が着実に成果をあげたことで，デミング賞とともに，日本の品質管理は世界的に高く評価されるようになる。

　他方，こうして品質と生産性の伸びで日本に追いつかれたアメリカでは，1980年代に入って，ドル高，貯蓄貸付組合（S&L）の倒産続出，不況，失業率増加などのなかで，日本的な経営管理の徹底研究が行われた。そして1987年に，デミング賞を意識したマルコム・ボルドリッジ賞（MB賞）がアメリカで創設される。MB賞は工場の現場での品質管理ではなく，顧客の品質認識を評価の中心に据えたものだったので，今度は日本で生産性本部が主導して日本版MB賞である日本経営品質賞が1996年から授賞を始めた。

　こうして日米間では品質管理をめぐるキャッチボールが続いている。たとえば，MB賞の審査基準に組み込まれているベンチマーキングは，広く業界内外のベスト・プラクティス（最良の業務方法）を調べ，自社のやり方との違いを分析・学習する経営改善手法であるが，これはもともと日本で開発された品質改善ツールがアメリカに紹介・導入されたものだった。また，1993年に翻訳（『リエンジニアリング革命』）が出版されて日本でもブームになったアメリカのリエンジニアリングも，もともとは日本企業の業務・管理プロセスや製品開発システムの特質を手法化したという側面が強いのである。

きているとする。

　こうして日本企業の経営システムが国の内外で注目を集めるな

かで，1980年代以降の日本的経営のブームの火付け役を果たすことになる研究が，アメリカで伏流的に静かに進行していたことを指摘しておかなければならない。1970年代以降，日本企業の海外直接投資が本格化し始めることで，たとえば，アメリカの日系企業と純粋なアメリカ企業との比較研究が行われていたのである。パスカル（R. T. Pascale）とオオウチ（W. G. Ouchi）は，1973～74年に20社以上の日本とアメリカの企業を訪問調査した。その後，パスカルはさらに詳細なデータ収集に進み，一方，オオウチは「セオリーZ」的なアメリカ企業の調査に進むことになるのである。

3 日本的経営の移植
●モデルとしての日本的経営

アメリカでのブーム　1980年代に入ると，アメリカではアメリカ企業の生産性の伸びの低下を嘆く論調が目立ってきた。そして日本企業の躍進を背景に，文化という言葉がキーワードになり「企業文化」「組織文化」がブームになったり，それと同時並行するかたちで，日本的経営の長所を見習って，それを取り入れようという動きがみられるようになってくる。その代表的存在が，オオウチのベストセラー『セオリーZ』（*Theory Z*, 1981）なのである。

　オオウチはまず，日本企業の組織の理念型としてタイプJ，アメリカ企業の組織の理念型としてタイプAを考える。タイプJの終身雇用，遅い人事考課と昇進，非専門的なキャリア・パス，非明示的な管理機構，集団による意思決定，集団責任，人に対する全面的なかかわりという特徴とは対照的なものとして，タイプ

Aの短期雇用，早い人事考課と昇進，専門化されたキャリア・パス，明示的な管理機構，個人による意思決定，個人責任，人に対する部分的かかわりをあげている。たとえば，アメリカでは経営幹部ですら離職率が高く，管理職は3年間も重要な昇進がないと失敗したという気持ちになり，早期に昇進しないと企業をすぐに変えてしまうというヒステリックな症状の顛末として，短期雇用となり，早い人事考課と昇進が必要になると指摘している。1960年には4000人ほどしかいなかったMBA（経営学修士）新規取得者が80年には4万5000人にもなったことも火に油を注ぐ結果となっているのである。

ところが，オオウチはアメリカ企業のなかにもタイプJと類似した特徴をもっている企業があることに気がつく。IBM，ヒューレット・パッカード，イーストマン・コダック，プロクター・アンド・ギャンブル（P&G）などの企業である。これらの企業は日本の真似をしたわけではなく，アメリカで独自の発展をしてきた企業なのである。そこでオオウチはこれを**タイプZ**と呼び，このタイプZによる経営がアメリカにおいても可能であり，このことで生産性が左右されることを主張したのである（この『セオリーZ』の原型は，オオウチが1978年にジョンソン〔J. B. Johnson〕と共著で発表した論文に遡ることができるが，そこではアメリカ企業の組織の理念型としてタイプA，日本企業の組織の理念型のアメリカ版としてタイプZを考えているのみで，タイプJは登場していない。そこであげられているタイプZの特徴のうち，個人責任を集団責任に置き換えたものが『セオリーZ』ではタイプJとされているので，明言はされていないが，正確にはタイプZはタイプJとタイプAの中間型と位置づけられることになる）。

オオウチの議論は，その管理モデルを日本の経営に求めている

のである。パスカルも，エイソス（A. G. Athos）との共著で『ジャパニーズ・マネジメント』(*The Art of Japanese Management*, 1981）を同じ年に発表するが，オオウチやパスカルの著書の出現により，日本的経営を積極的に評価する動きは，日本的経営の移植という新しい局面を迎えた。この時期の日本的経営に対する評価の根拠はなんといっても生産性であり，その源泉として，当初はオオウチやパスカルのように企業文化的なものが注目されていたが，1980年代半ば頃からはより直接的に，自動車産業を中心とする日本企業の生産システムが注目を浴びることになる。

注目を集める日本の自動車産業

トヨタの生産方式に焦点を当てた門田安弘の『トヨタシステム』(*Toyota Production System*, 1983）は，数カ国語に翻訳され，読まれた。ここでトヨタ生産方式あるいはジャスト・イン・タイム生産システム（**JIT生産方式**）とは，必要な物を必要な量だけ必要なときに生産することで，過剰在庫や過剰な人件費を排除して，コストを低減させるシステムである。そのための手段として，後工程で使った部品を定期的に前工程に引き取りに行き，前工程は引き取られた量だけ生産するという「**かんばん方式**」がとられる。こうした生産システムまでくると，日本以外の国でも導入可能なはずで，実際に，こうした生産方式を採用した日本の自動車メーカーのアメリカ進出工場が成功をおさめている様子は，島田晴雄の『ヒューマンウェアの経済学』（岩波書店，1988年）でも紹介された。

そして，こうした関心は，製造工程だけにとどまらず，自動車の製品開発プロセスにまで向けられる（K. B. Clark and T. Fujimoto, *Product Development Performance*, Harvard Business School Press, 1991. 邦訳：田村明比古訳『製品開発力』ダイヤモンド社，1993年）。

Column ⑲ 系列取引

　日本の組立加工型産業では，たとえば，トヨタ，日産のような自動車組立メーカーとサプライヤーと呼ばれる部品メーカーとの間の長期継続的な系列取引が国内外から注目を集めてきた。ウィリアムソン（O. E. Williamson）ら多くの研究者は，特定メーカーとの取引に対してサプライヤーが形成する能力・資源つまり「関係的能力」が，当該取引でしか価値をもたないために，その価値が失われることを避けるために取引が長期継続的になると説明した。ところが実際には，取引特殊的なものは，専用の設備・金型や独特のコミュニケーション方法など，ごく一部にすぎず，能力のほとんどは他メーカー相手でも十分に機能するほど汎用的である。事実，ホンダ，三菱といった後発自動車メーカーは，トヨタ，日産といった先発自動車メーカーの系列サプライヤーとの取引を積極的に進めてきた。

　それではなぜ，取引が長期継続的なのか。山田耕嗣の研究によれば，たとえば日産自動車の場合，1958年設立の協力会のサプライヤーが設立30年で3分の2に淘汰されているように，メーカーの要求に応えて特殊・汎用を問わず関係的能力を蓄積できたサプライヤーのみが生き残ってきたことがわかってきた。生き残った取引関係だけを現時点でみれば，関係的能力の高いサプライヤーと長期継続的取引が同時に観察できるはずということになる。バブル崩壊後，系列取引の見直し・崩壊（つまり淘汰）がマスコミなどで喧伝されたが，これはこれまでの系列取引の曲がり角ではなく延長線上にある現象ということになる。

1990年には，MIT（マサチューセッツ工科大学）が中心になってそれまで5年間続けてきた自動車産業に関する大規模な国際研究プロジェクトの最終報告書が出され，世界の優れた自動車生産システムの主流はかつてアメリカが誇っていた大量生産方式ではなく，日本企業がとっている企画，製品開発，製造，さらには部品業者，

販売業者に至るまでの無駄なく柔軟な「リーン（lean＝痩せた）生産方式」に移行したと指摘する（J. P. Womack, D. Y. Jones and D. Roos, *The Machine That Changed the World*, Rawson Associates, 1990. 邦訳：沢田博訳『リーン生産方式が，世界の自動車産業をこう変える。』経済界，1990年）。こうした熱気は，日本経済がバブル景気に浮かれていた1990年前後には最高潮に達する。

しかし，1992年頃に，日本でバブル経済が崩壊してしまうと，その後は，当の日本企業自身が，自分たちの経営スタイルに対して自信を失いかけているようにみえる。

4 日本の経営管理を見る目
●相対評価のもつ危うさ

日本企業のシステムが欧米企業のシステムとは違うという認識から出発して，これまで「日本的経営」の評価をめぐって，いくつかの波があったことがわかる。たとえば終身雇用ひとつをとってみても，最初は日本の後進性の象徴そのものだったものが，日本企業の強さの秘密といわれるようになり，そしてまた魅力を失うというように，評価が右往左往していることがよくわかる。その原因のひとつは，日本の内外を問わず，研究者が評価する際に，その基準を常に外的基準に求めてきたということにある。日本企業と欧米企業のパフォーマンスの違いが，これまでそのままシステムの評価につながってきた。それは表面的には「理論的な顔」をもっていたとしても，所詮は事後的な跡づけにすぎなかったのである。

したがって，日本企業と欧米企業の相対評価に依存している以上，いくつかの問題点を指摘することができる。まず第1に，終

身雇用，年功賃金，企業別組合のようなシステムが過去半世紀の間ほとんど変わらなかったとすると（実際，アベグレンやオオウチの記述する日本企業の姿は，現在もほとんど変わっていない），日本的経営のシステムの相対的なパフォーマンスの違いは，実は，日本企業の側に原因があるのではなく，欧米の企業の側に原因があるかもしれないということである。より具体的にいえば，1960年代後半以降，日本企業の経営システムが脚光を浴びるようになるのは，第1章でもみたように，アメリカでの合併・買収ブームの傷跡でアメリカ企業の競争力が低下したために，日本企業の相対的パフォーマンスが向上しただけと考えたほうが自然に思われる。

第2に，日本企業対欧米企業という大くくりの分類で，その経営システムのパフォーマンスが議論できるということ自体が，ひとつの証拠なのだが，実際には相対的パフォーマンスの決定要因は，企業のシステムの違いなどではなく，国・政府のシステムの違いである可能性があるということである。たとえば，日本企業が経験した1980年代後半の絶頂期と90年代に入っての自信喪失期をもたらした日本企業の相対的パフォーマンスの乱高下は，バブル経済の出現とその崩壊，驚異的な対ドル円高にみられるような経済政策の失敗に帰するところが大きいと思われる。

第3に，実際には，個々の日本企業は非常に個性的で，それらをひとつの日本的経営でくくること自体が不可能に近いはずなのに，なぜかこれまでの議論では，そのことがほとんど疑問に思われずに行われてきているということである。日本企業対欧米企業という比較に，いったいどれほどの意味があるのか，まったく不明である。たとえば，日本企業のシステムを終身雇用で年功序列，そして人事部を中心としたジョブ・ローテーションと特徴づける

ことがごく普通に行われているが，人事部を中心としたジョブ・ローテーションがきちんと行われているのは，都市銀行やごく一部の大手のメーカーの一握りの幹部候補ぐらいのもので，多くの日本企業では，転勤はあっても，職務内容が変わることはほとんどない。順調に出世して経営者になる場合でも，メーカーではたとえば労務畑の人は常務クラスになるまでずっと労務畑を歩き続けるケースのほうが普通だろう。そしてその一方で，都市銀行はとても終身雇用，年功序列とはいえないのである。順調に出世した人でも支店長を経験した後，銀行に残れるのは取締役になるようなほんの一部の人に限られ，多くは40歳代で出向のかたちで第二の人生を歩き始める。そしてそうなるはるか以前から，メーカーの従業員が聞けば驚くような年収の差が同期入社組でもつけられているのである。一体，どこに「典型的な日本的経営の日本企業」が存在しているのだろうか。

したがって，外的な基準に依拠して，相対評価で右往左往するのは，本来的に無意味なのである。個々の日本企業のシステムをきちんと吟味し評価する必要がある。それは流行に惑わされることなく，日本企業を理解し，素朴な疑問と小さな納得を積み重ねていく道程である。そのことを年功賃金を例にして問題提起しておこう。

5 賃金と熟練

●年功賃金は楽か厳しいか

年功賃金

読者のなかには，熟練が賃金を決めるのであって，それは経済的に説明がつくと考えている人が多いのかもしれない。ところが，少なくとも大企

業については，この考え方は疑わしい。というより，大企業では，賃金を決める際に熟練なるものを考慮している形跡がほとんど見出せないのである。

　むしろ，もうひとつの定説のほうがもっともらしい。日本の大企業では，戦後直後の労働組合による「経営民主化」「身分制撤廃」運動の結果として，ホワイトカラーとブルーカラーの間に，基本的に同じ賃金制度が適用されるようになったのであり，準戦時体制，戦時体制のもとで確立した大企業の賃金カーブは，戦後直後の生活給的賃金制度に受け継がれ，さらに春闘方式のもとで**「年齢別生活費保障型賃金」**の賃金カーブが定着したように思える。こうして年功賃金がよくみられるようになった。その結果，小池和男が『日本の熟練』(有斐閣，1981年)においてマクロ・データのレベルで発見したように，日本のブルーカラー労働者とホワイトカラーのスタッフとは，年齢・賃金プロフィール，勤続年数別構成，企業福祉費の割合などにおいて近似することになるのである。

　ドーアは産業化の進展につれて，人々の社会的な平等への欲求が強まり，「英国ならばミドル・クラスの職員に限られている特権である年金や疾病手当のような付加給付，かなりの程度の雇用保障，家族生計費の増加に見合う所得の上昇などが，日本では現場労働者にまで適用されている」と日英間の雇用システムの違いを指摘している。

> 円高時代にペイする仕事

　それでは，**熟練**の話はどこへ飛んでいったのだろうか。年功賃金を念頭において，わかりやすい例をあげてみよう。1950年代に東北地方に進出した大手家電メーカーの工場について，91年にヒアリング調査したことがある。このときは急激な

第**10**章　日本の経営管理　　245

円高と人件費上昇のなかでドル・ベースで考えた賃金が高騰し（その後も高水準で推移している），かつては直接作業員として雇っていたはずの従業員であっても，もはや直接作業員として働かせていてはまったくペイしない状況が進んでいた。その結果，生産設備は協力会社に移され，そこの従業員によって生産が行われるようになる。かつての直接作業員は，その高い賃金に見合うだけの働きをするために，いまは自ら直接作業をすることはやめさせられ，協力会社の管理業務にあたらざるをえなくなっていた。

しかし，生産現場における技能とは異なり，管理業務に必要な能力の育成はいたって心許ない。実際には，管理業務に耐えられずに辞めていく人が後を絶たないという。本当かどうかは確かめようもないが，「どうして辞めるんだ」と聞く会社側の人事の人間に，「私は体を使ってものを作っているのが好きなので，工具の仕事は性に合っていた。それなのに今頃になって管理だ人間関係だと煩わしいことはやりたくない。それくらいだったら，農作業だけやってたほうがまだましだ」といった人もいたという。こうした状況は，同時期に調査に訪れた東北地方の数社の工場でも同じように聞くことができた。

あるいは，こんな例もある。かつて，日本のメーカーでは，大卒の技術者でも必ず工場の生産現場に配属され，現場を知ってから技術者としてのキャリアを歩み始めると定説のようにいわれていた。もちろん，研修期間だけに限られるケースのほうが多いのだろうが，一種の通過儀礼だったのだろう。ところが，1990年代に入って，円高が急速に進んだ後は，こうした生産現場の経験のまったくない若い技術者が増えているともいわれる。大手電機メーカーでは，彼らを「手配師型技術者」と呼ぶ人もいた。つまり，実際の工程や製品には触れることなく，最初の段階から，手

配書の類の書類しか触ったことがないというのである。

　これぞ，新しいタイプの技術者の登場と感じる人もいたが，企業側の意図は切実である。「ドル・ベースでこれだけ高額の給料を払っている以上，いかに大卒の新人とはいえ，彼らに電子部品やなんかの単価の安いものを作ってもらっていては，ペイしないんですよ」ということになる（そんな余裕も企業にはないのかと思ってしまうが……）。

　これと同じ論理がブルーカラーについても顔を出しているのにすぎない。直接作業員にとっても，いずれはホワイトカラーとしてより高い職位について，より管理的・経営的な仕事をすることによってしか，パフォーマンス向上は達成されないのである。そこになんらかの「技能」「熟練」のようなものがあり，その育成が可能だとしても，育成に役立つOff-JT（off-the-job training）の方法を開発することにはいまだ誰一人として成功していない。だから消去法的にOJT（on-the-job training）しか残されていないのである。

> 賃金と職位の分離

このように，年功賃金型の賃金カーブは保障できても，管理職としての人材育成は保障できないという現実を背景にして，もうひとつの経済的に合理的な企業行動が生まれる。それが，年功賃金型の日本の大企業ならばどこでも行われているといってもいいような**職能資格制度**の導入である。これによって，賃金に連動した資格等級から職位を分離したのである。職能資格制度では，原則的に対応職位は等級の下限でセットされる。たとえば，課長は資格等級3級以上の者から選ばれるというように決められるのである。もちろんその等級に昇格したからといって，課長に昇進するとは限らない。これによって，管理職への昇進には選別を行うことにしたの

である。昇給は昇進を意味しない。これが日本の年功賃金の実像である。

　これは従業員規模1000人以上の企業に占める大卒者の比率が，1970年代前半には20％程度だったものが，80年代後半には30％にもなり，この時期の若い20歳代後半では実に50％を超えているという現実を目の前にして，より重要な意味をもつ。管理職候補の大卒ホワイトカラーは，人数が増えようとも，とにかくOJTで育てて（他に方法がない），賃金分は働いてもらえるようにしなければならない。しかし，全員が管理職になれるほどポストはないし，その能力もないだろうから，管理職になる段階で選別しなくてはならないのである。

　それに，年功序列と呼ばれる会社でも，抜擢人事は昔からあったのである。少し考えてみればすぐにわかるように，同期入社した全員が，経営者になることはありえない。ということは，どの時点かで選別が行われ，上の年次の人を追い抜かないと，定年までには経営者にたどり着かないのである。日本企業の従業員調査をしてみると，20歳代の若い人は年功序列だと感じているのに，40歳代ではほとんどの人が年功序列ではないと感じていることがわかるが，年功序列的と思われている会社ですらそうなのである。選別はどこかで行われている。しかし，20歳代では，それが目に見えるかたちになっていないだけなのである。

6 成果主義ブームの教訓
●自分の会社を丁寧に観察しないと

| 何かがおかしい | そんななかで，成果主義のブームが起こる。「成果主義」賃金とは，簡単にいえ |

ば，1990年代後半から，それまでの日本企業の年功賃金に対して，①成果や業績の客観評価を前面に打ち出し，②その短期的な成果の違いを賃金に反映させて格差をつけることをねらって大企業で普及し始めた賃金制度，人事システムのことである。2000年以降，急速に普及が進んで日本企業を蝕み，そして廃れた。

実際，次のような光景は，成果主義を導入した企業ではどこでも日常的に観察されるようになり，現場では困惑が広がった。

(1) 毎年査定すると明言されれば，誰だって，1年以内に「成果」の出せるような仕事ばかりをやるようになる。長期的視野に立った仕事やチャレンジングなテーマには誰も挑戦しなくなる。

(2) 各人に目標を立てさせて，その達成度をみるなどと書けば，低めの目標を掲げるのが賢い人間というものである。だからといって，高めに目標を設定すると，さらに恐ろしいことが起こる。現場の人間であれば，すぐに理解できることだが，数字なんて，1〜2年であれば，いかようにでも作れるのである。売上げを今年度に入れる，来年度回しにする，新規投資を控える，減価償却を抑える，アルバイトやパートの数を減らす，残業しても手当てを出さない（＝サービス残業を強いる），……。しかし，こんな無理を何年も続けられるわけがない。にもかかわらず，高めの目標を無理して達成した部署に対して，経営者がさらに高い目標を課せば，それ以上の数字は，もう粉飾するしか手がなくなる。そして，数字を操作した人間は，危ないと思っているので，さっさとどこかに異動してしまい，やがて，どの数字を操作したのかもわからなくなってしまう。

(3) 客観指標，たとえば成約件数を基準にあげれば，それだけ

をピンポイントでねらって件数を稼ごうとして採算度外視で契約をとってくる愚か者が必ず出てくる。

これは客観評価にこだわる以上，当然の帰結なのである。どうしても目先の数字にとらわれてしまうのは，客観指標のインパクトが強すぎるからである。客観指標と直結する特定業務の成果をあげることばかりに気をとられ，そこだけをピンポイントでねらった行動を必ず誘発する。改善策は存在しない。

日本型年功制

そんな積重ねで，「これじゃダメだ」ということになり，管理職も学習するようになる。よく考えてみれば，これまでだって，評価シートや評価レポートがなくても人事はできていた。今までやってきたように，昇進させる順番くらいは自分でもつけられる。周りの人にも十分納得性もある。そこで，まず人事を決め，次にそれに合ったような点数をつけ，さらにそれを各評価項目にブレークダウンするという「高等手法」を用いて逆算するようになるのである。評価レポートに書く文章表現の評価の雛形を何種類か用意している会社もある。こうして成果主義は導入後数年で形骸化し，日本のサラリーマンは逆算してきれいな評価レポートを書けるようになった。いまや正々堂々と成果主義の看板を降ろすところも増えてきたが，成果主義の看板は残っていても，ほぼ完全なるセレモニー（儀式）と化している会社がほとんどである。

実は，ブームの当時，成果主義導入を勧めるコンサルタントや学者が必ずといってもいいほどに槍玉にあげていたのが，日本企業の年功序列制度であった。しかし，筆者が知るかぎり日本を代表するような企業で「年功序列」の会社を1社もみたことがない。制度としての成果主義の抱える問題点以前に，成果主義導入を勧めた人々の日本企業に対する理解に重大な事実誤認があったこと

が大問題なのである。

　ある程度の歴史をもった（つまり，生き延びてきた）日本企業のシステムの本質は，給料で報いるシステムではなく，次の仕事の内容で報いるシステムだった。仕事の内容がそのまま動機づけにつながって機能してきたのであり，それは内発的動機づけの理論からするともっとも自然なモデルでもあった。他方，日本企業の賃金制度は，動機づけのためというよりは，生活費を保障する観点から平均賃金カーブが設計されてきた。この両輪が日本企業の成長を支えてきたのである。それは年功序列ではなく，年功ベースで差のつくシステムだった。

　このシステムを年功序列だと考えることは重大な事実誤認である。自分たちの会社のありのままの事実を丁寧に観察することもせず，自分の頭で考える態度にも欠ける人があまりにも多いことには驚かされる。過去の誤り（＝成果主義の誤り）ときちんと対峙しなければ，同じ過ちを何度も繰り返すことになる。次から次へと新しいモデルに乗り換えていって，何十年か経つとまた同じ過ちを繰り返す。筆者の知るかぎり成果主義的な安易な発想は不況のたびにやってきた。その愚を避けるために，間違いを認めさせるために，筆者はあえてこのシステムを「日本型年功制」と呼ぶことにした。

　年功賃金が20世紀後半の50年以上の間，繰り返し批判にさらされながらも，いまなお生き残ってきたのは歴史的な事実である。古いということはなんら批判の理由にはならない。新しい経営理論が，古い経営理論と比べて，常に正しかったわけでもない。経営理論の世界にも流行もあれば，景気変動で経営理論に対するニーズが変化することもある。そして，日本的経営に関するこれまでの評価の変遷は，まさにその典型例だったといえるのである。

演習問題

1 ディール゠ケネディー（T. E. Deal and A. A. Kennedy）の『企業文化』（邦訳『シンボリック・マネジャー』，本章第9，12章参考文献も参照のこと）のなかの次の事例のような話は，日本のメーカーではよく聞く話である。この事例を読んで，「手配師型技術者」の出現の是非を論じてみよう。

「マサチューセッツ工科大学を卒業したてのエンジニアの卵が，真新しい計算尺をもって，新調のスーツを着て，ゼネラル・エレクトリック社（GE）に初出社したときの話。出迎えた無愛想な年配の上司に，いきなりほうきを渡されて床を掃けと言われる。しばしぽかんと口を開けて突っ立っていたものの，新入社員ということもあり，言われた通りにしたけれど，あれは自分の人生でまたとない最良の教訓だった……。」（p. 65，邦訳94ページから翻案）

2 アベグレンは1958年の『日本の経営』（*The Japanese Factory*, 1958）の新版として74年に『日本の経営から何を学ぶか』（*Management and Worker*, 1973）を著し，旧版を第2部とした3部構成で出版している。その際，旧版で終身雇用や年功賃金に対して否定的な評価を与えていた第7章「日本の工場における生産性」については，これを章ごと完全に削除するとともに，新たに付加した第1部「70年代における日本の終身雇用制」では，「日本の終身雇用制が非常に大きな強みをもっているにもかかわらず，それは非能率的であり，実際にはうまく働かないと西欧では一般的に見られている」ために西欧中心主義に陥りやすいのだ，と見解を180度転換してしまう。すなわち，まず年功賃金であるために，学卒者を多数採用する成長企業は人件費を引き下げると同時に最新の技術教育を受けた人材を確保でき，しかも終身雇用のため，学卒者は慎重に成長企業を選択するというように，成長企業には有利なシステムになっているとする。そして終身雇用と企業別組合のおかげで，日本企業は労使関係に破滅的な

ダメージを与えることなく，企業内の配置転換によって，急速に技術革新を導入できたのだというのである。この真偽のほどを論じてみよう。
3 ドーアは，イギリスなど先発先進国が市場志向型から日本的な組織志向型雇用システムへ移行しているという仮説を出していた。つまり，雇用の期間と条件は，労働者の熟練が他の雇い主から外部市場においていかなる対価を受け取るかということから影響される度合いをますます弱めていき，各企業独自の相対的ランクづけの内的構造に適した比較的安定的な長期雇用の存在を予想するものへと移行するとしていた。出版当時（1973 年）は，イギリスの学会でそのようなことを発表すると，「とんでもない」と退けられるのが普通だったという。しかし日本語版（1987 年）に寄せられた「日本語版への序」によれば，イギリスでは，①国家レベルの団体交渉から企業・工場レベルの交渉へ，②敵対的労使関係から協約に基づいた協調的労使関係へ，③属職的給料制度から属人的給料制度へ，④企業内訓練・企業内社会保障制度の進展，⑤労働移動の低下，などが顕著に現れてきているという。このことを踏まえて日本企業の今後を論じてみよう。
4 最近マスコミで話題になった日本の大企業を 1 社選び，その会社に関連した記事，報道を集めたうえで，「日本的経営の問題点」と題するレポートにまとめてみよう。
5 自分にとって一番身近にいる「日本企業に勤める人」を観察して，日本企業の行動パターンを自分なりに抽出し，数人で持ち寄ったうえで分類してみよう。

参考文献　Bibliography

J. C. アベグレン（占部都美監訳）［1958］『日本の経営』ダイヤモンド社；新訳版（山岡洋一訳）［2004］日本経済新聞社。
　日本的経営に関する海外の文献で，この本を引用しないものはほとんどないというほどの記念碑的業績。原著も同年に

出版されており，原題 *The Japanese Factory* が示すとおり，もともとは「日本の工場」についての研究。当時の日本企業の雰囲気がいまとほとんど変わらないのも興味深い。ただしこの段階では，終身雇用や年功賃金に対して否定的だった（演習問題2を参照のこと）。

P. F. Drucker [1971] "What we can learn from Japanese management," *Harvard Business Review*, March–April, pp. 110–122.

　日本経済の高度成長を背景にして，日本的経営に関する否定的評価が肯定的評価に変わったターニング・ポイントともいえる論文。

W. G. オオウチ（徳山二郎監訳）[1981]『セオリー Z──日本に学び，日本を超える』CBS ソニー出版。

　当時の日本企業の雰囲気はいまでもまったく変わらない。原著も同年に出版されているが，やはり同年出版のパスカル=エイソスの『ジャパニーズ・マネジメント』，翌82年のピーターズ=ウォータマンの『エクセレント・カンパニー』，ディール=ケネディーの『企業文化』と日本企業を意識した一連の企業文化ものの先駆けとなったベスト・セラー。

門田安弘 [1985]『トヨタシステム』講談社。

　1983年に出版された *Toyota Production System* の日本語版。1980年代に世界中の賞賛を浴びた日本の生産システムの代表ともいえるトヨタの生産システムについてのまとまった書物。1991年に新版『新トヨタシステム』（講談社）も出ている。

高橋伸夫 [1993]『ぬるま湯的経営の研究』東洋経済新報社。

　日本の企業人の日常感覚に根差して，「ぬるま湯的体質」を大真面目に真正面から取り上げ，調査，測定，モデル化して，日本企業の経営と風土を考えている。

高橋伸夫 [2004]『虚妄の成果主義──日本型年功制復活のススメ』日経 BP 社。

　当時，日本の産業界でブームになっていた成果主義を全面的に批判したことで論争を巻き起こした書物。

第11章 グローバル戦略

日本企業の国際化の論理

サマリー

　現代の経済はグローバル化している。それを推し進めてきたのは，地球規模でビジネスを展開する企業の経済活動であり，それを支える貿易・国際金融取引の自由化やインターネット等の情報通信システムの発展である。その結果，メガ・コンペティション（大競争）と呼ばれる地球規模の競争が展開されるようになった。国境を越えた競争は国内企業にも押し寄せ，国際化への対応が迫られている。他方で巨大企業は自国中心の国際化から地球規模（グローバル）の国際化を展開している。

　そもそも企業が経営の国際化を開始したのは，第二次大戦後にアメリカで多国籍企業が誕生してからであった。これに対して日本の企業は国内生産を重視し，日本的経営に磨きをかけて，海外戦略は主に輸出に依存してきた。これが揺らぎ始めたのは，1985年のG5とそれに続く円高である。すでに先陣を切っていた電機や自動車の各社は急速に多国籍化していったし，多くの企業がアジアへの直接進出を本格的に検討し始めたのである。しかし，日本企業の国際化は本国親企業に顔を向けた本国中心主義的なものに止まる傾向が強い。1990年代になって急展開するグローバル化への対処は，日本企業の重要な経営課題になっている。

　本章では，日本の企業が進めてきた国際化の戦略を跡づけながら，その国際経営の特徴を探ってみる。そして現在の国際経営の課題と戦略を展望することにしよう。

Key Words

プロダクト・サイクル・モデル　　多国籍企業　　輸出戦略　　商社参加型の海外進出　　ジャパナイゼーション（日本化）　　経営の現地化（ローカライゼーション）　　経営のグローバル化（グローバライゼーション）　　本国中心主義（エスノセントリズム）　　グローバル企業　　トランスナショナル企業　　マルチドメスティック企業

1 企業の多国籍化

●多国籍企業から出発した国際化

　第二次大戦後のヨーロッパの復興は，アメリカ企業にとっては魅力的な市場の復活であった。1958年のEEC（ヨーロッパ経済同体）の成立を契機にして，アメリカ企業によるヨーロッパ市場への進出と企業買収が多発し，アメリカ企業は多国籍化していった。実は国際経済が輸出入という貿易から，海外での生産や販売といった直接的な海外事業によって本格的に発展するようになったのは，このときが歴史上初めてのことであった。したがって国際化の実態を知るには，まずアメリカの多国籍企業について知っておく必要がある。

　アメリカの大企業の国際化は，ハーバード大学の多国籍企業プロジェクトが発見した**プロダクト・サイクル・モデル**に沿うようにして進展した。まず企業は製品の国内市場での成長戦略をはかり，国内市場が成長後期にさしかかる頃から先進国への輸出を開始した。国内市場が成熟期を迎える頃には輸出戦略を本格化し，やがて現地生産に取り組んだ。今度は先進国市場が飽和化する前に，新たに発展途上国への輸出を行い，最終的に途上国での生産を開始したのであった。つまり大企業は国内（アメリカ）→先進国（ヨーロッパ）→途上国（中南米やアジア）という順番で国際化を進め，多国籍企業へと成長していったのであった。最初の進出先にヨーロッパを選んでいる点がアメリカ企業の特徴であるが，これは生活様式が似ていて所得水準が高いことによるものであった。

　GM（ゼネラル・モーターズ）やフォードなどの自動車，P&G（プロクター・アンド・ギャンブル）やジョンソン＆ジョンソンな

どの洗剤，ケロッグやコカ・コーラなどの食品など多くの産業において，ほぼこのモデルの描くプロセスに沿って海外戦略が展開されたのであった。

では，**多国籍企業**（multinational enterprise）はどのような特徴をもっているのであろうか。ヴァーノン（R. Vernon）を中心とする前述のプロジェクトは，1960年代末に多国籍企業を，『フォーチュン』誌の企業ランキング上位500社の企業で，6カ国以上に製造子会社を所有する企業と定義して，187社を多国籍企業として抽出している。彼らはそれらの企業について継続して調査を続け，多国籍企業には次の3点の経営の特質がみられることを明らかにしている。

(1) 多国籍企業は子会社を共通の支配関係のもとに統括している。
(2) 多国籍企業を構成する企業は商標や特許，情報とそのシステム，資金と信用などの経営諸資源を共通のプールから引き出している。
(3) 多国籍企業を構成する企業は，グループ企業全体の利益を増大し，リスクを削減することを目的にした，共通の戦略を展開している。

注目すべき特徴は，海外子会社の一元的な支配である。このことによって，多国籍企業は海外子会社を全社的な国際戦略に沿って自由にコントロールしながら，海外子会社から得た経営成果，生々しい現地情報，技術や経営ノウハウなどをさらなる国際化のために用いることができるのである。つまり親会社による一元的支配は国際化による規模の経済や情報の経済，さらには範囲の経済を享受するための不可欠な条件になっているのである。

第11章　グローバル戦略

2 日本企業の国際化戦略
●輸出志向と本国中心主義の海外子会社経営

輸出志向の国際化

〈根強い輸出志向〉　第二次大戦後の荒廃から復興した日本の国際競争力の源泉は，豊富で安価な労働力であった。そのメリットを活かして労働集約的な産業分野，とくに繊維産業の大手企業がいち早く海外市場，とくにアメリカへの輸出を開始した。高度成長期に入ると，カメラや時計などの精密機器，鉄鋼，やがてはエレクトロニクスや自動車が輸出品目に加わってきた。

輸出志向の国際化は，1971年のニクソン・ショックやその後の2度のオイル・ショックによってもあまり変わることはなかった。これらの要因は国際的に共通であり，日本だけが不利益を被ったのではなかったからである。むしろ為替相場への対処もエネルギー・コストの削減も，日本企業にはさらなる生産性を追求するドライビング・フォースになった。乾いた雑巾をもう一度絞る，と喩えられるコスト削減の努力が積み重ねられ，日本的生産システムは洗練の度を高めていったのである。

輸出志向の日本企業が本格的に海外生産に着手するようになったのは，1985年秋のG5（先進5カ国蔵相・中央銀行総裁会議）を契機に円レートが各国通貨に対して上昇して，輸出の困難性が明白になってからであった。企業は為替差損を回避するために，輸出価格の引上げを実施した。しかし，価格競争力を失うことを懸念して，その引上げは小幅なものにならざるをえず，コスト負担を回避できる余地は狭まったのである。

しかし，見落としてはならないのは，このことで輸出が減少し

たのではないことである。企業は海外生産を本格化させながらも，輸出数量の減少を高付加価値製品に切り換えることで金額的にカバーして輸出を減少させることはなかったのである。

〈輸出戦略の論理〉　日本企業には国内生産を重視すべき必然性と，そのことが国際化では**輸出戦略**に結びつくということには理由がある。まず注目すべきことは，企業の基本戦略が拡大を続ける巨大な国内市場への対応にあることである。その結果，国内市場では激烈な競争が繰り広げられてきた。本田宗一郎は「日本一でなければ，世界一でない」と，国内市場での厳しい競争に打ち勝つ製品でなければ国際的に評価されないことを力説している。

厳しい国内競争は，日本的な生産システムに磨きをかけるという随伴的な結果をもたらした。日本的な生産システムは機械と人が一体になって大量生産を展開する加工組立型産業で発展した。電機，機械，自動車などの産業では系列のネットワークと小集団活動による精緻な生産プロセスを基本にして，市場のニーズの変化に柔軟に対応しながら高品質低価格の生産を実現するシステムを練り上げていったのである。

こうして国内市場への適応が，日本的な生産システムを発展させて，製品の国際競争力を高めたのである。企業固有の競争優位性が，日本的な生産システムのなかに確立されたといってもよい。それゆえに企業が高品質低価格でしかも最新技術をまとった製品を武器に，輸出による国際化を進めるのは必然なのである。

しかも，精緻に体系づけられた生産システムの海外移転の難しさも，企業の輸出志向を促す要因になっている。もっとも，この後すぐに検討するように，日本的生産システムはさまざまに工夫されながら，移転可能部分を拡大してきている。今日では生産システムの移転の難しさだけを理由にして，輸出志向を頑なに守る

ことは不都合になりつつある。

>海外直接進出の展開

〈商社参加型の海外進出〉　いかに輸出志向であるとはいえ，日本企業の海外進出がなかったわけではない。労働集約的な産業は，高度成長にともなう賃金の上昇や基礎資材の高騰が常に重要な課題であり，海外生産に取り組むところが少なくなかった。高度成長期後半には繊維や家電では東南アジア，さらには中南米諸国への進出が試みられた。その際に商社が参加する合弁形態での進出が多く採用された。**商社参加型の海外進出**は，アメリカ多国籍企業が完全所有の海外子会社を設立して進出することと異なる点であり，日本企業の国際化の著しい特徴のひとつになっている。

　吉原英樹の調査によれば，商社参加型合弁による海外進出の多い産業は，繊維を筆頭に，プラスチック，タイヤ，農業用機械，漁業などであった。逆に，ユーザーに直結したマーケティング活動が必要な電機やコンピュータ，調味料，洗剤などでは商社参加はほとんどみられない。

　ちなみに，繊維産業では自前で海外進出するノウハウに欠ける企業が多かった。そこで繊維産業は商社を介して，現地パートナー企業に参加を求めながら，合弁での海外生産を選択する進出方式をとったと考えられる。また海外で生産された製品は，合弁パートナーの商社を経由した間接輸出によって世界に販売できたのも大きなメリットになっていた。

　商社参加型の海外進出は，どの企業でも生産さえしっかり管理できれば，商社の斡旋で現地パートナーの工場や施設を利用したり，現地の工場団地に入居したりして初期投資を節約しながら海外進出できるというメリットがある。現在では中堅・中小企業がこのメリットを活かして，商社参加型で東アジアや中国に進出す

ることが多くなっている。

　その反面で，商社が介在するためのデメリットも生じる。吉原はそのデメリットとして，①市場情報が間接的になり，ユーザーのニーズをつかみにくいこと，②市場への直接的なマーケティング活動を展開しにくいこと，③ユーザーへのアフターサービスや技術サービスが実施しにくいことなど，企業とユーザーの情報ループの形成が困難であることを指摘している。このため市場に直結してユーザーのニーズを常に把握する必要のある消費財メーカーは，自前で海外進出を試みることになる。消費者ニーズに直結することが重要な家電メーカーでは，今日では自前で海外進出することが常識になっている。

　また，商社と合同で海外子会社の経営をする煩雑さや収益の配分は，企業には大きなデメリットである。このため海外進出のノウハウを学習すると，次からは商社を介さないで自前で進出する企業が多くなる。

〈日本的生産システムの海外移転〉　海外子会社での生産で当初問題になったのは，日本的な生産システムの海外移転であった。生産システムはハードとしての生産設備，それを操作するソフトである生産管理，それに携わる柔軟な自律的作業集団が発揮する特性からなっている。海外移転が難しいのは，日本の独自な強みが形成されているソフト面の生産管理と現場の自律的作業集団にあった。

　ちなみに，日本企業では生産管理が組織の知恵や熟練として保持されており，現場の作業集団の自律性がその補完や改善の機能を発揮している。そのため欧米では常識の工程ごとの作業マニュアルがなかったり，あってもあまり明細化されておらず，実際の作業ではそれとかなり違ったやり方をとるのが当たり前になって

いる。また多数の企業を巻き込んだ系列ネットワークも形成されて，生産システムを支えている。

しかし，企業は目に見えない現場の知恵や熟練を目に見えるかたちにしてその海外移転を始めた。すでに定着している自社の生産管理方式をいくつかのモジュールに分解して，それを明細化された動作として組み立て，マニュアル化し始めたのである。また現場の自律的な作業集団についても，作業集団と個人が果たすべき役割と責任の関係を明確にしたうえで，作業集団の業績と個人の業績をリンクさせた賃金支払方式を採用しながら，比較的簡単な目標管理から始めて，ZD（zero defects）運動やTQC（total quality control）へと発展させるという段階を踏んでいった。さらにその指導には，国内工場の生産ラインのインストラクターや現場のベテランを派遣してあたらせたのである。職場の雰囲気を集団主義的なものに変えるべく，ほとんどの企業で始業前の朝会や体操，集団ごとのミーティングの推進，パーティや運動会などのレクレーションなどが試みられている。

それでもなお，期待したようには作業集団が自律的に機能していないのが実情である。その背景には，現地国の民族性，宗教，社会制度などの理由のため，平等な立場で自由な意見を出しあうことができないとか，強い個人主義が集団主義を受けつけないなどの根深い理由がある。

〈ジャパナイゼーションの進展〉　全体的にみれば，現在では日本的生産システムを構成する要素の大部分が海外で実施されるようになった。日系海外子会社のみならず外資系企業が日本の経営方式を導入していくことをジャパナイゼーション（日本化）と呼んでいる。今日では経営の日本化は国際的なトレンドになっている。

だが導入された経営システムを厳密にみれば，日本で行われて

いる方式に比べると違和感を覚えることが少なくない。そもそも日本的な生産システムはその要素の単純な合計ではなく，それら要素がシステムとして発揮するトータルな機能に特徴がある。このことからすれば，日本的な生産システムの要素が多く移転されることと，日本的生産システムの移転とは質を異にするといわねばならない。

しかし，それにもかかわらず，移転された要素が多くなるほど，海外子会社の生産性は高まっている事実は重要であり，日本的生産システムがかなりの程度成立していることは否めない。

今日では，海外生産子会社で生産された製品と国内生産製品の間の品質格差は大きなものではなくなっている。その結果，海外子会社は生産された製品を国際市場に直接輸出するというオフショア生産拠点として重要性を高めている。カメラ・メーカーは中国華南地区で生産した製品を世界市場に供給しているし，家電や音響機器はシンガポールやマレーシア，あるいは中南米で生産されたものが世界市場を席巻している。もちろん日本への逆輸入も自動車やエレクトロニクスで始まっている。

海外子会社のマネジメント

海外生産子会社への生産システムの移転問題が解消されるにつれて，日本企業の海外展開は規模を拡大しながら，多国籍企業への道を歩み始めた。1985年以降に海外への進出が本格化すると，多国籍企業化した企業は新たなマネジメント課題に直面するようになった。ひとつは，規模の拡大した海外子会社が現地に適応的なマネジメントを自律的に展開するという，**経営の現地化（ローカライゼーション）** である。もうひとつは，親会社と海外子会社との関係を多元的にマネジメントして総合的な国際競争力を構築すること，すなわち **経営のグローバル化（グローバライ**

ゼーション）である。

〈経営の現地化〉　経営の現地化は，海外子会社の経営規模が大きくなり，現地での経済的・社会的影響力が強くなるほど重要になってくる。現地工場への日本的生産システムの移転はブルーカラー層の現地化であり，生産現場でのテクニカルな対応で可能な部分が多かった。ところが，経営の現地化は海外子会社の組織的なマネジメントが課題であり，テクニカルな対応だけではすまされない。外見上はホワイトカラー層の現地化が行われるが，問われるのは経営の中身である。

経営の現地化の問題は，日本企業が本国親会社による海外子会社の一方向的なコントロールを行ってきたため，海外子会社が日本を向いたマネジメントを展開するという，**本国中心主義（エスノセントリズム）**が強いことから生じている。本国中心主義の現地経営は，経済合理的な利害関係だけで現地国と接点をもつ傾向につながり，そのため現地国の経済社会への配慮が稀薄になる。

たとえば日系海外子会社の人事構成をみてみると，上層部はすべて日本人が占め，現地人の幹部登用は限定されたポストに限られている例が多い。当然に現地人は政策決定に参加しないし，そのことが海外子会社の現地の経済社会への同化を阻む要因になっている。これは欧米の多国籍企業が海外子会社の完全所有支配を重視するが，そのマネジメントは現地人に委ねるのとは対照的である。

では，現地人幹部を増やし，やがて現地企業の社長に据えれば，経営の現地化は促進できるのであろうか。そもそも現地の従業員に経営を委ねなければならない理由はどこにあるのであろうか。

まず，経営の現地化の一環としての現地人の経営幹部への登用は，昇進へのキャリア・パスを開くことで，現地人のモティベー

Column ⑳ アジアの時代と日系企業

　1997年秋，タイの通貨バーツの下落をきっかけに，韓国，インドネシア，そして日本とドミノ倒しに経済危機が波及した。東アジアの経済危機は日系企業に何を語りかけているのであろうか。

　東アジアの日系企業は完全所有型がほとんどであり，しかも工業特区に設立されていることが多い。資本的にも立地上からも現地国の経済社会から隔離されたカプセル型進出である。カプセルは現地の経済危機から日系企業を守ってくれるはずである。

　しかし，東アジア域内や日本への輸出のウエイトが高いため，経済危機の影響をまともに被っているところが少なくない。現地企業はせっかくのカプセルの保護効果を活かしきれないどころか，自らの国際戦略でそれを壊しかねないありさまである。

　大事なことは，グローバルに戦略を考え，ローカル（現地国）に安定した経営基盤を築くことである。日本市場重視の本国中心主義的な海外進出は，グローバル化の時代では不適合になりつつあることを，東アジアの経済危機は教えてくれたのだ。

ションや会社へのコミットメントが高まることを指摘できる。だがそれ以上に重要なのは，海外子会社が自律的な組織として生産性や創造性を発揮するようになることである。現地従業員による組織的経営に移行する積極的な理由はこの点にある。

　企業の生産性は，人を通じた組織の営みとして実現されていくのが基本である。人が生み出す知恵を機械や設備のハード面の技術に投入しながら，それを全体として組織的に実現するとき，企業は独自な競争優位を確立することになる。そのときの組織は創発性に満ちた独自能力を発揮している。

　ごく一握りの日本人派遣社員を上位において，そこから指示命令が流れてくるだけでは，このような自発性を基礎にした独自能力は生まれない。組織が生み出す独自能力を海外子会社に期待す

るには，日本人と現地従業員との協働関係をどう構築するか，そして現地従業員の人的資源能力をどのように活用していくかが重要になる。

　現地従業員には海外子会社の経営目的を共有し，組織への積極的な参加を求めることが不可欠になる。そのためには，日本の派遣社員と現地従業員との密接なコミュニケーションの促進，経営政策の策定への現地従業員の参画，現地従業員への現場管理権限の大幅な委譲など，現地従業員が主体的に考え，決定し，行動できる条件を整えることが必要である。

　〈経営の現地化をめざして〉　海外進出と同時に経営の現地化を進めてきた先進的な例はソニーやホンダである。これらの企業では，アメリカの巨大な市場に適応的な，生産から販売に至る一連のシステムの運営は，アメリカ人の手によってなされる部分が多い。しかもホンダではオハイオ工場周辺に日本人社員は分散居住して，現地のコミュニティの一員として振る舞うことを求めている。その結果，日本企業でありながら，同時にアメリカ企業でもあるという市民権を確立できている。そしてアメリカ子会社ではアメリカ人は意欲的に能力を発揮しながら，日本の親会社に負けない生産性を実現しており，ホンダは米国ホンダから逆輸入するに至っている。このほかにも，アメリカやヨーロッパなどの先進国の日系子会社では，近年現地人社長を据える例が出てきており，経営の現地化が意識的に取り組まれつつある。

　しかし，その他の国，とくにアジアの発展途上国では経営の現地化が順調に進んでいるとは言い難い。現地に経営を委ねるのにふさわしい人材が少ないこと，不安定な経済社会情勢や政治的なカントリー・リスクに対処するために本国親会社の強いイニシアティブが必要なことなどが，その理由としてあげられる。だが，

進まない現地化が現地国のナショナリズムと対立し，予期しない労働争議や反日運動に結びついたりすることが少なくないことも無視できない。現地化のマネジメントは依然として多くの日本の多国籍企業にとって重要な課題である。

　もう一方の経営のグローバル化は，1990年代以降に重要になってきた課題である。グローバル化にともなって，単に地球規模で生産販売を展開することとは，質的に異なる多様な問題を企業は抱えることになる。そこで次に節を改めてグローバル化をめぐる問題を検討することにしよう。

3　グローバル経営
● グローバル化への遠心力と企業統合の求心力

グローバル企業の登場

〈グローバル企業の特徴〉　1980年代に入って多国籍企業の戦略展開が世界市場を対象に繰り広げられるにつれて，グローバルという言葉がしだいに用いられるようになってきた。海外子会社が先進国や発展途上国に数多く設立されるにつれて，企業は多国籍ではなく，世界中で事業を営む地球規模の会社へと発展していくが，一般的にこのような段階の企業を **グローバル企業** と呼んでいる。しかし，多国籍企業の延長線上にグローバル企業が展望できるものの，グローバル企業とはどのような企業なのか，厳密な定義があるわけではない。それでも多国籍企業からグローバル企業を区別しようとするのは，両者の間に **表11-1** に示すような質的に大きな差異があるからである。

　大きな特徴は，多国籍企業では本国親会社の戦略の手段であった海外子会社が，グローバル企業では自律的に戦略行動を展開す

表 11-1　多国籍企業とグローバル企業の比較

	多国籍企業	グローバル企業
統括機能	一極集中	多極分散
組織構造	ピラミッド型	ネットワーク型
組織特性	機械的	有機的
業務のコントロール	結果重視	プロセス重視
コミュニケーション	トップ・ダウン	相互作用
指示命令の流れ	一元的	多元的
情報のもつ意味	パワー	経営資源

(出所)　S. H. Rhinesmith, *A Manager's Guide to Globalization*, 2nd ed., Irwin, 1996, p. 9. をもとに作成。

る主体になっていること，本国親会社を中心におきながらも，海外子会社が互いに国境を越えたネットワークを構築していることである。グローバル企業は多元的なネットワーク関係によって，全体が柔軟に環境適応的な戦略行動を可能にしている。グローバルなネットワークを通じて，情報の交換・共有，相互に不足する経営資源の補強，さらには革新の伝達などが行われるのである。その結果，多国籍企業ではみられなかったシナジー効果が発揮され，新たな競争優位を生み出すことになる。

〈グローバル企業への道〉　バートレット゠ゴシャール（C. A. Bartlett and S. Ghoshal）は，グローバル化する企業を4つの類型に分けている。本国親企業が一元的な戦略経営を展開する多国籍企業から出発して，それを世界的に拡大したグローバル企業，海外子会社が現地国の実情にあわせた戦略行動を展開するマルチドメスティック企業，そして国籍を意識することなく文字通り地球規模で柔軟なネットワーク的な戦略展開をする段階に進化した**トランスナショナル企業**である。

彼らの分類では，グローバル企業がトランスナショナル企業への途中の段階に位置づけられているが，これは分類の都合による

ものでしかない。一般的にグローバル企業というときにイメージされるのは，むしろ彼らのいうトランスナショナル企業である。

興味深いのは，**マルチドメスティック企業**の存在である。現地化を徹底すればするほど，海外子会社の自律性は強まり，マネジメントの中枢機能をもつようになり，各国ごとに独立的な子会社を擁するマルチドメスティック企業に発展する。このような例は，オランダのフィリップスがドイツやフランスさらにはイギリスの国情に沿って経営の現地化を進めているように，ヨーロッパ諸国で多くみられる。その理由として，ヨーロッパではそれぞれの国が国境を接しながらも歴史的・文化的に独自な発展を示し，それぞれに適度な市場規模をもっていることが考えられる。日本企業も経営の現地化を進めているが，マルチドメスティック企業段階に達した例はまだ少なく，依然として本国親企業のコントロールが強い。

ただし，マルチドメスティック企業はすでに十分に国際化が進んだ企業であるが，それから直ちにグローバル企業に発展するわけではないことに注意しなければならない。これらの企業がヨーロッパで成立したにしても，その経営を地球規模で展開するには，さらなる戦略展開能力が必要だからである。この点では多国籍企業的ではあるが，事業を地球規模で営む日本の巨大企業のほうが，グローバル企業へ脱皮する可能性が高いともいえるのである。

グローバル企業のマネジメント

企業のグローバル経営の課題は，経営の現地化の進展にともなって発生する。現地化は本国親企業のコントロールに対して遠心力として働くので，経営の現地化が進めば進むほど，海外子会社は本国親会社から自律した戦略的行動をとる。多国籍企業から脱皮してグローバル企業をめざすことは，この遠心力が強ま

ることと同時に，企業としての一体的な戦略行動を可能にする求心力も強めることでなければならない。そのことは，企業全体としての整合的な戦略展開と海外子会社の独自な戦略展開との調整が課題になることを意味している。

　ポーター（M. E. Porter）はこれを，どの国にどのような機能をもつ海外事業単位を立地させるかという全社的配置のマネジメントと，多国籍化した海外事業単位の間の関連をどのようにつけていくかという調整のマネジメントに区別している。グローバル企業ではこの2つのマネジメントが同時に最適化されなければならないのである。

　ゴシャールは，実際のグローバル企業では，全社的な最適業績を実現することを目標において，海外子会社では個別にリスク管理が行われるし，また海外子会社間では相互作用を通じてイノベーションを促進する組織学習や環境適応力を高めるマネジメントが展開されるという。その場合，親企業も海外子会社も互いの立地条件（国の差異）を利用しあったり，全社的な経営資源の蓄積を活かして規模の経済を発揮できる資源配分を試みたり，親会社や子会社相互のネットワークを利用して製品，市場，技術など多面な分野での協働と共有による範囲の経済を実現しようとしたりする。

　このようにグローバル企業は，全体への求心力と海外子会社の遠心力が相互作用しあって，柔軟な環境適応力と独自な競争優位を確立しようとする。本国親企業は世界的に分散した海外子会社も参加して，企業全体のビジョンを策定したり，全社的な戦略計画を協議したりする戦略的意思決定の中心点として機能するようになる。親企業はコントロール・センターではなく，求心力の中心点になるのである。

| 経済のグローバル化と企業のグローバル化 |

グローバル企業と呼べるような規模に達している企業は、どのくらいあるのだろうか。グローバル化が議論されるようになった1990年代初頭にヴァーノンらが海外資産規模でランキングした世界50社（1992年時点）に入っている日本企業は、順に日立（5位）、松下電産（現・パナソニック、6位）、トヨタ（16位）、ソニー（22位）、日商岩井（28位）、東芝（38位）、ホンダ（45位）の7社であった。ちなみに1位はロイヤル・ダッチ・シェル、2位がエクソン、3位がIBM、4位がGMであった。その後、数多くの企業がグローバルな事業展開をするようになった。もはやグローバル企業を数える意義はあまりない。

注意すべきは日本企業が、国際的な経済動向と連動しつつ、グローバルに事業活動を展開してきていることである。1985年のプラザ合意後の円高下では、大企業による欧米向け海外直接投資が活発化した。1ドルが100円を大きく上回った1994年から95年の円高では、中堅中小企業を含む数多くの企業が東アジア、とりわけ中国に海外子会社を開設した。国内市場の伸び悩み、日本からの輸出への国際的な批判や輸出採算の悪化などを克服するとともに、東アジアでの生産コスト削減などを狙って、海外進出が相次ぎ、日本企業の海外進出は1990年代を通じて伸び続けたのである。

その結果、海外生産比率は、1990年に6.4％であったものが99年には16.1％に上昇した。海外進出企業に限ってみれば、1999年に海外生産比率は35％に達している（財務省「法人企業統計調査」より）。本来は国内で生産されたであろう部分が海外に移転されたことになる。しかし、経済の空洞化はあまり顕在化せず、国内企業の国際競争力を強化するために国内生産拠点を先端事業分

野や新鋭工場などに再編することが多くみられた。

　また，1997年にはインドネシア，タイ，マレーシア，韓国などで通貨危機が起こり，翌年から海外進出には急ブレーキがかかった。しかし，その後は緩やかに海外進出が進み，中国の国内市場が拡大するにつれて，家電や自動車などの産業では中国での事業活動を強める傾向がみられるようになった。

　2003年頃からは，成熟化した欧米に代わる巨大市場としてBRICs（ブラジル，ロシア，インド，中国）と呼ばれる新興工業国が注目されるようになった。そこには巨大な現地企業も存在する。たとえばインドのタタ・グループ（繊維，鉄鋼，電力，自動車，金融，不動産など），ロシアのガスプロム（天然ガス生産では世界最大），中国ではパソコンのレノボ，家電のハイアールなどグローバルな事業展開を目指す巨大企業が成長している。また，メキシコのグループ・カルーソのように発展途上国から巨大なコングロマリットが急成長する例が少なくない。その結果，BRICsや発展途上国では日本や欧米先進国の巨大企業と現地巨大企業との競争や連携が繰り広げられているが，日本企業では本国中心主義の経営が足かせになって，機動的な対応がとりにくい例がたびたび発生している。

　マクロ経済で注目すべきは，アメリカに顕著な金融機関のコングロマリット化とグローバルな活動である。アメリカでは，新たに開発されたさまざまな金融商品を取り扱う金融サービス業が，多角化しながらグローバルな金融コングロマリットへと成長していった。1980年代後半に金融サービス業のGDPは製造業に並び，やがて追い越していった。金融サービス業のGDP占有比率は2005年には約20%と，製造業の12%の2倍近くに達したのである。

その大きな理由は，アメリカでは金融工学を駆使してレバレッジを効かせる短期的な利鞘稼ぎが繰り広げられ，財・サービスを生産し販売するという実体経済とは無関係に，金融市場が膨張を続けてバブル化したからであった。しかし，2008年9月15日の証券投資会社リーマン・ブラザーズの破綻で金融バブルは崩壊した。世界にばらまかれた証券化した債権の信用が喪失すると，たちまち世界同時多発不況が発生してしまった。

このことに関連して，日米で経営に対して大きな違いが生まれていることに注意しておきたい。日本は製造業を中心に，固有のモノ造り技術を活かして海外に生産や販売の拠点を築きながら，グローバル化を進めてきた。他方，アメリカでは製造業から金融サービス業へと経済の主役が交代し，金融技術を駆使したカネが金を生む事業をグローバルに展開している。両者のグローバル経営は，課題も方法も大きく異なっている。

しかし，どちらかが正しく，他方が間違っているという見方は適切ではない。いずれも一定の合理性をもちながら，それぞれに大きな壁に直面している。両者の差異と限界は，新たなグローバル経営を探求し，構築することが問われていることを示している。その意味で世界同時不況は，グローバルな戦略と経営の分水嶺と考えることができよう。

演習問題

1 日本企業の国際化とアメリカ企業の国際化の差異を整理して，差異の生じた理由を考えてみよう。

2 日本企業の経営の特徴に注意して，国際化を促進する要因とそれを阻む要因について論じてみよう。

3 多国籍企業からグローバル企業への進化のプロセスを調べ，日本企業のグローバル化の課題を論じてみよう。

4 輸出ウエイトの高い産業と企業について，1985年からの輸出と海外進出の動向を調べ，国際化の実態を分析してみよう。

5 日本企業が得意とするモノ造りの特徴を明らかにして，それがグローバル化に対してもつ意義と限界を論じてみよう。

参考文献 Bibliography

J. M. ストップフォード = L. T. ヴェルズ（山崎清訳）[1976]『多国籍企業の組織と所有政策――グローバル構造を超えて』ダイヤモンド社。

　多国籍企業への発展過程と経営戦略上の特質について整理しており，国際経営を学ぶ際の必読書になっている。原著の出版は1972年である。

吉原英樹［1979］『多国籍経営論』白桃書房。

衣笠洋輔［1979］『日本企業の国際化戦略――対米企業進出の条件を探る』日本経済新聞社。

吉原英樹・林吉郎・安室憲一［1988］『日本企業のグローバル経営』東洋経済新報社。

　日本企業の国際化の歩みについては，この3冊があれば展望できる。

M. E. ポーター編（土岐坤・中辻萬治・小野寺武夫訳）［1989］『グローバル企業の競争戦略』ダイヤモンド社。

　グローバル化については，本章で取り上げたバートレットを含めた多彩な論者の優れた論文を集めている。原著の出版は1986年である。

安室憲一［1992］『グローバル経営論――日本企業の新しいパラダイム』千倉書房。

　日本の文献では，本書がグローバル化の考え方を熱っぽく展開している。

第12章 育てる経営の管理へ

経営の再生をめざして

サマリー

　プロフェッショナル・マネジメントが，適用されるべき文脈からも，人間のイニシアティブからも遊離して機能できると信じることの危険性は明白である。企業が成功するためには，企業の中心的な価値・企業文化を体現している人々を昇進させなければならない。

　それでは，現実の日本企業では，いったいどのようにしてそのような人々を育てているのであろうか。日本企業では，上司の指示を部下がやり過ごすことで，仕事の過大負荷や上司の低信頼性による組織的破綻を回避しているケースが多いが，長期雇用を前提に，将来の管理者や経営者を育てるためのトレーニング・コストあるいは選別コストとして，やり過ごしが容認されているケースも多い。それを可能にしているのは未来の重さの存在である。未来の重さが大きければ，未来の実現に寄りかかり傾斜した格好で現在を凌いでいこうという行動につながる。これは未来傾斜原理に則った行動である。結果的には未来傾斜型システムが生き残るので，いまや日本企業ではごく普通に観察することができる。それは別の言い方をすれば，短期的な不利益を顧みず，人的資源を含めたあらゆる経営資源を長期的に育てていこうとする「育てる経営」なのである。

Key Words

MBA	プロフェッショナル・マネジメント	企業文化
組織文化	やり過ごし　　尻ぬぐい　　見通し	未来傾斜原理
未来の重さ		

1 「経営する」ということ
●管理から経営へ

プロフェッショナル・マネジメントへの反省

　管理過程論では，経営者の仕事は計画・命令（実施）・統制の管理サイクルに抽象化され，経営原則が整備された。アメリカ企業では，こうした経営学の専門教育をビジネス・スクールで受けた経営学修士（**MBA**：Master of Business Administration）が重用されるようになる。それに1960年代後半からの株主反革命による頻繁な合併・買収・事業分割とPPMのような会社を資産として管理する風潮が重なり，いつしか「経営者」は自分のオフィスに閉じこもったまま分析をし，計画を立案して，命令・統制をするだけになってしまった。彼らは「組織の管理」はしていても，経営はしていないのではないだろうか。

　「経営する」ことの意味について考えるとき，ミンツバーグ（H. Mintzberg）の指摘は痛烈である。戦略的計画があれだけ売込み攻勢をかけていた1960年代，70年代，戦略形成に関する経験的証拠はほとんど何もなかった。合理的なアプローチのほうがよいと単純に仮定されていたのである。MBAのような**プロフェッショナル・マネジメント**の「プロフェッショナル」が意味しているのは，任意の手法の寄せ集めを身につけた人は何でも経営できるという意味である。しかし，それが適用されるべき文脈には関係がないのだろうか。これでは，技術者が設計する方法を知っているというだけで（より的確にはCAD〔コンピュータ支援設計〕用のコンピュータが机の上にあるというだけで），橋でも原子炉でも設計できると仮定しているのと同じではないか。適用されるべき文脈

から遊離し，人間のイニシアティブからも遊離して機能できると信じられているプロフェッショナル・マネジメントとはいったい何だったのだろう。彼らは自分のオフィスにいて，財務諸表の数字とポートフォリオ・マトリックスのボックスで遊んで算出したボトムライン的な業績目標を指図する権限をもつことで「経営」できると信じている。しかし，それは明らかに何かおかしくないだろうか。

リーダーシップと企業文化

アメリカでは1980年代に入ると，さすがにアメリカ企業の生産性の低下を嘆く論調が目立つようになってきた。1960年代～70年代に隆盛を誇ったMBAの分析，ポートフォリオ理論，費用曲線，計量経済学モデルではこうした問題は解決できなかったのである。しかし，1960年代はコングロマリットの時代で，シャープペンシルを手にした財務部門の人たちが昇進した。1970年代は戦略的計画の時代で，PPMの問題児，負け犬，金のなる木，花形などで武装したMBAたちが出世した。ディール＝ケネディー（T. E. Deal and A. A. Kennedy）によれば，その危険性は明白である。経営者は一時的流行につられて昇進させるのをやめる必要がある。成功するためには，その代わりに企業の中心的な価値を体現している人々を昇進させなければならない。ビジネスは，豪華な建物でも，ボトムラインでも，戦略的分析でも，5カ年計画でもない。会社が本当に存在したのは従業員の心の中だったのである。過去においても，現在においても，ひとつの**企業文化**なのである。そこで働く人々にとって大きな意味をもつ価値，神話，英雄，象徴の凝集なのである。

そして日本企業の躍進を背景に，文化という言葉がキーワードになってきた。当時，日本ではアメリカと比べて，従業員がはる

かに企業に一体感をもち，経済・社会における企業の役割に共鳴しているようにみえたために，日本の経営を見習えと主張する本も何冊か出版された。第 10 章で扱ったオオウチ（W. G. Ouchi）の『セオリー Z』もその 1 つであった。他方，アメリカでも成功のモデルとみなされる企業は同様の特色をもっているということもわかってきていた。ディール＝ケネディーによって唱えられた解決方法は明解である。アメリカ企業は NCR，GE，IBM，P&G，3M といったアメリカの偉大な会社を作り上げたオリジナルの概念やアイディアに帰る必要がある。人々が企業を動かしていることを思い出す必要がある。そして，文化がいかにして人々を結びつけ，日々の生活に意味と目的を与えているかについて，先人の教訓を学び直す必要がある。アメリカ企業の創立者たちは強い文化が成功をもたらすと信じ，従業員の生活と生産性は彼らの働く場によって決まると信じていた。従業員が生活の不安を感じることなく，それゆえ事業の成功に必要な仕事ができるような環境，つまり事実上の文化を社内に作り出すことが自分たちの役割であると考えていた。これら初期のリーダーたちの教訓は社内で代々の経営者に受け継がれてきた。彼らが注意深く築き，育んだ文化が，景気の浮沈を乗り越えて，組織を維持してきたのである。

シャイン（E. H. Schein）も**組織文化**についてのある認識に達する。つまり，リーダーシップと文化は同じコインの表裏の関係にあり，リーダーが行う本当に重要なことは唯一，文化を創造し，マネージすることである。シャインは，リーダーとしてのユニークな才能とは文化を動かすことであるとまでいう。こうして，1980 年代になって，組織文化，企業文化の発見に触発されるかたちで，経営者の本来果たすべき役割が再発見されてくることになった。組織，企業における経営の再生が始まったのである。

2 やり過ごしの理由
●組織的破綻を回避する知恵

> やり過ごし現象

組織現象というと堅苦しいが,「ぬるま湯的体質」「やり過ごし」「尻ぬぐい」「見通し」といった日本企業の日常をテーマにした調査研究のなかで垣間見てきた日本企業の論理を提示することで,本書を締めくくりたい。それはまさに経営の論理である。

以前,企業の部課長クラスを対象としたセミナーの後の雑談で,「上司の指示命令を部下がやり過ごしてしまうこともあるのでは?」と水を向けてみたことがある。その途端,ある大企業の部長からお叱りを受けた。いわく「組織のなかにあって,上司から出された命令や指示をやり過ごしてしまうなどということはあってはならないことである」。しかし後になって,もっと話を聞きたいという人がやってきた。そして驚いたことに,やり過ごしのできない部下は無能であるとまで言い切る人さえ現れたのである。

上司の指示を部下がやり過ごしてしまうという「やり過ごし」現象に対する評価は,このように実際の企業でも分かれる。しかし企業でアンケート調査をしてみると,「指示が出されても,やり過ごしているうちに,立ち消えになることがある」と答える人が,1991〜96年に調べた三十数社四千数百人のホワイトカラーのデータでは,その約6割にものぼっている。現象自体は存在するのである。

なぜ「やり過ごし」現象にこだわるのか。それにはちゃんとした理由がある。実は,やり過ごしのような人間臭い現象も,ゴミ

Column ㉑ ゴミ箱モデル

　サイモン（H. A. Simon）と『オーガニゼーションズ』を書いたマーチ（J. G. March）は，1972年に，コーエン（M. D. Cohen），オルセン（J. P. Olsen）とともに「ゴミ箱モデル」（garbage can model）を発表する。実際の組織を観察すれば，参加者によって，さまざまな種類の問題と解が勝手に作り出されては，「選択機会」に投げ入れられている。自らが示されるべき選択機会を探し求めている「問題」，自らがその答えになるかもしれない問題を探し求めている「解」，そして，仕事を探し求めている意思決定者たるべき「参加者」，こういったものの単なる集まりとして組織をみたほうがよいというのである。

　そして，まるでゴミ箱にゴミを投げ入れるように，各参加者が選択機会に対して，問題，解，エネルギーを独立に投げ込み，その選択機会に投げ込まれた問題の解決に必要となる一定量までエネルギーがたまったとき，あたかも満杯になったゴミ箱が片づけられるように，その選択機会も完結し，「決定」が行われたものとして片づけられる。したがって，ゴミ箱モデルでは，決定の多くが，選択機会，問題，解，参加者のタイミングの産物である。数学の試験問題を解くようにして，論理必然的に「問題解決」が行われることは一般的ではない。コンピュータ・シミュレーションの結果でも，他の選択機会に存在しているかもしれない問題の「見過ごし」による決定，あるいは問題をやり過ごしているうちに，問題のほうが選択機会から出ていってしまい，決定に至る「やり過ごし」による決定のほうが実は通常の決定スタイルとなる。

箱モデルと呼ばれる意思決定モデルのコンピュータ・シミュレーションによって，組織的条件さえ揃えば自然に発生するごく普通の組織現象であることが予測されていたからである。

やり過ごしの機能

実際，たとえば，慢性的なオーバーロード状況におかれた部下にとっては，上司の指示命令のすべてに応えることは不可能である。部下は，自ら優先順位をつけ，上司の指示命令を上手にやり過ごすことで，時間と労力を節約し業務をこなさねばならない。それができない部下は「言われたことをやるだけで，自分の仕事を管理する能力がない」「上からの指示のプライオリティづけができない」という評価をされることになる。

また，人事異動が頻繁に行われる会社では，着任から日の浅い管理者が必然的に増えるわけだが，こうした管理者は自分の所掌業務に関しての専門知識を十分には持ち合わせていない。むしろ部下のほうが当該業務に精通していることが多い。こうした場合，反論するのもばかばかしい指示が時としてなされるが，面と向かって上司の指示がいかにナンセンスなものであるかを部下が立証しても，それを受け入れる度量の広さを上司が持ち合わせていない場合，職場の人間関係はぎくしゃくするだけなので，的外れな指示は部下のやり過ごしによって濾過され，上司に恥をかかせずに，正当な指示に対する業務だけがラインに流れることになる。管理者が気まぐれ的な指示を出したがる場合にも，同様に部下は指示をやり過ごす。こうすることで，リーダーの異質性・低信頼性の表出を抑えることになり，組織行動の安定化をもたらすことになる。

やり過ごしはコンピュータ・シミュレーション上では，人的条件を一定にしておいても，高い曖昧性下では自然に発生する現象なのだが，実際に発生する際には，仕事の過大負荷や上司の低信頼性・不安定性が引き金となって発生している。やり過ごし自体には，こういった組織的破綻を回避するという評価すべき機能が

第12章　育てる経営の管理へ

ありながら，その引き金となる仕事の過大負担や上司の態度に大きな問題があるために，やり過ごしの現象に対する評価が分かれるのである。

3 育てる経営
　　　　　　　　　　　　●手間隙(ひま)をかける OJT

> トレーニング・コスト

　やり過ごしには，もうひとつ重要な機能が存在していることを強調しておきたい。経済学的な発想からすると，やり過ごしは単なるコントロール・ロス（統制上の損失）やコストにすぎない。たしかに優秀な上司の指示にすべてきちんと従ったほうが，効率的だろう。しかし，この発想には決定的な見落としがある。今日の部下は10年後にはなんらかのかたちで上司をやらなくてはいけないという点である。いま，上司の指示をただ忠実に，やり過ごすこともなく黙々とこなすだけの部下が，果たして10年後によい上司となりえるだろうか。

　ある大手の流通業者では，4年制大学を卒業した男子従業員に，7年間も同じ売り場で単調な食品加工の仕事をさせていた例があった。この場合，店長が短期的な人件費，コスト削減圧力のなかで，「熟練した職人」である彼を担当からはずす決心がつかないままに，ずるずると7年間が経過したらしい。その間，7年間も続けさせたくらいであるから，たしかにその食品加工の生産性は高かったであろう。しかし，そうした環境に置かれ続けた者が，果たして幹部として成長しうるであろうか。彼の将来は一体どうなるのか。そして幹部候補として採用したがために，大卒男子に高い給料を支払い続ける会社はどうなるのだろうか。そう考える

ならば，短期的には多少非効率なことが発生しても，ローテーションを行ってさまざまな経験を積ませるべきではなかったのではないだろうか。これと同じ論理がやり過ごしにも通じる。

つまり，実際の企業では，トレーニング的な意味合いでわざと上司が部下のやり過ごしを誘発させている側面もある。そんなとき部下は，自分で仕事に優先順位を付け，優先順位の低い仕事をやり過ごしながら，自分で仕事を管理することを期待されている。うまくやり過ごしができなければ優秀な上司にはなれない。さらに，部下にやり過ごしの発生する状況をわざと与え，部下にやり過ごしをさせることで，上司が部下の個々の仕事に対する優先順位の付け方や，やり過ごしの判断の仕方をチェックして部下の力量を推し量っているというケースも報告されている。やり過ごしを選別に利用しているわけである。

上司の指示をやり過ごしてしまうことは，たしかにコストには違いない。しかしそれは正確にいえば，単なる無駄ではなく，将来の管理者や経営者を育てるためのトレーニング・コストあるいは選別コストなのである。そのために，長期雇用を前提としている実際の日本企業においては，やり過ごしの現象を必ずしも「悪い」現象として決めつけないという現実がある。

> 尻ぬぐい

ところで，部下のやり過ごしを許容したとして，それが不首尾に終わったときには一体どうしたらよいのだろうか。これについての妙案はない。はっきりしているのは，誰かが**尻ぬぐい**をしなければならないということである。実際，企業を調べてみると，尻ぬぐい的な仕事に従事している中心は，いまや公式名称としては多くの企業で姿を消しつつある「係長」に相当する，職場リーダーたちであった。

係長クラスが上司と職場・現場に挟まれて尻ぬぐいに追われている姿は，まさに多忙そのものである。やり過ごしのように意思決定を部下に任せてみるという場面だけではない。自分で片づけたほうが速くて正確であるようなルーティンに近い仕事についても，とりあえずは部下に任せてやらせてみて，仕事を覚えてもらう。それで結果的にうまくいかなかった場合には，覚悟を決めて自分が尻ぬぐいに回るのである。こうした尻ぬぐい的行動のおかげで，組織的行動やシステムが破綻をきたさずにすんでいる。

　しかし他方で，この方式のOJT（on-the-job training）は，教育する側の係長にもストレスを引き起こし，そのストレスは自らの選別プロセスのなかで加圧される。こうしたストレスに耐えられることもよい管理職になるための必須条件とされていて，はっきり「ストレス耐性」を資格要件とする企業まである。とはいえ，こうしたストレスに半永久的にさらされるのでは，とても身がもたない。したがって，一般的に，大卒従業員の場合には，係長クラスにはある程度限定された滞留期間が設定されている。それも，多少なりとも無理のきく30歳代に設定されている。ある滞留期間を経て，課長などに抜けていくという見通しがあってこそ，はじめて，人はストレスに耐えていられるのである。

4　未来志向

●アリとキリギリス

　見通しがあってこそストレスに耐えられる。既存の研究には現れていなかったこの「見通し」という変数で，少なくとも日本企業では，職務満足も転職願望も，ほぼ完璧に説明できてしまうことがわかってきた。そしてこのことは理論的にも興味深い発見

Column ㉒　協調行動の進化

　囚人のジレンマとは，裏切りあうよりも協調しあうほうが利得は大きいにもかかわらず，一方的な裏切りで相手を出し抜く誘惑に負けてしまい，結局は裏切りあいの共倒れ均衡に終わるという状況をさしている。しかし本当に共倒れで均衡するとなれば，なんとも愚かしい状況ではないか。多くの心理学者がその研究意欲をかきたてられ，その結果，反復囚人のジレンマ・ゲームでは，理論的結論とは異なり，協調が頻発することがわかってきた。

　しかも心理学的実験にかぎらず，コンピュータ・シミュレーションのなかでも協調は頻発する。たとえば，政治学者アクセルロッド（R. M. Axelrod）がコンピュータ・プログラム同士のコンピュータ選手権を行った結果，自分からはけっして裏切らないプログラム，そのなかでもとくに，相手が裏切った後でも再び協調するプログラムが高得点をあげることがわかった。アクセルロッドが，この大会をさらに続けていく進化のシミュレーションを行うと，成績の悪かったプログラムは淘汰されるので，結局は協調行動が生き延び，繁栄していったのである。上手な裏切りによって相手から搾取するようなプログラムは，しばらくは調子がよくても，そのうち自らが食い物にしてきたプログラムが絶滅してくると自らも絶滅していったのであった。

　現実にも，社会学者アシュワース（T. Ashworth）は，第一次大戦の塹壕戦を研究し，囚人のジレンマ状況で膠着した前線で向かいあうイギリス軍とドイツ軍の兵士たちの間にも，互いにライフルの射程内を歩き回っている相手の狙撃を控えたというような協調関係が生まれていたことを明らかにしている。

であった。

　政治学の分野で生まれた協調行動の進化モデルによると，敵対する者同士の間でも協調行動が自然発生することがわかっている。そのエッセンスは「未来傾斜原理」と呼ばれている。わかりやす

くいえば,過去の実績や現在の力関係よりも,未来への期待に寄りかかるかたちで意思決定を行うという意思決定原理である。それは経済学における期待効用理論やワーク・モティベーションにおける期待理論のように,未来の事象を現在価値に換算したうえで選択を行う原理とは本質的に異なる。むしろ**未来の重さ**（正確には未来が実現する確率）そのものに基づいた意思決定原理である。見通しはこの未来の重さの一種なのである。

想像してみればわかるように,未来の重さが大きい場合には,その未来の実現に寄りかかり傾斜した格好で現在を凌いでいこうという行動につながる。これこそが未来傾斜原理に則った行動である。そして,日本企業とそこで働く多くの人々は,未来の重さが大きいと確信できないような状況にあってさえ,この未来傾斜原理に則って行動することが観察できる。つまり,ごく普通に未来傾斜原理が採用されているのである。

日本企業のもつ強い成長志向,より正確にいえば,いまは多少我慢してでも利益を上げ,賃金や株主への配当を抑え,何に使うかはっきりしていない場合でさえ,とりあえずこつこつと内部留保のかたちで,将来の拡大投資のために貯えることは,未来傾斜原理の典型的な発露である。さらに年功制の賃金も,会社側にとっては従業員の将来の能力への期待,従業員側にとっては将来の収入・処遇への期待に寄りかかって,現時点での給料・処遇を決定するシステムである。年俸制が過去の実績によって給料・処遇を決定する賃金システムであることと対比すると,その違いがよくわかる。

協調行動の進化モデルでは,ゲーム理論やコンピュータ・シミュレーションによる理論研究の結果,長期的パフォーマンスの点で,他のシステムは淘汰され,やがて未来傾斜原理に則ったシス

テムが繁栄するようになるという結論が得られている。

　しかし考えてみると,これはコンピュータ・シミュレーションをするまでもなく,当たり前のことである。利那主義的に現在の利益と快楽を追求するシステムと,いまは我慢して凌いででも未来を残そうとする未来傾斜型システムが競争した場合,短期的には利那主義型システムが羽振りをきかせる時期があったとしても,10年後,20年後,あるいはもっと未来に勝ち残っているのは,未来傾斜型システムに違いないからである。このことは,紀元前から伝えられるイソップの「アリとキリギリス」の寓話そのものではないか。そして,これまで観察してきた事実は,この理論的予想が日本企業において実現されつつあることを示しているにすぎない。

未来への成果配分と経営者の責任

　ただし,経営者の果たすべき役割と責任が大きいことは強調されるべきである。失われた1990年代ですら,せっせと内部留保を貯える日本企業の性向は衰えることがなかった。しかし,経営者がリスク回避と保身に回ったために,意外な展開を見せるのである。

　既存事業の規模拡大や新規事業への投資というのは,市場で外部との競争にさらされるために,うまくいかない可能性がある。そこでリスクを回避したがる経営者の多くは,思考も行動もどんどん内向きになり,手っ取り早い人件費削減で目先の利益の確保に走った。実際,経営者が交代すると,最初にすることは人事(組織図の変更)であり,失われた1990年代には人事制度変更や人件費削減ばかりをやってきた。要するに,経営者が決定すれば,実行可能なことばかりをやってきたのである。

　たしかに人件費を削減すれば短期的に利益は出せるかもしれな

い。しかし，こんなことを 10 年も続けていたのでは，内部留保はたまっても，事業はどんどん萎縮し先細りしてしまう。深く考えもせずに正規雇用の人間をどんどん減らしたので，若い正社員までいなくなった。新緑の芽吹きそうもない立枯れのような巨木が林立する荒涼たる風景。そこに M&A の風が吹き始めた。

　企業が利益をあげ，ある程度の資金を内部留保として蓄えておくことは必要なことである。しかし，増配で投資ファンドに献上するくらいだったら，会社と従業員のために使うべきである。たとえ新規事業ではなくて，既存事業の拡大であっても，そこには新しい組織が生まれ，新しいポストが生まれ，新しい仕事が生まれ，さらなる雇用，多くは新人で部下になる正社員の採用が発生する。そうすれば，仕事の報酬として次の仕事で報いることも可能になり，それだけで会社は元気になる。少なくとも戦後半世紀の間，日本の会社はそうやってずっと元気だった。それをやめた会社が，みんな調子がおかしくなった。

　そんななか，社長の決断で，派遣社員をやめ，新卒の正社員の採用を再開した某社の事例。派遣社員と比べて新卒の正社員がとくに優秀というわけではない。しかし，上の人間が変わり始めたという。先輩は先輩として振る舞うようになり，上司は上司らしく振る舞うようになった。これまで，派遣社員相手に仕事を真面目に教えないばかりか，派遣社員が失敗しても本人を叱らずに派遣会社にいって交代させていた人たちが，真面目な顔をして新人を叱り，説教をし，仕事を教えている。新人の正社員が来た職場は，それだけで活気が出てきた。そして何年か経てば，明らかに，新人正社員は成長してたくましくなっていくのである。もちろん先輩たちも。人を育てるということは，同時に自分も一緒に成長していくということなのである。そして経営者だって，正社員の

いない会社では，苦境に陥ったときに，それを乗り越える気力が湧かないはずである。正社員の雇用を守るプレッシャーくらい背負っていくのが，まともな経営者としての道であろう。

> 「隠された投資」が「仕事を任せられる人」を育てる

ペンローズ（E. T. Penrose）は，『会社成長の理論』（*The Theory of the Growth of the Firm*）のなかで，仮に，一人の人間が常に隅々までコントロールしなければ組織行動に一貫性を保てないというのであれば，人間の能力には限界があるので，企業規模にも限界があるはずだが，実際に成長して大きくなった企業ではそういった現象はみられないと指摘した。なぜなら，実際には一人の人間ではなく，マネジメント・チームによって組織がコントロールされているからである。

ペンローズはいう。マネジメント・チームのメンバー候補者は，時間がかかっても，共になすべき仕事をもたなければならない。だから，新しい企業は小さな組織規模からスタートせざるをえないし，一緒に働いた経験を積んだマネジメント・チームは徐々にしか大きくできない。そのため，企業の成長率には経営的限界がある。しかし，成長（規模）には経営的限界はないのだと。

マネジメント・チームとは，一緒に働いた経験をもった経営幹部の集団のことである。そして，成功し，成長してきた日本の大企業の強みは，ごく一握りの経営幹部だけにとどまらず，中間管理職やその下の階層，会社によっては工場で働く工員一人一人に至るまでもが，マネジメント・チームと呼ぶにふさわしい集団を形成していることにあった。そして，たとえ日本語しかできなくても，そうした仕事を任せられる人材（役職も何もない一工員であっても）が世界中に拠点を作ってきた。外国語に長けた仕事のできる人（通訳）は金で雇える。しかし，仕事を任せられる人は，

金では買えないのである。

　こうしたメンバー候補者に，一緒に働いた経験をもたせるための費用（＝成長に必要な投資）をペンローズは「隠された投資」と呼んだ。そして，大企業は小企業と比べて，必要経費の比較的多くの部分が投資的性格をもっているとも指摘したのである。一見，何の変哲もない日常の活動や必要経費が，実は長期で見れば企業の成長を支えている。

　やり過ごしにせよ尻ぬぐいにせよ，そのときそのときの現象はちっともスマートではないし，かなりのコストが発生していることも間違いない。それなのに，こうした組織現象を未来傾斜原理に則って考えてみると，首尾一貫した合理的な選択の結果だと理解できる。未来傾斜原理に則ったシステムが，結果的には長期的に高いパフォーマンスを示すだろう。そして，それは短期的な不利益を顧みず，人的資源を含めたあらゆる経営資源を長期的に育てていこうとする「育てる経営」なのである。

参考文献 Bibliography

T. E. ディール ＝ A. A. ケネディー（城山三郎訳）［1983］『シンボリック・マネジャー』新潮社。
　　全編が興味深い逸話に満ちた逸話集のような本である。原題は *Corporate Cultures*（『企業文化』）で1982年の出版。同じような話の繰返しではあるが，ビジネスは豪華な建物でも，ボトムラインでも，戦略的分析でも，5カ年計画でもない。会社が本当に存在したのは従業員の心の中だったというメッセージは心に残る。

T. J. ピーターズ ＝ R. H. ウォータマン（大前研一訳）［1983］『エクセレント・カンパニー――超優良企業の条件』講談社。

ディール゠ケネディーと同様の結論に到達し，やはり同年1982年に出版されてベスト・セラーとなった本。どちらかを読めば，当時の時代の雰囲気が伝わってくる。

E. H. シャイン（清水紀彦・浜田幸雄訳）[1989]『組織文化とリーダーシップ――リーダーは文化をどう変革するか』ダイヤモンド社。

　　シャインはコンサルティングなどの経験から，多国籍企業はそれ自身の文化をもっているように見えたことから研究を始めたという。内容は冗長で分厚い。原著の初版は1985年出版で，1992年には第2版が出ている。

H. ミンツバーグ（北野利信訳）[1991]『人間感覚のマネジメント――行き過ぎた合理主義への抗議』ダイヤモンド社。

　　「経営する」ことの意味について考えるとき，ミンツバーグの指摘は痛烈である。個性的といってもいい。そのことは，原題 *Mintzberg on Management* にも反映されている。論文集なので，必要なところだけを読むこともできる。本章での議論はこの本の第17章と関連している。原著の出版は1989年。

高橋伸夫 [1996]『できる社員は「やり過ごす」』ネスコ/文藝春秋；日経ビジネス人文庫版 [2002] 日本経済新聞社。

　　この章のもとになっているアイディアは，この本から生まれている。一般向け教養書として書かれているので，読みやすい。同様の視点に立った学術書としては，高橋伸夫『日本企業の意思決定原理』東京大学出版会，1997年，がある。育てる経営こそが，企業経営を支えているというのが筆者の思いである。

事項索引

アルファベット

BPR ➡ ビジネス・プロセス・リエンジニアリング
CI〔コーポレート・アイデンティティ〕 219, 222
GE グリッド 97, 102, 105
IE〔インダストリアル・エンジニアリング〕 45
I-I 図 175
LPC 尺度 199
MBA〔経営学修士〕 49, 239, 276
Off-JT 247
OJT 231, 247, 248, 284
PLC ➡ プロダクト・ライフ・サイクル
PM 理論 57, 198
PPM 分析 97, 99
QC サークル 237
R&D 費用 75-77
RAP モデル 118
RDP ➡ 資源依存パースペクティブ
ROI ➡ 投資収益率
SOX 法 38
SWOT 分析 95
TCP ➡ 取引コスト・パースペクティブ
TQC 262
X 理論 57, 167, 168
Y 理論 57, 167, 168
ZD 運動 262

あ 行

アーキテクチャ 159
後追い型戦略 214
安定株主工作 32, 141
安定株主の消失 32
委員会設置会社 18
意思決定 54, 55, 176
意思決定階層 119
意思決定プロセス 119
意思決定論 47, 55
偉人待望論 189
依存度 105
一体化 174
一体化度 174, 175
一般システム論 47, 58
移動組立ライン 49
イノベーションのジレンマ 132
イノベーションの創発 160
インターフェース 159
インベストメント・センター 72, 76, 79, 97
迂回戦略 149
影響力 194-196
衛生要因 167
永続事業体 52
エグゼクティブ 134
エンロン事件 38
大元方 28
オーソリティ 194, 195
オハイオ研究 197
オフショア生産拠点 263

293

オープン・システム　148
オペレーション志向　214
親会社　25

か 行

海外子会社　263, 264, 267
　　──の一元的な支配　257
　　──の独自能力　265
　　──のマネジメント　264
海外進出
　商社参加型の──　260
　日本企業の──　260, 271
海外生産
　合弁での──　260
　日本企業の──　258
海外生産比率　271
会　社　3, 28
会社設立　4
会社法　3, 4, 18
階層原則　168
階層数の増加　70, 74, 79
階層（的）組織　20, 51, 66, 68, 69
　　──における架け橋　69, 70, 80, 84
階層のフラット化　84
価格差別化　106
科学的管理法　44, 45, 48, 56, 67, 178
課　業　49
課業管理　67
課業の専門化　66, 69
格差賃率出来高給　67
隠された投資　290
学習棄却〔アンラーニング〕　121, 129

　組織としての──　130
駆引き的行動　143, 144
過剰学習　221, 222
家族資本主義　19, 22
価値観　210, 216
　　──の共有　211, 212
　経営者の──　205
活性化〔組織活性化〕　47, 60, 172, 173, 177, 178, 181
　ソフトな──の機能　213
　人の──　11
合併・買収ブーム　33-36
過度経済力集中排除法　27, 29
金のなる木　98
株式会社　4, 5
　　──の機関設計　18
株式相互持合い　24, 32, 37, 125, 141, 142, 146
株式分散　22
カプセル型進出　265
株　主　17
　　──の短期志向　36
株主資本利益率〔ROE〕　73
株主総会　19
株主反革命　34
株主利益の最大化　33
カリスマ　191
　　──型の〔カリスマ的〕リーダー　191, 192
川下統合　145
環境決定論　59
関係性マーケティング　183
関係的能力　241
関係動機づけリーダー　199
監査役会設置会社　18
感受性訓練　172

間接金融　147
間接輸出　260
カンパニー制組織　79
かんばん方式　240
管　理　50, 54
管理過程学派　51, 65
管理過程論　46, 51, 180, 276
管理機能　50
　ソフトな――　211
管理原則　51, 66
管理者的用役　117
管理職　201
　――としての人材育成　247
官僚制　45, 52, 58
関連事業多角化　77, 94
機会主義　143, 144
機械的組織　58
規格間競争　155
企　業　6, 8, 9, 28, 117, 183
　――の社会性　7
　――の生産性　8
　――の成長理論　118
　――の売買　35
　――のユニークさの源泉　211
　――の利潤　6
企業家資本主義　19
企業家的用役　117
企業間関係　60
企業規模の限界　289
企業グループ　30, 139, 140, 142, 146, 147
企業行動科学　47, 55
企業集団　24, 30, 142
　ヨコの――　24, 29, 33
企業神話　217
企業成長率の限界　289

企業戦略の類型化　213
企業ドメイン　91, 93, 102
企業内組合 ➡企業別組合
企業ネットワーク　5
企業パラダイム　210, 216
企業福祉集団主義　236
企業文化　205, 209, 210, 238, 277, 278
　――の一貫性　214
　――の機能　211
　――の逆機能　220, 221
　――の強化　218
　――の創造　216, 218, 222
　――の定義　209
　――の変革　221, 222, 225
　――の類型化　213
　――の類似概念　210
　トップダウンの――の変革　222
　ボトムアップの――の変革　223
企業文化論　47, 60, 212
企業別組合〔企業内組合〕　126, 127, 212, 229, 235, 243
技術情報　124
期　待　168, 169
期待効用理論　168, 171, 286
期待理論　168-170, 286
機　能　65
機能主義　58
機能的職長制　50
機能別組織　51, 65, 66, 76
　――の限界　70
規範的パワー　195, 204
規模の経済性　103
基本仮定　210, 216, 222

事項索引　295

基本戦略〔競争戦略の基本形〕　105
逆輸入　263
客観評価　249
究極的支配形態　24, 33, 34
旧財閥系企業集団　30
業界の競争要因　102, 105
業界標準　153
　　バス・アーキテクチャの——　157
業者間の敵対関係　104
強制的パワー　195
競争戦略　97
競争戦略の基本形　➡基本戦略
協調行動の進化モデル　285, 286
協調戦略　149
共通の目的　53
協働システム　11, 53, 54, 180
協同戦略パースペクティブ　146
協働への意欲　53
業務執行用役　117
銀行系企業集団　31
近代企業　19
近代組織論　176, 178, 180
近代的な工場　43
金融サービス業　272
金融資本主義　19, 22
金融商品取引法　38
グループ・ダイナミクス　45, 197, 215
クロス・ライセンシング　151
グローバル型戦略　111
グローバル企業　267-269, 271
　——の親企業　270
　——のマネジメント　270
グローバル戦略　108, 110, 273

グローバルな金融コングロマリット　272
グローバルな戦略的統合　108
グローバルな地域分散　109
グローバルなメガ・コンペティション　140
経　営　8, 9, 37, 49, 102, 276, 277
　——の再生　278
経営学　49
経営家族主義　234
経営管理　7-9, 48
経営管理論　44, 49, 180
　——の発展過程　45
経営資源　93, 102, 116, 117
　——の合理的な運用　11
　組織と——の相補的共生関係　118
経営者
　——の行動　193
　——の責任　287
経営者革命　33
経営者企業　17, 22
経営者支配　23, 29, 33, 34
経営者資本主義　17, 22
経営者〔取締役〕の任免力　19, 25
経営者の役割　179-181, 193, 278, 287
経営者のリーダーシップ　➡トップのリーダーシップ
経営戦略　60, 96
経営戦略論　11, 47, 56
経営組織の学習理論　60, 121
経営組織論　11
経営のグローバル化〔グローバライゼーション〕　263, 267

経営の現地化〔ローカライゼーション〕 263, 264, 266, 269
経営福祉主義 234
経験曲線 98, 103
経済政策 8
経済力の源泉 2
系　列 24, 142, 146, 151, 262
　　──取引 241
　　──融資 30
　　タテの── 24, 25
権威主義的リーダーシップ 166
権限委譲 71, 72, 79
権限の集中 51, 66, 68
限定（された）合理性 55, 143, 144, 176
現場実務型のリーダーシップ 201
コア・コンピタンス 122, 124
公開会社 18
合資会社 4, 5, 28
公式組織 56, 179, 180
公式組織の成立・存続〔組織の成立・存続〕 53, 179-181
交渉力 105
公職追放 27
構造づくり 197, 202
公的標準 153
合同会社 4
行動科学 45, 57, 58, 166
合弁〔ジョイント・ベンチャー〕 152
　　──での海外生産 260
合名会社 4, 5, 28
子会社 25
顧客満足〔CS〕 184
国際的な経済動向 271

コスト・センター 72, 76
コスト・リーダーシップ戦略 105, 106
ゴミ箱モデル 279, 280
コミュニケーション・システム 53
コミュニケーション・ロス 70
雇用調整 236
コングロマリット 33, 272
コンソーシアム 152
コンツェルン 26
コンティンジェンシー 59
コンティンジェンシー理論〔条件適合理論〕 47, 55, 59, 214, 216
　　リーダーシップ（・スタイル）の── 58, 199
コンメンダ 28

さ　行

最低資本金制度 5
財　閥 26, 141
財閥解体 27
財閥同族支配力排除法 27
先取り型戦略 213
サービス差別化 106, 107
サプライヤー 241
差別化オプションの組合せ 107
差別化戦略 105, 106
サラリーマン 10
参加的リーダーシップ 166
産業革命 43
産業魅力度 101, 102, 105
3大メガバンク体制 31
参入障壁 103
時間研究 48, 67
指揮の一元性 51, 66, 68, 69, 83,

事項索引　297

86
事業強度　　101, 102, 105
事業所　　3
事業部　　72
事業部制組織　　71, 91, 92
　　——のデメリット　　75
　　——のメリット　　74
　　——の理念型　　72
　　日本企業の——　　76, 123
事業分割　　35
事業本部制組織　　77, 79
事業本部長　　78
資源依存的なパワー　　195, 196
資源依存パースペクティブ〔RDP〕
　　146, 148, 149
資源集中戦略　➡集中戦略
自己管理　　134
自己決定　　169, 170, 172
自己実現　　171, 172
自己組織論　　60
市場開発　　93
市場浸透　　93
市場成長率　　98, 99, 102
市場動向　　92, 93, 102
支配力　　19
資本主義　　7, 17
資本の大規模化　　22
社会―技術システム論　　58
ジャスト・イン・タイム（生産）システム〔JIT生産方式〕　　45, 240
社長会　　30, 32, 142
ジャパナイゼーション〔日本化〕
　　262
集権と分権　　80
終身コミットメント　　230, 232

終身雇用　　126, 127, 212, 229, 230, 234-236, 242-244
囚人のジレンマ　　285
修正RAPモデル　　120, 121
集団維持機能〔M機能〕　　198
集団主義　　236
集中戦略〔資源集中戦略〕　　105, 107
自由放任主義　　7
熟　練　　245, 247
受諾圏　　174
純粋持株会社　　74, 141
ジョイント・ベンチャー　➡合弁
少数の主体間取引　　144, 149
商　法　　4, 18
情報資源　　121
　　機能的——　　124
情報システム　　84
情報の非対称性　　144
職能資格制度　　247
職務給　　236
職務満足　　165, 167, 170, 183
ジョブ・ローテーション　　127, 243, 244
所有型経営者の一掃　　28
所有権　　19
所有と支配〔経営〕の分離　　22-24
自立化戦略　　149
自律的作業集団　　261
尻ぬぐい　　283, 284, 290
人件費削減　　287
人事労務管理　　125
人的資源管理論　　45, 58
シンボリックなリーダーシップ
　　195

シンボルの創出と操作　217
垂直的統合　91, 144
水平的統合　92
スタッフ部門　51, 72
ステークホルダー　182
成果主義賃金　248
成果主義の形骸化　250
成果主義ブーム　248
生活費保障賃金〔年齢別生活費保障型賃金〕　245, 251
成功事例の伝播　224
生産管理　261
　　──のマニュアル化　262
生産系列　142, 144
生産能率　165
成熟期　106
成長期　106
正当性の付与　224
制度化パースペクティブ　146
制度的リーダーシップ　204
製品開発　94
製品差別化　104, 106, 107
制約型多角化　94
セオリーZ　238
セブンS・モデル　212
全社共通費　75
全社的配置のマネジメント　270
専制型リーダーシップ　197
選別コスト　283
専門経営者　17, 20-23, 27
　日本の──　24
戦略行動の一貫性　214
戦略策定　91, 92, 116
戦略的事業単位〔SBU〕　97
戦略的人的資源管理論　58
戦略的提携　149, 152, 154, 160
　リスク回避的な──　152
戦略と組織の適応パターン　214
創業者の事業哲学　216
創造のリーダーシップ　204
相対的マーケット・シェア　98, 99, 102
ソキエタス　28
組織　28, 65, 116, 132, 176, 179, 183
　──と資源の相補的共生関係　118
　──の垣根〔壁〕　71, 75, 80, 100, 124
　──の環境適応　11
　──の進化論　60
　──の組織　139, 142
　──の編成原理　51
　オープン・システムとしての──　148
　戦略と──の適応パターン　214
組織化　51
　人の──　11
組織開発　172
組織（的）学習　117, 121
　──のメカニズム　130
組織活性化　➡活性化
組織間関係の管理　139, 140
組織間関係論　47, 146, 148
組織規模の拡大　70, 74, 75, 78
組織均衡　53, 182, 184
組織均衡論　182
組織行動論　166
組織セット・パースペクティブ　146
組織的意思決定　54, 55

組織的怠業　48, 67
組織的な経営体　8, 43
組織的な経済活動　3
組織的破綻の回避　281
組織能力　36, 37, 124, 133
組織の成立・存続　➡公式組織の成立・存続
組織風土〔経営風土，組織文化〕　127, 135, 210, 238, 278
　　——に関する類型　129
　　戦略適合的な——　128
　　日本的な——　128
組織文化論　45
育てる経営　290

た　行

大会社　5, 18
代替製品・サービスの脅威　104
第2次産業革命　44
タイプA　238
タイプJ　238
タイプZ　239
大量生産方式　241
大和銀行事件　38
多角化　94, 97
　　無秩序な——　35
多義性　131
多国籍化　256
　　日本企業の——　263
多国籍型戦略　110
多国籍企業　256, 257, 267-269
タスク動機づけリーダー　199
タスクフォース　81
知識のパワー　195
知的財産戦略　157
チーム制組織　81

チーム・マネジメント型のリーダーシップ　198
中間組織　183
中小企業　5
長期継続的取引　241
調整のマネジメント　270
直接的支配形態　23, 34
ディーラー金融　145
鉄道会社　19
デファクト・スタンダード　153-155, 157
動機づけ衛生理論　167
動機づけ要因　167
統合の原則　168
動作研究　48, 67
投資収益率〔ROI〕　73-75
統制可能人数の増加　84
統制の幅　51, 69
道徳的リーダーシップ　54, 204
導入期　106-108
特殊な資産投資　144
独占禁止法　26, 27, 32, 33
都市銀行　30, 147
ドッジ・ライン　29
トップダウン型マネジメント　203
トップダウン過程　120
トップ〔経営者〕のリーダーシップ　203-205, 218
トヨタ生産方式　240
ドライビング・フォース　95
トランスナショナル企業　268
取締役の任免力　➡経営者の任免力
取引相手の特性　105
取引コスト　143, 144, 150
取引コスト・パースペクティブ

〔TCP〕 143, 146, 149
トレーニング・コスト 283

な 行

内製化 151
内製率 143, 144
内 注 183
内発的動機づけ 169-171, 251
内部組織の経済学 47, 55, 183
内部統制報告書 38
内部振替価格制 83
ニッチなセグメント 108
日本型社内ネットワーク 125
日本型昇進システム 126
日本型年功制 212, 251
日本的経営 233
　――の移植 240
　――の三種の神器 229, 235
　――の適応的側面 236
　――の評価 242, 251
　――のブーム 236, 238
　――の見直し 234
　典型的な――の日本企業 244
日本的経営論 212
日本の雇用制度 235
日本的生産システム 240, 259
　――の（海外）移転 261, 263
人間関係論 45, 56, 165, 168, 178
人間資源アプローチ 166
ネットワーク外部性 154, 157
　――の効果 155
ネットワーク関係 60
ネットワーク論 47
年功昇進 236
年功序列 234, 243, 244, 248, 250, 251

年功制　➡日本型年功制
年功賃金 126, 127, 229, 232, 234-236, 243-245, 247-249, 251, 286
年俸制 286
年齢別生活費保障型賃金　➡生活費保障賃金
能 率 53
能力主義 236

は 行

買 収 145, 151
　関連性のない事業の―― 35
配 慮 197
破壊技術 133
バス・アーキテクチャ 156
バーター取引 151
花 形 98
パワー 194, 195, 196
範囲の経済性 103
東アジアの経済危機 265
非関連事業多角化 94, 95
非公式組織 56, 165
ビジネス・プロセス・リエンジニアリング〔BPR, リエンジニアリング〕 83, 84, 237
必要経費の投資的性格 290
ビューロクラティック・ダイナミクス 215
標準をめぐる競争 153
品質管理 237
ファンド 36
フォーディズム 45
付加価値 2, 9
部下の成熟度 199, 200
福利厚生 231, 234

事項索引　301

プラットフォーム　160
プラットフォーム・リーダー　156, 157
プラットフォーム・リーダーシップ　155, 158
ブランド差別化　106
ブルーカラー　10
プロダクト・サイクル・モデル　256
プロダクト志向　214
プロダクト・ライフ・サイクル〔PLC〕　106, 107
プロフィット・センター　72, 76
プロフェッショナル・マネジメント　276, 277
文化人類学　209
分　業　43, 50, 65, 66, 69
分析型戦略　214
ベスト・プラクティス　100, 237
変革型リーダー〔変革のリーダーシップ〕　190, 191
変革のエージェント　223, 224
ベンチマーキング　237
防衛型戦略　213
包括的産業体系　142
報酬のパワー　195
放任型リーダーシップ　197
ポスト・コンティンジェンシー理論　60
ホーソン効果〔ハロー効果〕　56
ホーソン実験　56, 165
ポートフォリオ　37
ボトムアップ型マネジメント　203
ボトムアップ過程　119
ホワイトカラー　10

本国中心主義〔エスノセントリズム〕　264, 265, 272
本　社　72

ま　行

負け犬　98
孫会社　25
マトリックス事業部制組織　85
マトリックス組織　82
マネジメント・スタイル　57
マネジメント・チーム　289
マネジリアル・グリッド　57, 172, 198, 199
マルチドメスティック企業　268, 269
満足化の原則　55
ミッション　93
見通し　284
ミドル　202, 223
　——のリーダーシップ　201, 203
　日本企業の——　203
ミドルアップ・ダウン（型経営）　120, 203
未来傾斜原理　285, 286, 290
未来の重さ　286
民主型リーダーシップ　197
無関心圏　174
無関心度　174, 175
無限責任　28
名義貸し　141
命令の一元性　50, 66, 69
メインバンク制　30, 146, 147
目標管理　262
目標達成機能〔P機能〕　198
モジュール化　159

——の程度　160
持株会社　26, 141
　——の解禁　31
　——の禁止　26, 27, 33
持株比率　22, 23
モティベーション　45
　——の2要因理論　57
モティベーション理論　11, 58
モデル学習　224
モラール　56, 57, 166
問題解決のプロセス　55
問題児　98

や　行

やり過ごし　279, 280, 283, 290
　——の機能　281, 282
誘意性　168, 169
有機的組織　58
有限会社　4, 5
有限責任　28
有効性　53
有能さ　170, 172
輸出型戦略　110
輸出志向の国際化　258
輸出戦略　259
用役〔サービス〕　117
要素技術　123
ヨコの連携　80, 124, 125
欲求段階説〔欲求の5段階理論〕
　57, 171, 172

ら　行

ライン・アンド・スタッフ組織
　51
ライン部門　51
リエンジニアリング　➡ビジネス・
　プロセス・リエンジニアリング
リーダー
　——の行動　196
　——の資質　189, 190
　——の状況資質理論　190
　——の特異性理論　190
リーダーシップ　45, 52, 166, 193,
　196, 278
　——の行動科学　196
　——の状況理論〔SL理論〕　199
　——の代替物　193
　——の2要因理論〔2次元モデル〕
　57, 197
　——の普遍理論　198
リーダーシップ・スタイル　197,
　198, 200
リーダーシップ（・スタイル）のコ
　ンティンジェンシー理論〔条件
　適合理論〕　58, 199
リーダーシップ理論　11, 47, 58,
　60, 135
流通系列　142, 145
稟議制度　233, 235
稟議的経営　233
リーン生産方式　242
連関型多角化　94
労使協調路線　125
ローカル型戦略　110
6大企業グループ〔企業集団〕　31,
　142

事項索引　303

企業・団体名索引

● アルファベット

AT&T　180
BCG　➡ボストン・コンサルティング・グループ
GAP　219
GE　➡ゼネラル・エレクトリック
GHQ〔連合国軍総司令部〕　27, 29, 125, 141
　──労働諮問委員会　229
GM〔ゼネラル・モーターズ〕　91, 92, 143, 192, 256, 271
HP　➡ヒューレット・パッカード
IAL〔インテル・アーキテクチャ・ラボ〕　156
IBM　130, 157, 159, 219, 239, 271, 278
ITT　212
NCR　278
NEC　222
P&G　➡プロクター・アンド・ギャンブル

● あ 行

アサヒビール　222
アセア・ブラウン・ボベリ〔ABB〕　85
イーストマン・コダック　239
イングリッシュ・エレクトリック　235
インテル　130, 133, 155-158
ウエスタン・エレクトリック社ホーソン工場　56, 165
エクソン　271
エンロン　38
大蔵省　147, 148
オハイオ州立大学ビジネス研究所　57

● か 行

ガスプロム　272
キヤノン　123
グループ・カルーソ　272
ケロッグ　257
コカ・コーラ　110, 219, 257
コマントリ・フルシャンボー〔コマンボール〕　21, 50, 65
コンパック　157

● さ 行

三和グループ　31, 142
シスコ　156
ジョンソン&ジョンソン　256
住友グループ　30, 142
3 M　278
ゼネラル・エレクトリック〔GE〕　97, 100, 101, 278
ソニー　79, 153, 266, 271

● た 行

第一勧銀グループ　31, 142
大和銀行〔りそな銀行〕　38
タタ・グループ　272
デュポン　71, 91, 92

東芝　271
トヨタ　45, 240, 241, 271

な行

日科技連　237
日産　217, 241
日商岩井　271
ニュージャージー・ベル電話会社　53, 180
ネスレ　110

は行

ハイアール　272
ビクター　153
日立製作所　235, 271
ヒューレット・パッカード〔HP〕　108, 109, 239
ファーストリテイリング　107
フィリップス　269
フォード　49, 256
芙蓉グループ　31, 142
プロクター・アンド・ギャンブル〔P&G〕　239, 256, 278
ベネトン　219
ベンツ ➡メルセデス・ベンツ
ボストン・コンサルティング・グループ〔BCG〕　97, 98
ホンダ　192, 217, 220, 266, 271

本田技術研究所　220

ま行

マイクロソフト　155, 158
マクドナルド　219
マサチューセッツ工科大学〔MIT〕集団力学研究所　57
マッキンゼー　97, 101
松下電器産業〔パナソニック〕　76, 80, 192, 212, 222, 223, 271
みずほホールディングス　31
三井グループ　30, 142
三井合名会社　27
三井住友フィナンシャルグループ　31
三菱UFJフィナンシャル・グループ　31
三菱グループ　30, 142
三菱重工業　29, 85
メルセデス・ベンツ〔ベンツ〕　107, 219
持株会社整理委員会　27, 32

ら行

リーマン・ブラザーズ　273
レノボ　272
ロイヤル・ダッチ・シェル　271

人名索引

あ行

アクセルロッド〔R. M. Axelrod〕 285
アシュワース〔T. Ashworth〕 285
アージリス〔C. Argyris〕 57
アストレー〔W. G. Astley〕 146
アベグレン〔J. C. Abegglen〕 229, 230, 232, 236, 243
アンゾフ〔H. I. Ansoff〕 47, 56, 93
伊丹敬之 121
岩田龍子 236
ヴァーノン〔R. Vernon〕 257, 271
ウィリアムソン〔O. E. Williamson〕 143, 144, 146, 241
ウェーバー〔M. Weber〕 43, 45, 47, 52, 58, 191
ヴェブレン〔T. B. Veblen〕 52
ウェルチ〔J. F. "Jack" Welch, Jr.〕 100
占部都美 236
ヴルーム〔V. H. Vroom〕 58, 168, 169
エイソス〔A. G. Athos〕 212, 240
エヴァン〔W. M. Evan〕 146
エツィオーニ〔A. Etzioni〕 195
オオウチ〔W. G. Ouchi〕 238-240, 243, 278
小野豊明 232, 233
オルセン〔J. P. Olsen〕 280

か行

加護野忠男 129, 214
カヌンゴ〔R. N. Kanungo〕 191
ガワー〔A. Gawer〕 155, 158
ギフォード〔W. S. Gifford〕 180
クスマノ〔M. A. Cusumano〕 155, 158
クリステンセン〔C. M. Christensen〕 132, 133
グローブ〔A. S. Grove〕 130, 133
ケネディー〔A. A. Kennedy〕 129, 277, 278
小池和男 245
コーエン〔M. D. Cohen〕 280
ゴシャール〔S. Ghoshal〕 268, 270
コース〔R. H. Coase〕 143
コッター〔J. P. Kotter〕 202
コモンズ〔J. R. Commons〕 52
コンガー〔J. A. Conger〕 191

さ行

サイモン〔H. A. Simon〕 47, 52, 54, 55, 174-177, 179, 182, 280
坂本龍馬 4
サランシク〔G. R. Salancik〕 146, 152
渋沢栄一 4
島田晴雄 240
ジマーマン〔J. Zimmerman〕 95
シャイン〔E. H. Schein〕 209, 218, 278

ジョンソン〔J. B. Johnson〕 239
ズーカー〔L. Zucker〕 146
スコット〔W. R. Scott〕 146
ストーカー〔G. M. Stalker〕 58
スノー〔C. C. Snow〕 129, 213
スミス〔A. Smith〕 43
スローン〔A. P. Sloan〕 192
セルズニック〔P. Selznick〕 204

た・な行

高橋伸夫 173
竹内弘高 120
谷井昭雄 223
チャンドラー〔A. D. Chandler, Jr.〕 22, 34, 37, 71, 92, 93
チャンピー〔J. Champy〕 83
津田眞澂 236
ディマジオ〔P. J. DiMaggio〕 146
ディール〔T. E. Deal〕 129, 277, 278
デシ〔E. L. Deci〕 169
デミング〔W. E. Deming〕 237
テーラー〔F. W. Taylor〕 44, 45, 48, 49, 66, 67
ドーア〔R. P. Dore〕 235, 236, 245
ドッジ〔J. M. Dodge〕 29
ドラッカー〔P. F. Drucker〕 6, 133-135, 234
トリゴー〔B. Tregoe〕 95
トンプソン〔J. D. Thompson〕 148
野中郁次郎 120, 203

は行

パウエル〔W. W. Powell〕 146
バウワー〔J. L. Bower〕 118
バーゲルマン〔R. A. Burgelman〕 120, 121
間 宏 234, 235, 236
ハーシー〔P. Hersey〕 199
パスカル〔R. T. Pascale〕 212, 238, 240
ハーズバーグ〔F. Herzberg〕 57, 166, 167
バートレット〔C. A. Bartlett〕 268
バーナード〔C. I. Barnard〕 47, 53, 54, 174, 176, 179-182, 204
ハマー〔M. Hammer〕 83
ハメル〔G. Hamel〕 122, 124
バーリ〔A. A. Berle, Jr.〕 22-24, 33, 34
バーンズ〔J. M. Burns〕 190
バーンズ〔T. Burns〕 58
ファヨール〔H. Fayol〕 21, 44-46, 50, 51, 65, 66, 69, 80, 84
フィードラー〔F. E. Fiedler〕 58, 199
フェファー〔J. Pfeffer〕 146, 152
フォード〔H. Ford〕 49, 192
フォムブラン〔C. J. Fombrun〕 146
フォルクナー〔D. Faulkner〕 152
フォレット〔M. P. Follett〕 52
プラハラッド〔C. K. Prahalad〕 122, 124
ブランチャード〔K. H. Blanchard〕 199
ブレーク〔R. R. Blake〕 198, 199
ペンローズ〔E. T. Penrose〕 117, 118, 289, 290
ポーター〔M. E. Porter〕 102, 105, 270

ホワイト〔R. K. White〕 197
本田宗一郎　49, 192, 259

ま 行

マイルズ〔R. E. Miles〕 129, 213
マグレガー〔D. M. McGregor〕 57, 167, 168
マクレランド〔D. McClelland〕 190
マズロー〔A. H. Maslow〕 57, 171, 172
マーチ〔J. G. March〕 47, 55, 175-177, 179, 280
松下幸之助　49, 192
松永正男　235
三隅二不二　57, 198, 200
三井高利　28
ミーンズ〔G. C. Means〕 22-24, 33, 34
ミンツバーグ〔H. Minztberg〕 192, 276
ムートン〔J. S. Mouton〕 198, 199
メイヨー〔G. E. Mayo〕 56, 57, 165

盛田昭夫　49
門田安弘　240

や 行

山下俊彦　223
山城章　233
山田耕嗣　241
山本五十六　196
吉原英樹　260, 261

ら・わ行

ラーナー〔R. J. Larner〕 34
リッカート〔R. Likert〕 57, 166, 167, 198
リピット〔R. Lippitt〕 197
ルメルト〔R. P. Rumelt〕 94
レヴィン〔K. Lewin〕 57, 197
レスリスバーガー〔F. J. Roethlisberger〕 56, 165
ローシュ〔J. W. Lorsch〕 59
ローレンス〔P. R. Lawrence〕 59
ワイク〔K. E. Weick〕 130

経営管理〔新版〕
Management〔2nd edition〕

1999 年 3 月 30 日　初版第 1 刷発行
2009 年 4 月 15 日　新版第 1 刷発行
2024 年 5 月 20 日　新版第 20 刷発行

著　者	塩　次　喜代明 髙　橋　伸　夫 小　林　敏　男
発行者	江　草　貞　治
発行所	株式会社　有　斐　閣 郵便番号　101-0051 東京都千代田区神田神保町 2-17 https://www.yuhikaku.co.jp/

印刷　株式会社理想社／製本　大口製本印刷株式会社／文字情報・レイアウト　ティオ
© 2009, Kiyoaki Shiotsugu, Nobuo Takahashi, Toshio Kobayashi.
Printed in Japan
落丁・乱丁本はお取替えいたします。

★定価はカバーに表示してあります。

ISBN 978-4-641-12375-5

Ⓡ本書の全部または一部を無断で複写複製(コピー)することは，著作権法上での例外を除き，禁じられています。本書からの複写を希望される場合は，日本複製権センター(03-3401-2382)にご連絡ください。